功能评估和体能测试指导手册

Functional Testing in Human Performance

和

修订版

[澳] 迈克尔·P. 雷曼（Michael P. Reiman）　罗伯特·C. 曼斯克（Robert C. Manske）　著

沈兆喆 雷宁 译

人民邮电出版社

北京

图书在版编目（CIP）数据

功能评估和体能测试指导手册 /（澳）迈克尔·P. 雷曼（Michael P. Reiman）著；（澳）罗伯特·C. 曼斯克（Robert C. Manske）著；沈兆喆，雷宁译. -- 修订本. -- 北京：人民邮电出版社，2025.6
ISBN 978-7-115-60764-5

Ⅰ. ①功… Ⅱ. ①迈… ②罗… ③沈… ④雷… Ⅲ. ①体能－身体训练－教学评估－手册 Ⅳ. ①G808. 14-62

中国国家版本馆CIP数据核字(2023)第031382号

版 权 声 明

免 责 声 明

作者和出版商都已尽可能确保本书技术上的准确性以及合理性，并特别声明，不会承担由于使用本出版物中的材料而遭受的任何损伤所直接或间接产生的与个人或团体相关的一切责任、损失或风险。

内 容 提 要

不论对于竞技体育教练、体能教练、健身教练，还是运动表现领域的研究人员而言，功能性测试都是一种简单的、可量化的基础运动能力评价方法。本书提供了包括人体测量评估、肌肉长度评估、基本动作测试、平衡性测试、有氧测试、力量和爆发力测试等在内的 10 个模块，超过 140 种科学测试方法。针对每种测试方法，本书不仅介绍了测试目标、所需器材，还详细说明了测试步骤，并针对测试数据进行了分析和解释，旨在帮助读者科学运用测试方法，精准评估功能性表现。

- ◆ 著　　　　[澳] 迈克尔·P. 雷曼（Michael P. Reiman）
　　　　　　　[澳] 罗伯特·C. 曼斯克（Robert C. Manske）
　　译　　　　沈兆喆　雷　宁
　　责任编辑　刘日红
　　责任印制　彭志环
- ◆ 人民邮电出版社出版发行　　北京市丰台区成寿寺路 11 号
　　邮编　100164　电子邮件　315@ptpress.com.cn
　　网址　https://www.ptpress.com.cn
　　北京市艺辉印刷有限公司印刷
- ◆ 开本：700×1000　1/16
　　印张：20　　　　　　　　　　　　2025 年 6 月第 2 版
　　字数：423 千字　　　　　　　　 2025 年 6 月北京第 1 次印刷
　　著作权合同登记号　图字：01-2017-6713 号

定价：128.00 元
读者服务热线：**(010) 81055296**　印装质量热线：**(010) 81055316**
反盗版热线：**(010) 81055315**

感谢我的妻子金（Kim）、我的孩子卡莉（Carly）和塞思（Seth）。没有他们的理解和支持，这本书将无法完成，也没有任何意义。

迈克尔·P.雷曼（Michael P. Reiman）

感谢我的妻子朱莉（Julie），我的孩子雷切尔（Rachael）、哈利（Halle）和泰勒（Tyler）对我一直以来的支持。

罗伯特·C.曼斯克（Robert C. Manske）

修订序

《**功**能性运动表现测试指导手册》初版问世时，我们试图为从业者提供一套系统评估功能性运动表现的工具。然而，随着读者反馈的积累，我们发现本书内容早已突破"功能性运动表现"的狭义范畴。例如第8章的有氧测试、第9章的力量和爆发力测试等内容，更贴近传统体能测试的框架。因此，本次修订将书名调整为《功能评估和体能测试指导手册》，以更准确地反映全书结构。

书名变更的背后，亦是对运动科学底层逻辑的重新审视：一是揭示身体"能否正确运动"的功能评估体系，二是回答"能运动到何种程度"的体能量化标准。传统体能测试往往孤立地追求"更高、更快、更强"，却忽视动作代偿带来的潜在风险；功能评估虽能识别肌肉失衡或关节活动度异常，却难以指导运动员突破瓶颈。本书的独特价值，恰在于打破二者壁垒。这种功能与体能并重的设计，使本书能够同时服务于运动功能评估和竞技表现提升。

需要向读者特别说明的是，本书外文原版在内容体系上并未将"功能评估"与"体能测试"作严格区分，而是将"功能性测试"作为统一术语。出于对外文原版的尊重，虽然部分术语在中文运动科学语境中可能存在更细化的概念，但为保证翻译作品的完整性，我们仍选择延续这一直译风格，恳请专业读者在阅读时予以理解和包容。

另外，本书外文原版中有大量数据采用了非公制单位。为避免出现误差或影响阅读，在翻译时未逐一换算，仅在文中第一次出现时给出换算关系，在此向读者说明。

从"功能性运动表现测试"到"功能评估和体能测试"，我们期待这一调整能够使读者更高效地理解书中提供的评估工具，更好地在运动训练、康复治疗和健康管理中建立科学、系统的评估与测试流程。

前 言

无论是优秀的运动员，还是普通的工人，功能性表现都是其日常生活的一部分。对于所有的运动员、学生、工人或其他任何群体来说，要想成功地掌握并使用一项技能，就必须具备相应的一种或多种能力。

与个体功能性表现相关的身体素质在运动生理学领域得到了广泛的研究。物理治疗师、运动防护师、运动生理学家及体能训练专家也对与功能性表现相关的肌肉力量和爆发力等身体素质进行了深入研究。其他身体素质，例如柔韧性和动作技能，也在多个学科领域内得到了研究。

我们将功能性测试定义为以下两方面内容：①测试个体在参与运动、工作或娱乐活动时可以达到所期望水平的能力，以及可以即时且没有功能受限地重新参与这些活动的能力；②通过测试评估个体在3个运动平面上移动的能力，以提供与专项运动相关的定性和定量信息。本书提到的这些功能性测试包括对柔韧性、基本动作模式、平衡性、有氧能力、肌肉力量和爆发力、速度和灵敏性等的测试。

身体素质是功能性表现的一部分。因此，在某些情况下，我们很难区分身体素质测试和功能性测试。但有时二者是截然不同的，比如对股四头肌和腘绳肌的等速测试是一种针对肌肉力量、爆发力或耐力（取决于测试的目的）的身体素质测试；不过等速测试无法衡量受试者能否单腿蹲下捡起地上的钥匙，或者从18英寸（1英寸≈2.54厘米，余同）高的台阶上跨下。等速测试测得的股四头肌和腘绳肌的力量水平肯定对受试者完成这些任务的能力有直接的影响，但很多其他因素也会产生影响，包括髋关节、膝关节和踝关节的灵活性、柔韧性，以及下肢平衡性。测试者固然会对每种身体素质分别进行评估，并且可能会发现所有的结果都是正常的，但是受试者在功能性表现方面可能仍然受限。虽然在开展功能性测试之前，有必要对每种身体素质进行评估，但它们并不总是与功能性表现高度相关。最终的功能性测试是让受试者执行实际任务，比如让受试者从18英寸高的台阶上跨下，并从质和量两个方面衡量受试者执行这项任务的功能性能力。通常情况下，这对受试者来说才是真正重要的。功能性测试仍存在诸多问题，最重要的问题是如何量化测试结果。执行不可测量的实际任务和身体素质测试之间需要达到一种平衡。而找到这种平衡，便是本书的撰写目标之一。

据我们所知，没有任何一篇文章，甚至一个学科，对不同受试者所需的特定功能性表现的组成部分进行过研究。本书汇编了许多不同学科的信息，力求涵盖功能性表现的全部参数及其测试方法。因此，本书的内容与很多不同领域的读者有关。

很多种功能性测试对测试者来说都是有用的。在我们看来，这些测试未被充分利用的原因包括：测试者没有注意到这些测试，不知道去哪里寻找它们，不知道如何解释或使用从这些测试中获得的信息，或者没有意识到进行这些测试的重要性。因此，我们的目的是给测试者提供参考资料，帮助他们确定如何评估与受试者（可能是患者、学生、运动员、工人等）有关的功能性表现参数。

本书的内容组织非常人性化。我们解释了"为什么"要进行功能性测试，以及功能性测试"是什么"。全书分为3个部分。第1部分介绍了关于功能性测试的涵盖范围及背景知识。其中，第1章讲解与功能性测试有关的基本概念和术语，包括大量的统计学术语；第2章涉及测试管理的基本原理，主要是如何选择最合适的测试、如何确定测试顺序及如何避免测试中的常见问题；第3章提供了具体的示例和实施测试的指导原则、以便能最大限度满足受试者需求。

本书的第2部分和第3部分对功能性测试进行了详细介绍。其中，第2部分介绍了单一身体参数测试流程和实验报告，如人体测量、肌肉长度评估、基本动作测试等；第3部分介绍了针对人体特定部位的功能性测试。这两个部分对每一个测试都进行了详细的解释，具体包含以下信息。

1. 测试目的。
2. 进行测试所需要的器材。
3. 测试步骤。
4. 数据分析和解释。
5. 测试标准值（如有）。
6. 测试信度和效度（如有）。

附录部分提供了6个表单，可用于记录特定测试的数据。

我们希望测试者在对受试者进行检查时使用这些功能性测试，以全面地了解受试者实际存在的功能性限制。

不管是在体育馆、健身房或理疗诊所，还是在工作场所，本书提到的测试都比较容易实施。在大多数情况下，测试者和受试者能很快完成测试，并且无须花费大量的时间准备特殊的器材。本书提到的测试同样适用于更加严格的实验室环境。我们希望这些能在不同环境中使用的测试可以使不同领域的读者受益。

我们强调测试者应根据受试者的需求来选择合适的测试。第3章说明了测试的组织原则并提供了应用示例，这将帮助测试者充分利用书中介绍的测试。不同情况下使用的测试或测试组合不同。我们鼓励测试者利用实践经验和辩证思维来评估各种情况，并按照第3章提到的原则确定最合适的测试。对实践经验和辩证思维的合理利用能够令本书发挥其最佳作用。

本书包含便于查阅的、丰富的内容，这是专门为各类测试者设计的。测试者能够通过本书选择合适的功能性测试，并将其纳入对受试者的运动和损伤情况的评估过程。私人教练可将本书用于客户评估和训练。医生、物理治疗师、运动防护师在评估患者的康复进展时，也可以使用相应的测试来丰富他们的评估方案。

致 谢

我们要感谢以下人员。

- 我们的父母和家人。我们的父母教育我们要有职业道德和对工作的激情。没有他们，我们不会有今天的成就！

- 我们的院长彼得·科恩（Peter Cohen）博士、卡姆·威尔逊（Cam Wilson）博士，以及威奇托州立大学物理治疗专业和卫生健康学院的其他教职员工。他们为我们提供了成长和发展的空间。

- 威奇托州立大学物理治疗专业的部分往届和在校学生。他们都参与了我们的试验。我们在不断地向他们学习！

- 人体运动出版社的员工们，包括：罗恩·罗伯逊（Loarn Robertson），他是第一个认可我们的项目并见证它成长的人；玛吉·施瓦岑特劳布（Maggie Schwarzentraub），感谢她帮助我们对语言表达不到位之处进行修改；格雷格·亨尼斯（Gregg Henness）和尼尔·伯恩斯坦（Neil Bernstein），感谢他们为我们拍摄的照片，让我们看起来状态很好。

- 我们的模特——埃米莉·斯托克曼（Emily Stockman）、瑞安·艾尔斯（Ryan Ayres）、奥利维娅·马丁内斯（Olivia Martinez）和卡洛斯·罗德里格斯（Carlos Rodriguez）。感谢他们的示范，让测试过程呈现得更加清晰。

- 马特·桑德斯（Matt Sanders）及运动员发展部的工作人员。感谢他们为我们提供测试所需的器材。我们知道这对所有人来说都有不便之处，非常感激他们的帮助和理解！

- 众多同行，人数众多，难以一一提及。感谢他们提供的指导、支持，以及必要的批评与意见，这让我们将项目完成得更好。

目　录

"人邮体育"平台提供可配合本书观看的视频课程，详见封底小程序码。

视频课程与本书中标有▶的测试内容相对应。

视频课程为经过译制的独立知识产品。本书定价不含视频课程。

测试目录

续表

续表

续表

测试	页码

第1部分

功能性测试基础

本书这部分内容涵盖了与功能性测试有关的一些基本概念和术语、测试管理的基本原则，以及功能性测试在日常实践中的应用。第1章介绍了功能性测试的定义，解释了循证实践这一重要概念，以及与本书后续介绍的测试相关的其他概念和术语，掌握这些内容对于测试的正确运用非常重要。

第2章测试管理说明了测试目的、测试选择及测试顺序。在这一章，我们也讨论了受试者在测试前进行适当准备的重要性，概述了关于热身及不同形式拉伸的优缺点的现有证据。这一章的结尾部分还介绍了测试中的常见问题。

针对形成受试者功能的单一和局部身体参数的测试都是功能性测试的组成部分。在我们看来，对于测试者而言，了解如何实施多个测试来评估受试者的整体功能非常重要。第3章举例说明了针对不同类型受试者的功能性测试计划。这些案例不仅可以帮助测试者了解应如何使用这些测试，还可以帮助他们了解应选择哪些测试及使用测试的恰当时间。本书其他部分的内容还可以帮助测试者发挥这些案例的最佳作用。我们鼓励测试者在适当的时间，参考这些案例来选择测试；与此同时，根据受试者的具体需求来制订测试计划。我们在所有测试中都强调了制订测试计划的重要性。

第 1 章

基本概念和术语

本章我们将讨论功能性测试的定义，解释循证实践这一重要概念。与对特定部分的客观测量（如测试身体力量、平衡性、本体感觉，肌肉柔韧性或关节活动范围等）相比，功能性测试更重视身体功能性，包括日常活动中的运动表现能力或局限性。循证实践表明，在选择和执行功能性测试的过程中，测试者应认真考虑，将功能性测试和受试者的需求及期望进行整合。

功能性测试被用来确定一个人以所期望的水平参加运动、工作或娱乐活动的能力；在一个人受伤时，功能性测试可被用来确定其恢复活动所需的能力。功能性测试的结果有助于预测一个人完成一项活动的水平，或他能安全恢复活动的水平。因为成功完成一项活动总是需要多项技能的配合，所以测试者经常要使用多个测试来模拟与受试者有关的活动。

在规划和执行功能性测试的过程中，测试者应坚持循证实践原则。这意味着他们应熟知文献中已经得到论证的有关测试的科学证据。同时，为了将这些测试应用于受试者，测试者应能够解释这些证据，包括大量的概念，如参考标准、信度、卡帕系数、相关系数、效度、敏感性和特异性等（统计学词汇）。本章解释了这些概念及其他一些术语，这些概念和术语对解释已知的多种功能性测试来说尤其重要。本书所强调的是，一个给定的测试是否有用取决于其与受试者目前的身体功能及与受试者期望达到的身体功能水平的相关程度。

什么是功能性测试

　　我们可以通过多种方式定义"功能性"。功能性活动已经被定义为"那些被个人认为能支持其身体、社交和心理健康且使生活具有意义的必要活动"（American Physical Therapy Association, 2001）。奥斯汀（Austin, 2007）将"功能性"定义为"任何与任务相关的、目标导向的、与环境相关的，且涉及多个身体系统和结构综合运作的个体层面的属性"。"测试"被定义为利用一系列问题评估能力的活动。因此，"功能性测试"是指用来确定功能性表现能力或局限性的一套测试。"局限性"是指不能以标准水平来完成某项特定的活动（American Physical Therapy Association, 2001）。确定"标准水平"应该考虑以下因素：受试者的年龄、性别、体型和职业。相关"标准值"主要取决于特定运动或职业的任务要求及其他相关要求，一般通过收集大量执行任务的受试者的数据来确定。

　　为了更加明确本书中的概念，我们将功能性测试定义为，使用多种测试来确定以下两方面内容：①个体以期望的水平参与运动、工作或娱乐活动的能力，以及可以即时且没有功能受限地重新参与这些活动的能力；②通过测试评估个体在3个运动平面上移动的能力，以提供与专项运动相关的定性和定量信息。功能性表现无论是对优秀的运动员、普通的工人、家庭主妇，还是对其他人来说，都是日常生活的一个方面。对所有人来说，想要成功地履行自己的职责，就要具备相应的功能性表现。

　　成功的功能性表现经常需要多项技能的配合，而有些技能无法被评估或量化。因此，测试者可以根据需要评估的受试者的一系列身体素质，使用多个功能性测试。我们认为这些测试可以用来确定功能性表现水平。测试者可以

利用功能性测试的结果来预测受试者完成某项活动的水平，或者受试者能安全恢复活动的水平。对于涉及第三方赔偿事宜的受试者，功能性测试结果可作为其判断是否需要索赔或进一步接受康复护理的依据。

　　正常情况下，受试者受伤之后会有持续一段时间的损伤期。损伤是指身体的某个特殊部位或系统出现功能障碍，或者严重的结构异常，结构异常会对身体功能造成一些影响（Verbrugge & Jette, 1994）。在受试者受伤后的短期内，测试者应使用更加客观的传统测试，如针对关节活动范围、人体测量、肌肉力量、条件反射和关节完整性的测试。这些测试一般作为一个整体使用，评估人体或系统正常运作的能力。尽管它们非常重要，但似乎和实际的功能性表现没有直接关系，这就是要进行功能性测试的原因。通过实施本书中提到的功能性测试，以确保个体能恢复至安全进行指定活动的水平。

　　与客观的传统测试相比，功能性测试的内容和人们期望恢复的身体活动更加相似。因为事实上，一个人拥有完整的肩关节活动范围，并不意味着他能将垒球投掷得足够远或活动完全不受限。但是，如果这个人同时拥有完整的肩关节活动范围、足够的力量及完善的神经肌肉控制能力，此外，还能在Underkoffler垒球投掷测试中获得较好成绩且测试期间没有不良症状，我们对于他能恢复至安全进行不受限的过头投掷活动就有了更多的信心。虽然一些人认为，观察一个人在日常活动中的运动表现，是一个非常耗时的过程（Verbrugge & Jette, 1994），但是许多功能性测试的内容都非常接近人们需要或期望完成的活动。

　　不同功能性测试的复杂性不同，对身体能力的要求也不同。测试者应确保在适当的时间对处于适当水平的受试者进行测试，而不应在没有计划的情况下随意进行功能性测试。对于评估受伤的受试者的任一测试，测试者都应在使用它之

前仔细地评估其适用性。例如，6周前进行了前交叉韧带重建术的受试者并不适用单腿跳测试，这种情况下使用这个测试太激进，而使用单腿站立测试可能会更合适、更安全。戴维斯和齐尔默（Davies & Zillmer, 2000）的功能性测试程序（functional testing algorithm, FTA）是一个客观的、系统的、以功能性为基础的渐进测试程序，受试者进行更高水平测试前必须达到功能性测试的上一个水平。FTA为实施各种测试提供了一种安全有效的方式。第3章将详细介绍FTA的使用方法。

循证实践：了解统计学术语及应用相关信息的方法

循证实践（evidence-based practice, EBP）被定义为"谨慎而明智地使用最正确的现有证据来制定护理患者的决策"（Sackett et al., 1996）。循证实践的核心是将证据整合到对患者的诊断和管理中，而不能简单地判断用于诊断的测试的好坏。某个测试或许能在特定条件下为特定受试者提供重要信息，但不能为其他受试者提供重要信息。

理解如何进行循证实践，需要了解相关术语。这节我们将讨论许多主要的术语及其与本书介绍的功能性测试的关系。

参考标准是定义最有益条件的标准（Jaeschke et al., 1997）。参考标准应具有证明其能够作为衡量标准使用的正当性（Task Force on Standards for Measurement in Physical Therapy, 1991）。

信度指的是使用某种仪器或测试方法多次测量某种指标时测量结果的一致程度（Domholdt, 2000）。随机误差（偶然误差）会影响测量结果。确定测试的信度，需要确定真实结果的比例和误差的比例（Rothstein & Echternach, 1999）。

信度主要有两种形式：测试者内信度和测试者间信度。测试者内信度是指测试者使用一种测试方法进行多次测试所得到的结果的一致程度。而测试者间信度是指不同测试者使用多种测试方法进行测试所得到的结果的一致程度。大量功能性测试已经被证明是非常可靠的。对于本书后续章节所介绍的功能性测试，如果有信度信息的话就会提供。

卡帕（kappa）系数是调整后的一致性系数，解决了标定数据和有序数据一起使用时的偶然一致性难题（Laslett & Williams, 1994）。理论上，如果一致性达不到预期值，那么卡帕系数可能为负值。在临床信度研究中，卡帕系数通常为0~1.00（Portney & Watkins, 1993）。卡帕系数不区分不一致性，它假定所有的不一致性都具有相同的重要性（Portney & Watkins, 1993）。或许卡帕系数最大的局限性是其对精确一致性的分析：它将一致性看作全有或全无的现象，认为不存在"接近"一致性的现象（Portney & Watkins, 1993）。

相关系数用来确定两个变量的相关程度。相关系数对于样本大小非常敏感，即使是较小的样本，其统计功效也可能很高。相关系数应与所获得的样本大小相联系。随着样本数量的充分增加，即使是几乎没有什么意义的样本，都将在统计学上显著相关（Portney & Watkins, 1993）。

皮尔逊（Pearson）相关系数可以对两个变量之间的相互关系及相关方向进行定量描述。皮尔逊相关系数在作为一致性系数使用时具有局限性，这是因为它只能用于评估两位测试者或两种测试方法（Portney & Watkins, 1993），并且它们测量的是协方差，无法反映一致性（Huijbregts, 2002）。

组内相关系数（intraclass correlation coefficient, ICC）是一个信度系数，它的方差是通过方差分析得到的（Huijbregts, 2002）。组内相关系数优于相关系数，这是因为使用组内相关系数时，每位测试者或每种测试方法对应的样本无须相同，并且其可以用于评估数量等于或大于2的测试者或测试方法（Huijbregts, 2002）。因为组内相关系数是基于所有测试者（测试方法）方差的平均数，所以所有测试者（测试方法）、数位（种）测试者（测试方法）或一位（种）测试者（测试方法）都可能具有不一致性。组内相关系数可以被看作测试者（测试方法）的平均校正值，因此，它不代表任何单一测试者（测试方法）的信度（Ebel, 1951；Portney & Watkins, 1993）。表1.1是各种信度测试的数值说明。

表1.1

各种信度测试的数值说明

数值	说明
卡帕系数基准值（Portney & Watkins, 1993）	
<0.40	低度一致
0.40~0.59	中度一致
0.60~0.79	高度一致
0.80~0.99	几乎完全一致
1.00	完全一致
健康领域的皮尔逊相关系数基准值（Portney & Watkins, 1993）	
<0.25	极弱或无相关
0.25~0.49	一般相关
0.50~0.75	中等到强相关
>0.75	强到极强相关
组内相关系数基准值（Portney & Watkins, 1993）	
<0.75	信度较低或中等
0.75~0.90	信度较高
>0.90	临床测量合理信度
组内相关系数基准值（Fleiss, 1986）	
0.40~0.75	信度一般到较高
>0.75	信度极高

幸运的是，文献中的许多研究都对功能性测试和其他常用测试的参数进行了对比。研究者们主要是为了确定功能性测试中的变量或得分，是否可以基于另一个测试的变量或得分来预测。例如，许多研究者认为跳跃测试和等速测试相关，也就是说，他们认为单腿站立测试时间和力量测试（如峰值力矩或爆发力的等速测试）具有相关性，其相关性可强可弱。在接下来的章节中，我们列举了文献报告所得出的相关性。确定使用哪种功能性测试的过程，应包括确定哪种测试与希望测试的功能或身体素质的相关性最强。

后续章节讨论和回顾了功能性测试的相关性，测试者应牢记较高数值（接近1.0）表示高度相关，而较低数值（接近0）则表示低度相关。虽然研究者还未对一些功能性测试进行相关研究，但这并不意味着这些测试不好。研究不足可能仅仅是因为没有足够多的时间去进行这么多的测试。虽然这个领域已经有了大量的研究，但是还有很大的研究空间。

效度指的是一个研究或测试达到其目的的程度（Domholdt, 2000）。测试的信度是效度的前提，但效度不能证明其信度。在本书的功能性测试中，有效的测试是能衡量对指定的运动或日常活动至关重要的能力的测试。

测试的效度是指一个工具可以达到测量目的的程度（Portney & Watkins, 2000）。至于功能性测试，我们必须考虑指定的功能性测试是否能够区分具备和不具备某种特质的个体。如果一位受试者的膝关节韧带不稳定，而另一位受试者的膝关节韧带没有出现不稳定的情况，我们是否能用单腿平衡测试（单腿站立测试）区分这两个受试者？大多数功能性测试关于效度的研究有限。

后续章节介绍的大多数功能性测试已被证明具有一定的表面效度，即一个工具使用可信的方式来对它应测试的内容进行测试（Portney & Watkins, 2000）。在受试者进行垂直双腿跳测试的时候，我们测量了他尽力跳到最高点时与地面的距离。这个结果在受试者跳跃的时候才能获得，这会导致最不严格的测量效度的形成（Portney & Watkins, 2000）。在进行只具有表面效度的测试时经常会出现很多问题，如受试者没有完全理解指导说明，或者在测试的时候没有尽全力。

我们接下来要讨论的术语非常重要，尤其是在健康领域。敏感性指的是一个测试能够检测到人们在某些方面确有缺陷的能力。一些功能性测试能够被用来检测系统的异常或功能紊乱，例如，下肢不对称或梨状肌功能紊乱。敏感性也称真阳性率（Sackett et al., 2000）。由于高敏感性测试的假阴性结果相对较少，因此阴性结果的价值被凸显了出来（Sackett, 1992）。"SnNout"是"高敏感性、阴性结果和排除诊断"的助记词（Sackett et al., 1992）。如果一个测试的敏感性高，那么阴性结果对于排除诊断来说则是有用的。高敏感性未强调阳性结果的价值（Fritz & Wainner, 2001）。

特异性指的是一个测试能够正确识别不具有缺陷或症状的个体的能力。换言之，特异性指的是阴性结果中无缺陷的受试者比例。"SpPin"是"高特异性、阳性结果和确定诊断"的助记词（Sackett et al., 1992）。如果一个测试的特异性高，那么阳性结果对于确定诊断来说就是有用的。由于高特异性测试有相对较少的假阳性结果，因此它凸显了阳性结果的价值（Sackett, 1992）。高特异性未强调阴性结果的价值。

遗憾的是，很少有测试同时拥有高敏感性和高特异性。了解测试的敏感性和特异性，可以帮助测试者通过衡量阳性和阴性结果的相对价值，制定决策（Fritz & Wainner, 2001）。选择最合适的测试是EBP决策模式的一个新主题。

似然比（likelihood ratios，LR）可能是阳性的，也可能是阴性的。阳性似然比表示真阳性结果与假阳性结果之比，而阴性似然比则表示真阴性结果与假阴性结果之比（Fritz & Wainner, 2001）。阳性似然比大的测试通常有高特异性，这是因为这两个值都指向阳性结果的价值（Fritz & Wainner, 2001）。阴性似然比小则对应高敏感性（Fritz & Wainner, 2001）。有关似然比的详细说明见表1.2。

表1.2

似然比说明

阳性似然比	阴性似然比	似然比说明
>10	<0.1	产生大的且经常是决定性的概率转变
6~10	0.1~0.2	产生适度的概率转变
2~5	0.3~0.5	产生小的但有时却是重要的概率转变
1~2	0.5~1	转变概率很小，几乎不重要

阳性和阴性预测值及其准确性，已经运用于循证医学领域，其目的是确定文献中测试的有效性。该预测值让测试者能够判断测试结果是阳性或阴性的概率。

- 阳性预测值（positive predictive value，PPV）：在检测结果为阳性的情况下，个体患有某种特定疾病的概率。
- 阴性预测值（negative predictive value，NPV）：在检测结果为阴性的情况下，个体未患某种特定疾病的概率。

准确度指的是诊断正确的人数比例。要提高测试准确度，需要仔细规划和考虑细节。以下是测试者提高测试准确度的方式。

- 通过帮助受试者理解测试程序来做好测试准备。

- 在进行测试之前允许受试者进行标准化练习（尤其是测试的特殊部分）。
- 确保受试者遵守测试前的指导要求。
- 确保测试者切实遵守相关测试流程。
- 确保测试者具有特定测试的实施经验。
- 在测试过程中使用一致且标准的设备。
- 使测试者的动机保持一致，以进行测试者之间的对比及受试者之间的对比。

使用多种测试或测量方法可以提高准确度。现在趋向于使用测试组合来更准确地预测阳性或阴性结果。临床预测规则是测试者使用的工具，它基于已被证明具有预测效度的多个变量来确定受试者是否具有某种缺陷（McGinn et al.，2000）。

第2章

测试管理

功能性测试是一种相对非精确的测试。如何执行功能性测试呢？最恰当的方式就是测试一个人在特定任务（特定运动项目、特定工作任务等）中的表现。评估一个人是否可以成功地完成特定任务，最好的方法是评估这个人完成这项任务的质量。这需要一个训练有素的测试者，运用大量的解剖学、生理学、生物力学及其他知识，来进行仔细的观察。困难在于测试者如何客观地量化这种运动表现。为了确定一个人是否可以恢复运动、工作或其他活动，测试者需要循序渐进地对其进行评估，确保其通过应进行的测试。

测试管理包括一些特定内容，如安全性和组织管理。测试者应在测试之前对测试进行仔细的规划。测试者应注意测试计划的制订和测试管理中的细节，仔细向受试者说明遵守测试程序的必要性，避免受试者感到疑惑，以确保测试的信度。本章讲解了测试管理的具体内容：测试目的、测试选择、测试顺序、受试者准备及测试中的常见问题。

测试目的

功能性测试应具备一个或多个特定目的。在康复环境中，可以根据特定的功能性测试大纲，确定功能障碍或运动表现的薄弱环节，以及治疗计划的进展。在提高运动表现的环境中，可以对相应功能进行评估。比起康复环境，在这种环境中更加适合进行大型群体测试。特定的测试时间、测试条件等非常有利于进行大型群体测试，但前提是有一个组织良好的测试形式，以避免测试冗长。在康复环境中，应在计划规定的不同时间进行测试。在这种环境中，测试者可以根据受试者的特定需求，采用更加合适的测试形式和方案。

测试者需要对测试进行评估，不应为了测试而测试。测试、评估或成套的测试应具备一定的目的。以评估测试计划的有效性为目的的测试应涉及一些受试者所需的技能。这些技能包括基本技能（如基本动作）及一些高级技能（如跳跃和灵敏性）。测试或评估的其他特定目的包括制订特定的训练方案、确定训练目标、增强受试者的积极性、评价受试者的特定技能、获得标准值数据及有关未来研究目标的信息（如设法确定特定运动中造成特定损伤的风险因素或有利于获得成功的特定技能组合）、评价个人康复或训练计划、确定一个康复或训练计划是否实现了其设计目的，以及确定个人是否已经准备好恢复其工作或运动。

测试选择

特定测试的选择标准会发生变化。测试者应为每位受试者确定特定的选择标准。这些标准包括安全性、相关性、特异性、有效性、准确性和实用性。

安全性

测试者需要保证受试者能安全地进行选定的测试（见美国运动医学会2006年出版的 *Guidelines for Exercise Testing and Prescription*）。测试的特定水平应适合特定的受试者。无论受

试者是处于康复还是提高运动表现的阶段，测试的难度都应逐渐增加。出于安全性的考虑，对于所有极限能力的测试，受试者在进行测试之前都应该依次以25%、50%、75%和100%的强度进行热身。

相关性、特异性、有效性和准确性

相关性是指测试应与受试者的特定运动、职业或活动相关。测试者制订特定训练计划、构建测试组合时应考虑特异性原则，包括能量系统特异性、肌肉动作特异性、肌群特异性和速度特异性。人体的新陈代谢对于运动的强度和持续时间具有高度的特异性，因此，过度发展某一类型的身体素质可能会对另一类型的身体素质产生不利的影响（Reiman, 2006）。有氧和无氧运动能力的测试方式是完全不同的。因此，测试者选择测试时应考虑受试者的测试需求及之后恢复"完全功能"的情况（见表2.1）。哈曼（Harman, 1994）讨论了训练特异性的关键要素，这同样适用于测试。

- 当抗阻练习动作和体育专项动作（目标活动）相似时，训练效率最高。
- 选择关节运动和方向与目标活动相似的练习。
- 训练中的关节活动范围应至少与目标活动的相同。

测试有效性和准确性也是需要考虑的要素。如果测试者要评估受试者的特定身体素质（如速度、灵敏性和躯干耐力），就要选择能达成目标的特定测试。特定测试的有效性非常重要，这是因为有效性是建立在已经确定的针对某个参数的"金标准"之上的，而这在人体运动表现领域中是很难实现的。现在有大量关于人体运动表现的研究，但是关于有效性的研究还非常有限。

表 2.1

关于受伤运动员恢复比赛的运动特点分析

需要考虑的因素	说明
运动中的特定动作	有关的特定肌肉 运动中的关节角度和活动范围 肌肉收缩类型 开链或闭链运动 运动的负荷需求 运动的速度与速率需求
涉及的主要能量系统	三磷酸腺苷 - 磷酸肌酸（ATP-CP）来源 无氧糖酵解来源 有氧氧化来源
伤病史和预防措施	当前受伤部位 之前的受伤部位及伤病史 运动中的常见受伤部位 每位运动员的解剖学和生物力学因素

（源自：*Postoperative orthopedic sports medicine: The knee and shoulder*, M.P. Reiman, Training for strength, power, and endurance, 91, Elsevier.）

实用性

实用性包括一些重要的因素，如位置、受试者、测试位置的可用性，以及测试的持续时间和费用。这些都是在使用测试组合之前，测试者应该考虑的重要易变因素。另一个需要考虑的易变因素是本书中罗列的每一个测试所需设备的可用性。尽管功能性测试需要的设备少于传统测试，但是仍有一些功能性测试需要使用特定类型的设备。

测试顺序

测试顺序可以决定测试的成败。常规的指导原则包括先进行最不易使人疲劳的测试，并且在进行易使人疲劳任务之前进行高难度任务（测试灵敏性、爆发力等）。在开展力量测试之前进行耐力测试，会大大降低力量测试的得分（Leveritt & Abernethy, 1999）。各种持续时间长、强度大的有氧训练，会降低 30 分钟和 4 小时训练后的等张和等速肌肉力量表现水平（Abernethy, 1993；Leveritt & Abernethy, 1999），而使用 8 小时的恢复周期则不会降低肌肉力量表现水平（Leveritt et al., 2000）。尽管耐力测试通常不会延长时间，但是这些研究论证了使用适当测试顺序的必要性。

与其他环境相比，控制康复环境中的测试时间和顺序要容易得多。原则上，应根据提出的建议顺序设置测试站点，以对大批运动员或职业受试者进行测试。根据测试站点数量、受试者数量和要求的休息时间等，需要配备多名测试者。为保证测试准确性，也需要考虑其他易变因素，如监管水平、测试规定细节或测试组合。在大型群体测试中，合理的组织对于信度至关重要。大型群体测试的结果出现偏差可能是必然的，但是这种偏差应该被降到最低水平。如果提供适当的休息时间（每个站点之间至少 5 分钟，让磷酸原系统得到恢复）（Harris et al., 1976），并且将耐力和往返跑测试（最易让人疲劳的两个测试）排在最后，结果很可能仍然是准确的（Hoffman, 2006）。

受试者准备

在进行测试之前，测试者应对受试者详细说明要完成的每个测试。受试者准备还包括恰当的热身运动和测试练习。

热身运动

受试者应进行充分的热身运动。拉伸已经被视为常规热身运动的重要组成部分。热身运动包含3种类型的拉伸。研究普遍显示，本体感觉神经肌肉促进拉伸法（PNF），比慢速拉伸或弹振拉伸能更有效地改善关节活动范围（Anderson & Burke, 1991；Etnyre & Abraham, 1986；Holt et al., 1970；Shrier & Gossal, 2000；Wallin et al., 1985），但这个发现最近陷入了争议（Thacker et al., 2004）。很显然，每种拉伸技术都有赞成和反对之声，测试者在决定使用哪种拉伸技术时应考虑相应问题（见表2.2）。在进行弹振拉伸时，肌肉对抗拉伸的阻力更明显（Taylor et al., 1990），表明这种类型的拉伸给肌肉带来的张力更大，这可能造成肌肉纤维和结缔组织的细小撕裂，使得没有弹性的瘢痕组织代替有弹性的肌肉组织，从而降低肌肉的长期柔韧性。本体感觉神经肌肉促进拉伸法通常需要搭档的配合才能完成。在慢速拉伸中，受试者对拉伸的幅度和持续时间的掌控程度更高。

一些证据表明，活动前进行拉伸可能不利于接下来的运动表现（Knudson et al., 2000）。在强度较大、持续时间较长的拉伸之后可能会有持续1小时的力量水平的下降（Fowles et al., 2000）。慢速拉伸会抑制肌肉反应，让肌肉不能迅速做出响应（Gray et al., 2002；Kubo et al., 2001；Church et al., 2001）。在收缩时为了达到张力峰值，被拉长的肌肉需要时间收紧因拉伸而松弛的肌腱。运动前进行快速拉伸可能会削

弱力量和降低表现水平，尤其表现为肌肉没有足够的时间收紧松弛的肌腱（Bracko, 2002）。也有证据显示，对小腿和大腿肌肉进行慢速拉伸会降低弹跳表现力，而进行热身跑或弹跳练习则会使向心垂直跳的表现水平提高3.4%（$P<0.05$）（Young & Behm, 2003）。

表2.2

拉伸技术对比

因素	弹振拉伸	慢速拉伸	本体感觉神经肌肉促进拉伸法
受伤风险	高	低	中
疼痛程度	中	低	高
肌肉对抗拉伸阻力	强	弱	中
实用性（所需的时间和辅助）	良	优	差
效率（能量损耗）	差	优	差
增加关节活动范围（ROM）的效率	良	良	优

[经许可，源自：V. H. Heyward, 2006, *Advanced fitness and exercise prescription*, 5th ed. (Champaign, IL: Human Kinetics), 266.]

很多人认为，在进行身体活动之前拉伸，会降低受伤发生的概率，但至今仍缺乏科学的证据加以证明（Pope et al., 2000；Thacker et al., 2004；Weldon & Hill, 2003）。研究人员通过临床观察和研究数据得到的理论，解释了拉伸不能降低受伤风险的原因（Heyward, 2006）。

■ 肌肉的承受能力与其柔韧性无关。没有科学的证据可以证明提高肌肉和结缔组织的柔韧性，能增强肌肉的承受能力。因此，拉伸不太可能降低受伤发生的概率（Shrier, 1999）。

■ 即使是轻微的拉伸也会造成细胞层面的损伤（Shrier, 2000）。

■ 拉伸的镇痛效果会增强疼痛耐受性（Shrier & Gossal, 2000）。

有证据表明，如果将拉伸作为热身运动的一部分，就必须避免过度拉伸导致的潜在伤害或疲劳（Weldon & Hill, 2003）。拉伸的镇痛作用会使问题复杂化并带来负面影响，因为其让拉伸的终止位置及可能造成的潜在危害难以确定。

建议在测试或正常活动之前进行动态拉伸或其他运动（非热身运动、静态拉伸），以避免身体出现抑制效应，这些运动还有助于身体更迅速地对压力做出反应并降低受伤风险（Gray et al., 2002；Kubo et al., 2001；Church et al., 2001；Fletcher & Jones, 2004；Young & Behm, 2003；Koch et al., 2003）。热身运动可模拟即将进行的测试，或至少与其相类似。随着难度加大，受试者的心率和体温等会逐渐升高，完成所需任务而做的准备也就更加充分。

拉伸很难被视为一种干预措施。因为对于损伤预防而言，柔韧性的作用尚不清楚。一位柔韧性特别好的受试者从拉伸中获得的益处并不明显，而关节或肌肉僵硬的受试者则受益良多。进一步的研究可能有助于阐明这些重要而有趣的问题。

很明显，如果立即进行接下来的测试，过量负荷会造成受试者疲劳（Häkkinen, 1993）。高强度抗阻练习，在等长动态测试的条件下，会增大强直收缩后肌肉的收缩张力（后激活增强效应），这在刺激后的 5~20 分钟内最为明显（Gullich & Schmidt-bleicher, 1996；Houston et al., 1985；Smith et al., 2001）。等长动态刺激后的增强效应，可以提升肌力的生成速率、弹跳高度及冲刺间歇运动的表现（Gullich & Schmidtbleicher, 1996；Smith et al., 2001；Young et al., 1998），尽管这些效果似乎还取决于训练状态（Chiu et al., 2003）。对于受试者来说，高强度抗阻练习可以提升 5~18.5 分钟的爆发力表现，然而对于为娱乐活动而训练的个体来说，在受刺激后似乎有 5 分钟的疲劳期（Chiu et al., 2003）。对于连续测试阶段中的每一个受试者，都应使用相同的、测试者认为合适的热身运动，保证测试结果的准确性和一致性。

测试练习

因为动作学习和发展策略通常与实践中的体能测试相联系，所以一个测试可能需要重复多次才能得出可靠的数据（Hopkins et al., 2001；Jackson et al., 2001）。测试练习的目的是使受试者熟练掌握动作，这样一来，该测试才能作为评估功能性表现的可靠测试（Pandorf et al., 2003）。人们普遍认为，在完成相对较新的练习时，最初的力量增长源自神经的适应性（Fleck & Kraemer, 2004）。让受试者接触这项测试，他们会"学习"并且熟悉动作，这有助于保证首次测试获得最佳结果，也有助于在之后的测试中减少因熟悉流程而产生的影响。

测试者的职责包含保证受试者对一个测试的特定水平做好测试前准备。测试者需要考虑以下因素：受试者同意书和责任豁免书中的任何要求、受试者的具体参与程度、受试者的风险因素、测试要求、测试的风险和好处等。安全性是测试中非常重要的因素，尤其是在更高等级的测试和进阶测试中。测试者在实施测试计划时需要考虑多个因素，如安全的测试环境、妥善的监管，以及恰当的热身和放松运动。在体能和运动表现提升测试中，测试者还应考虑一些医生认为合适的医疗问卷调查和医疗转诊形式。海沃德（Heyward, 2006）和美国运动医学会（American College of Sports Medicine, 2000）提供了一些信息，旨在帮助测试者进行测试前的医疗问卷调查和风险因素评估。

测试中的常见问题

对于任何类型的测试来说，程序问题都可能会给预期效果带来负面影响。

■ 应用不一致的规定、指导和流程。测试期间使用一致的规定非常重要，使用不一致的规定将使测试结果产生差异。后续章节介绍了测试的规定和指导，这些规定和指导可以保证在不同群体和时间实施测试的一致性。如果使用混乱且不一致的规定进行测试，得出的测试结果可能是无用的。例如，假设一群篮球运动员正在进行双腿跳远测试，有些人在跳的时候摆动手臂，而有些人则将手臂放在背后。很明显，摆动手臂的运动员将会有更好的测试成绩，但这就意味着他们拥有比其他人更好的运动表现吗？可能不是。只有按一致的规定得到的测试结果才能准确地说明谁的运动表现更好。不过，也有科学文献提到了进行同一种测试的多种方式。例如，在进行双腿跳远的测试时，受试者可以使用摆动手臂、将手臂放在背后或将手放在髋关节处的方式。哪种方式最好？目前还未达成共识，任何答案都可能只供参考。测试者在决定使用哪种方法时，最好先确定他们想要测试的身体素质，然后使用一致的方式进行测试。

■ 允许不期望发生的代偿模式。在功能性测试的应用和组合中，一个较难控制的方面是不期望发生的代偿模式。人体具备一种特殊功能，它可以选择运动模式来适应其使用的身体系统的功能。在受伤运动员的康复期，我们确实希望代偿模式发挥作用。例如，一个在接受前交叉韧带重建术之前需要进行保守治疗的

人，可能会被针对性地要求增强腘绳肌的力量，因为腘绳肌和前交叉韧带存在主动发力的关系。还有一个例子是，肩关节不稳定的受试者会被要求增强肩关节旋转肌群和肩胛肌群的代偿性力量。再次强调，这是一种人们期望发生的、典型的功能性代偿模式。尽管有些代偿模式会发挥作用，但错误的代偿模式是不被期望发生的。例如，进行弓箭步测试的受试者，起始姿势不正确，就会产生不利的代偿。如果受试者无法在不过度前倾的情况下更多地募集臀大肌来完成这项测试，那么不期望发生的代偿模式就会发生。进行单腿跳远测试的受试者，即使被要求把手放在髋关节处，仍然可能会使用其双臂的力量，这是另一个使用不期望发生的代偿模式的例子。如果一个受试者付出了百分之百的努力，那么测试者有望在测试过程中观察到一些代偿模式。其中一个方法是，在功能性测试中使用简洁明了的指令，并且如果测试程序较复杂，也可能需要一些视觉化的说明。关于代偿模式还需要重点关注的是，一旦发现就及时处理，在功能性测试中不应出现多余的、不合适的代偿模式。如果继续强化这种代偿模式，受试者最终可能会认为这种模式是正常的或自然发生的。尤其难解决的是，一旦这些模式根植于动作系统之中，会变得更难改变。这样，受试者会处于发生过度使用性损伤的风险之中，难以提升运动表现水平。

■ 让受试者完成大量的测试，但没有充分的休息时间。一个特别常见的问题是，测试者为了尽可能多地获得受试者的信息，会让其完成不间断的功能性测试。测试者应在各个测试期间和各种功能性测试之间安排足够的休息时间，这样疲劳就不易

出现。例如，曼斯克等人（Manske et al., 2003）评价了进行闭合动力链等速测试之后进行功能性测试的信度。他们发现多个测试都具有极好的信度，包括垂直双腿跳、垂直单腿跳、双腿跳远、单腿跳远及6米计时单腿跳。从生理学方面来看，测试之间的休息时间应满足每个测试的能量需求。因为研究使用的是无氧运动，所以相应的休息时间较少（见表2.3）。从新陈代谢方面来看，完成这些任务需要使用磷酸原系统，肌肉不会积累乳酸，因此不需要非常长的休息时间。大多数测试都有某种形式的有氧能量需求或无氧能量需求（或二者都有）。如果一个测试涉及一个主导的能量系统，那么测试者应提前确定是何能量系统，以确保测试安排恰当。例如，与无氧能力需求较低的3次双腿跳远测试相比，长时间无氧能量系统主导的测试（如Wingate无氧功率测试或Margaria-Kalamen测试）需要的休息时间更长。虽然这些测试都是评估无氧能量系统的，但是Wingate无氧功率测试和Margaria-Kalamen测试的持续时间明显更长，与双腿跳远测试相比，对无氧能力的测试程度更高，可以测试无氧能力的极限值。

■ 测试前的练习量过少或者过多都是不行的。众所周知，动作学习会影响任何类型运动的表现水平，这在对功能性测试的评估中也有所体现。我们建议至少进行3次测试练习，以便充分了解接下来的测试程序。这可以让受试者拥有足够的时间去学习这项测试，理解这项测试对他们的技能要求。很明显，针对一项技能的练习或重复会提高相应的得分。例如，曾将星形偏移平衡测试作为训练计划一部分的受试者，要比完全不了解这项测试的受试者的得分更高。这符合众所周知的训练特异性的概念。

■ 使用未经训练的测试者。实施功能性测试不只是简单地观察受试者跳跃或冲刺。对功能性测试进行批判性分析要求测试者具备优秀的专业技能和知识。进行功能性测试的测试者必须全面了解测试期间肌肉、骨骼和心血管系统不同的应激水平。制订功能性测试注意事项的测试者应拥有大量关于运动的知识（Austin, 2007），包括以下几个方面。

表2.3

基本能量系统的主要特征

能量的主要来源	持续时间	运动和休息的比率
磷酸原	运动20~30秒	• 达到最大功率的90%~100%（0~10秒）时为1：20~1：12 • 达到最大功率的75%~90%（15~30秒）时为1：5~1：3
磷酸原和无氧糖酵解	运动30~90秒	1：4~1：3
无氧糖酵解和有氧氧化	运动90~180秒	1：3~1：1
氧（有氧氧化）	运动2分钟后	1：3（持续时间越短，强度越大）~1：1（持续时间越长，强度越小）

- 常见姿势。
- 动作模式。
- 运动量。
- 动作速度。
- 力和阻力的性质和等级。
- 惯用侧和非惯用侧肢体。
- 运动平面。
- 肌肉激活模式。
- 关节的特定需求。
- 运动对称性或不对称性。
- 单侧或双侧需求。

■ 选择了不合适的测试。测试者在确定要使用的测试时，最需要考虑的问题是该测试能否测量自己想要测量的运动表现。同时还要考虑该测试有效吗？可信吗？与受试者的运动或职业有什么关系？进行一个与目的不符的测试就是浪费时间。功能性测试并非没有问题，但经过批判性反思和仔细观察，对每个测试的结果进行观察和分析，以及采用一致的规定、指导和流程，可以解决大部分问题。

第3章

功能性测试与日常实践相结合

对任何受试者的评估都可以按照测试者的意愿进行。使用徒手肌力测试评估力量和使用测角仪来测量关节活动范围，都是间接评估受试者真实身体功能的准确方式。但是为什么不能通过多种功能性测试来准确评估受试者的身体素质呢？标准的肌力测试和关节活动范围测量是可以评估受试者的整体功能的，但都只能通过间接的方式进行。我们难道可以说一个受试者能够进行篮球运动（包括运用跑步、跳跃和变向等身体技能），仅仅是因为其股四头肌肌力测试表明其相应肌肉具有足够的力量吗？通常不是的！我们作为测试者，如果能够使用功能性更强的测试，就能更好地了解受试者参与某个活动或恢复至某个活动水平的能力。不使用功能性测

试，测试者只能猜测受试者是否具备完成某个活动的能力。测试者应利用功能性测试的优势，以便更好地了解受试者的实际身体功能。

当然，正如我们之前提到的，功能很难被客观评估。测试者如何全面地评估个体完成某项运动、运动中的某个姿势或完成工作中的某项任务所需的全部身体功能呢？他们可以密切监测受试者在执行特定任务时的表现，但是，他们如何客观地确定特定功能的等级或水平呢？我们将功能性测试称为非传统测试，即那些不属于通过徒手肌力测试、关节活动范围测试或其他传统方式获得标准评估结果的部分测试。

本书中讨论的功能性测试可以以多种方式使用。测试者可以根据情况，仅使用任意一个

或多个测试。例如，测试一个棒球投手的肩部爆发力，测试者可以使用药球投掷测试，通过投掷距离来确定。同一个受试者可以在训练前、后进行该测试或进行指定的功能性测试，以确定训练中的爆发力训练部分是否有效。通过这种方式，便可得出更具有实用意义的客观标准，以及与功能性表现相关的真实结果。大多数情况下的测试应该以这样一种方式进行，即囊括各个相关的身体功能。身体功能，正如我们所解释的，包含了许多素质，这些素质都可以通过使用本书的部分或所有类别的测试来评估。这样的测试包括针对平衡性和本体感觉，速度和灵敏性，有氧和无氧能力，肌肉力量、爆发力和耐力，肌肉柔韧性，以及功能性动作模式（见图3.1）的测试。根据受试者的需要，测试者确定是不是有必要进行肌肉柔韧性评估。有的受试者可能不需要进行平衡性和本体感觉类的测试。

　　具体使用各个类别中的哪些测试由测试者确定，并且测试应在测试者的监督下进行。对于有些受试者，可能只需要进行1~2项测试；而对于另一些受试者，则需要进行一整套测试。正如第2章中所讨论的，测试应按照从简单到复杂、从需要较少体力（不太疲劳）到需要较多体力（更加疲劳）的顺序进行——也就是先进行要求不高的测试，再进行难度更大、更复杂的测试，这样受试者不会过早地力竭。例如，在进行单腿跳远测试之前先进行双腿跳远测试更加合适，这是因为双腿跳远测试对各腿的负荷要小于单腿跳远测试。另一个例子是，在进行下肢功能性测试（lower extremity functional test，LEFT）之前，应该先做单腿蹲测试。在大多数情况下，一个非常耗费体力的测试应该在一系列测试的最后进行。

　　使用这些测试的另一种很好的方法就是前面介绍过的FTA（Davies & Zillmer，2000）。FTA是一个系统、客观的程序，它使用定量和定性

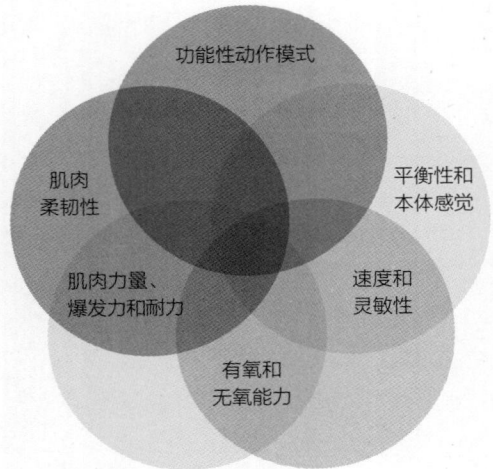

图3.1　功能性测试的基本成分

的标准来使受试者从一个级别的测试进阶至下一个更高级别的测试。这对于一个处在康复期的受试者来说尤其重要。FTA对指导未伤受试者实现功能性训练的安全进阶也十分有效。在FTA中，受试者会被要求先进行一个相对简单的测试，以证明他们有足够的力量、耐力或该测试要求的其他能力，然后再完成更加复杂、更高水平的测试。尽管戴维斯和齐尔默（Davies & Zillmer，2000）创造并介绍了他们的FTA，但任何人都可以根据受试者的需求，设计一套能指导受伤受试者实现康复进阶，或者评估未受伤受试者的专项、职业或保持健康所需的不同身体素质的FTA。

　　我们鼓励测试者运用多种测试程序，以根据每个受试者的需求，制订个性化的FTA。对FTA每一种可能的开发方式都进行描述是不可能的，开发FTA是一种高度个性化的组织功能性测试的方法。FTA中测试的选择基于测试者的经验、知识基础、专业技能和惯用的实操模式。测试者需要明确，并不是所有的受试者都需要完成本书中描述的功能性测试中的所有测试。许多受试者可能只需要完成其中几个测试

来确定他们的能力。同样，不同受试者需要不同的功能性测试，甚至在他们的康复期和训练期，使用的功能性测试也有所不同。

在下面几个小节中，我们展示了在不同情况下使用功能性测试的案例。我们使用案例分析的方式讨论了对前交叉韧带重建术后的受试者进行的测试、对大学棒球队成员进行的测试、对工作环境中的受试者进行的测试，以及职员聘用前测试。我们还讨论了对临床研究或实验室中的受试者进行的测试。

前交叉韧带重建术后的受试者

纳塔莉（Natalie）是一名17岁的高中篮球运动员，她进行了以半腱肌肌腱为移植源的前交叉韧带重建术。术后，她将进行24周的康复。在第12周时，她进行了一项等速测试。测试发现，与健侧下肢相比，在角速度为180度/秒和240度/秒时，她的患侧股四头肌力量达到了正常状态的75%，腘绳肌力量则达到了正常状态的85%。当时，为了逐渐恢复运动和娱乐活动，经医生允许，她开始了慢跑，并且在医生的指导下开始了循序渐进的跳跃运动。她请求医生允许她参加篮球比赛，而医生想要先确定她没有任何形式的功能性受限。

因为这个受试者接受过前交叉韧带重建术，所以需要进行一个系统的评估来确定其整体功能水平。评估将从全面的伤病史和主观检查开始。一般的身体检查由一些基本的检查组成，包括关节活动范围测量、徒手肌力测试、本体感觉测试等，详情见右方的"FTA前的基本检测"。

对于一个前交叉韧带损伤患者，有多种测试可用于确定其他基本指标，包括测量胫骨前移偏移量的KT-1000（Med-Metric Corp.）。如果

KT-1000显示双侧偏移量的差异小于3毫米，那么这个患者就可以进行多种功能性测试。如果条件允许，还可以进行等速测试，以测量股四头肌和腘绳肌的力量。只要患侧肢体力量与健侧肢体的差异小于25%，就可以开始进行功能性测试。纳塔莉接受了测试，测试结果显示，患侧股四头肌力量和腘绳肌力量分别达到健侧肢体水平的92%和89%，这证明纳塔莉的力量达到了可以进行功能性测试的水平。

图3.2显示了纳塔莉的FTA进展情况。对于需要继续进行康复治疗的受试者，所需的练习如表3.1所示。

FTA前的基本检测

伤病史和主观检查

客观检查

■ 观察体态

■ 生命体征

■ 步态评估

■ 腿长测量

■ 相关关节

■ 触诊

■ 神经系统检查

　• 感觉

　• 反射

■ 平衡性、本体感觉

■ 徒手肌力测试

■ 关节主动活动范围

■ 关节被动活动范围

■ 关节完整性测试

■ 柔韧性测试

■ 特殊测试

■ 医疗测试

| 基础测试和测量
人体测量
关节活动范围
平衡性和本体感觉测试 | → | 10%以内——否 | → | 继续进行康复治疗
（见表3.1） |

10%以内——是

| 等速测试 | → | 10%以内——否 | → | 继续进行康复治疗 |

10%以内——是

| 双腿跳远测试 | → | 距离达到身高的90%（男）或
距离达到身高的80%（女）——
否 | → | 继续进行康复治疗 |

距离达到身高的90%（男）或
距离达到身高的80%（女）——
是

| 单腿跳远测试 | → | 距离达到身高的80%（男）或
距离达到身高的70%（女）——
否 | → | 继续进行康复治疗 |

距离达到身高的80%（男）或
距离达到身高的70%（女）——
是

| 下肢功能性测试 | → | 男性和女性的
测试次数达标——
否 | → | 继续进行康复治疗 |

男性和女性的
测试次数达标——
是 → **全面参与体育活动**

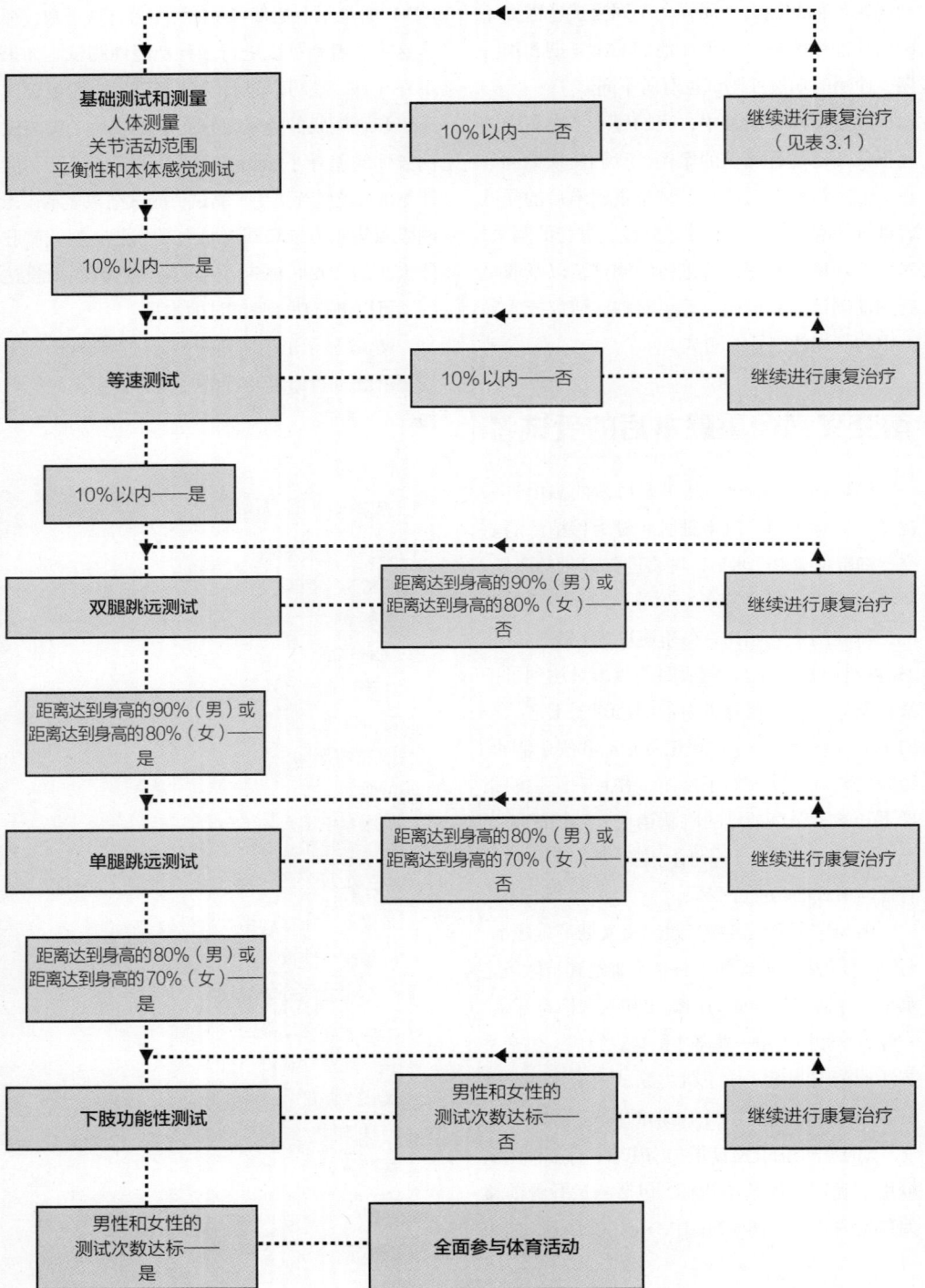

图3.2 纳塔莉的FTA进展情况

表3.1

下肢功能康复治疗的练习

平衡性	力量	速度和灵敏性	爆发力
单腿站立	腿部推举	绳梯训练	快速伸缩复合训练
平衡板	深蹲	圆点训练	短程往返跑
BAPS板（生物力学踝关节平台系统板）	弓箭步	5-10-5训练	跳深
平衡盘	伸膝	交叉步	跳箱
运动平衡木	腘绳肌弯举	锥桶训练	奥林匹克举
迷你蹦床	多种髋关节练习		

可以通过使用单腿站立（站姿检查）或闭目站立测试来评估平衡性和本体感觉。这些是检测静态稳定性的简单测试。第7章介绍的星形偏移平衡测试可以评估受试者的动态稳定性（Gribble & Hertel, 2003；Plisky et al., 2006）。这个临床功能性测试的作用是检测健康或受伤个体存在的下肢功能缺陷。在星形偏移平衡测试中，如果受试者使用患侧腿达到的距离与健侧腿的差距小于15%，他们就可以进行下一个测试了；如果差距达到了15%，他们应再次进行康复训练，以增强平衡性和稳定性。单腿站立、带有干扰性的本体感觉训练都能够增强平衡性。以本体感觉为主的训练包括平衡板、运动平衡木、平衡盘、迷你蹦床和BAPS板（生物力学踝关节平台系统板）。

FTA的下一个功能性测试是双腿跳远测试。进行这个测试可以使用上肢，也可以不使用上肢，但是使用上肢可能有助于增加跳跃距离。进行重复测试时，测试的一致性十分关键。进行双腿跳远测试时，测试者不仅需要记录受试者跳跃的距离，还需要对受试者的动作质量和运动表现水平进行主观评估。受试者是在双腿均衡承重的情况下落地，还是存在健侧腿的代偿？他们的落地动作是否不自然或在落地时身体失去平衡？这类评估在一定程度上会有点主观。如果受试者的跳跃距离正常，但是落地动作不正确或落地时需要通过上臂触地来维持身体平衡，

则表示其可能还没有准备好进行后续难度更大的测试。这些受试者可能更适合继续进行一些简单的短距离跳跃训练，并在他们能够承受的前提下由亚极限跳跃训练过渡到极限跳跃训练。如果受试者能够稳定地落地，那么测试者需要根据其身高来确定跳跃距离是否符合标准。每个人的身高、腿长、跳跃能力不同，所以记录跳跃距离的绝对数值可能会有一定的误导性。鉴于绝对数值的局限性，跳跃距离应根据受试者的身高标准化。预计男性的跳跃距离需要达到其身高的90%，而女性的跳跃距离则需要达到其身高的80%。达不到这个跳跃距离的受试者，应继续进行以双腿为主的基本康复训练。提升双腿跳远能力的训练包括腿部推举、深蹲和弓箭步等练习。

如果受试者可以较好地完成双腿跳远，并且其跳跃距离可以达到其身高的90%（男性）或其身高的80%（女性），就可以尝试单腿跳远测试。单腿跳远测试的难度明显增加，尤其是在下肢受伤之后，这是因为这个动作要求单腿落地。正如前文所述，在双腿跳远测试中，受试者需要双腿落地，并且可以通过将更多的身体重量放在健侧腿上来完成这个动作。而在单腿跳远测试中，这是不可能的。在一条腿跳离地面后，受试者只能用这条腿落地。和双腿跳远测试相同的是，受试者在单腿跳远测试中也可以使用或不使用上肢。同样，测试者不仅需要测

试受试者的运动表现水平（跳跃距离），还需要对受试者的动作质量进行主观评估。而单腿跳远的标准距离是身高的80%~90%（男性），或身高的70%~80%（女性）。双侧肢体进行对比，患侧肢体的跳跃距离应该达到健侧肢体的85%~90%。

单腿跳远的标准成绩为143~203厘米（男性）和137~163厘米（女性）（van der Harst，2007；Ageberg et al., 2001）。此范围较大很可能是测试程序不同造成的。阿格伯格等人（Ageberg et al., 2001）在单腿跳远测试中允许受试者自由使用上肢，而范德哈斯特等人（van der Harst et al., 2007）则限制受试者使用上肢。阿什比和黑格德（Ashby & Heegaard, 2002）的研究显示，在立定跳远中，自由使用上肢的受试者的跳跃距离比不使用上肢的多21.2%。受试者使用患侧腿进行单腿跳远测试，跳跃距离应达到健侧腿的85%或以上。这是因为85%的肢体对称性被认为是正常的（Noyes et al., 1991；Barber et al., 1990）。有研究表明，在健康运动员的惯用腿和非惯用腿之间，单腿跳远距离没有显著的差异（van der Harst et al., 2007）。如果受试者单腿跳远测试结果不能达到标准，他们就需要继续进行以单腿为主的康复训练。单腿力量可以通过单腿蹲、单腿推举和弓箭步练习加以增强。功能性落地技术可以通过单腿台阶跳、双腿起跳单腿落地、单腿跳加以练习。这些训练需要单腿承载离心负荷。在单腿跳远测试中，落地肢体也必须承载离心负荷。

FTA的重点是第3章提到的下肢功能性测试。下肢功能性测试在FTA中是最难的，因为它包含许多高级功能性动作模式，包括向前冲刺、倒退冲刺、侧滑步、交叉步、数字8跑、45度急停变向、90度急停变向及交叉急停变向。正如已经介绍的大多数测试，对下肢功能性测试结果的评估应分为客观和主观两个方面。因此，就算用时较短，若没有正确地完成，受试者也将无法通过测试。这是因为，下肢功能性测试同时也是一种无氧能力测试，一个有心肺功能缺陷的受试者将很难完成该测试。应该强调的是，只有竞技运动员或高水平业余运动员可能需要在康复过程中进行下肢功能性测试。

男性的下肢功能性测试平均成绩为100秒，小于90秒为优秀，大于125秒为不及格；女性的下肢功能性测试平均成绩为135秒，小于120秒为优秀，大于150秒为不及格（Davies & Zillmer, 2000）。下肢功能性测试成绩不及格的受试者应重新进行有氧训练，同时继续进行力量训练。

大学棒球队成员

大学体能教练或运动防护师可能需要评估棒球队成员的体能和身体素质。功能性测试可以针对整个队伍，也可以针对不同位置的运动员。例如，相较于野手，投手拥有不同的身体素质。测试者可以使用多种功能性测试来确保测试涉及与每个位置的运动员密切相关的身体素质。测试示例如表3.2所示。

首先，需要对平衡性和本体感觉进行测试，以确定个体是否存在平衡性或本体感觉缺陷。可以使用星形偏移平衡测试或下肢功能性测试来测试平衡性和本体感觉（Hertel et al., 2000；Hertel et al., 2006；Kinzey & Armstrong, 1998；Manske & Anderson, 2004；Olmsted et al., 2002）。惯用和非惯用侧肢体能达到的距离的差距应在10%以内。如果存在缺陷，可能需要增强对平衡性和本体感觉的训练。这可以通过多种方式实现。增强平衡性和本体感觉的一种简单方法，是在基本练习中加入本体感觉相关的练习内容。例如，运动员可以在平衡盘、平衡板或斜板上进行弓箭步或深蹲练习，这样运动员力量增强的同时，也会让本体感觉系统得到锻炼。

表3.2

大学棒球队测试示例

功能	测试	干预措施
平衡性和本体感觉	星形偏移平衡测试 下肢功能性测试	在平衡盘、平衡板或斜板上进行弓箭步或深蹲练习
力量	一次最大重复（1RM）后蹲	腿部推举弓箭步
爆发力	垂直双腿跳	快速伸缩复合式双腿跳或单腿跳
快速反应、速度和灵敏性	T形测试	冲刺、交叉步、变向练习

力量测试可以使用第9章中提到的1RM后蹲进行评估。第9章同时列出了健康成人和特定运动人群的1RM后蹲参考标准值。如果1RM后蹲测试结果表明运动员整体力量水平较低，那么其应主要选择低到中等重复次数和高负荷的训练。额外训练可包括腿部推举和弓箭步，但是根据训练的特异性原则，提高1RM后蹲测试成绩的最佳练习可能还是负重后蹲本身。实际运动的特异性要求训练应尽可能贴近指定的运动，更具体地说，训练要和运动中某个位置的活动相似。测试者安排特定运动的训练时应考虑以下因素：能量系统特异性、肌肉动作特异性、肌群特异性和速度特异性（Reiman, 2006）。不同的运动和运动中不同的位置，对能量、肌肉动作和功能、肌肉收缩的速度都有特定的要求。

爆发力可以通过多种测试来确定，但垂直双腿跳是最迅速和最简单的测试之一。运动员在墙边进行垂直双腿跳，用马克笔、粉笔或Vertec来标记跳跃高度。爆发力水平可以通过使用包括双腿跳和单腿跳在内的快速伸缩复合练习来加以提高。这种形式的练习通常是为高水平运动员准备的，运动员如果使用不正确，可能会造成肌肉、骨骼损伤。

快速反应能力、速度和灵敏性也可以通过许多测试来评估，这取决于个体所注重的与快速反应能力、速度和灵敏性相关的参数。T形测试可以评估多个运动特质，并准确地确定受试者的反应、灵敏性和身体控制能力。T形测试的参考标准详见第10章。

工作环境中的受试者

图3.3展示了一个下背疼痛的受试者的FTA进展情况。对于需要继续进行康复治疗的受试者，所需的练习如表3.3所示。

38岁的伦纳德（Leonard）被诊断出L4~L5腰椎神经根病变。最初，他是在工作中受伤的。因为他是一名仓库工人，所以他大概率有反复出现的微创伤。他的工作内容包括反复抬起10千克重的货物。他在完成了6周的康复治疗后，休息时的疼痛级别为0级（最高为10级），而工作时的疼痛级别为0~2级（考虑其腰伤问题，工作时货物限重7千克）。他在被动仰卧90/90姿势腘绳肌评估（见第5章）中，双侧差距小于10°，具有正常的躯干活动度和腘绳肌柔韧性。与L3~L4和L4~L5最初评估记录的被动关节活动受限情况相比，此时他的腰椎被动关节活动范围提高到了正常水平。尽管这种评估手法被证明测试者间信度不足（van Trijffel et al., 2005），但对整体和局部脊柱活动度的评估是必要的。在这些评估中，没有发现伦纳德存在任何功能障碍。

接着，测试者对伦纳德进行了一套功能动作筛查（functional movement screen, FMS）（Cook et al., 1998）。有关此工具的具体测试参数和解释，见第6章。测试者筛查了测试过程中未出现的疼痛，评分均为2分或3分。由于伦纳德在深蹲评估中一直得分较低，测试者对他进行了髋关节伸展、外展及躯干屈曲动作测试。髋关节外展动作分析显示其肌肉激活顺序异常（更多

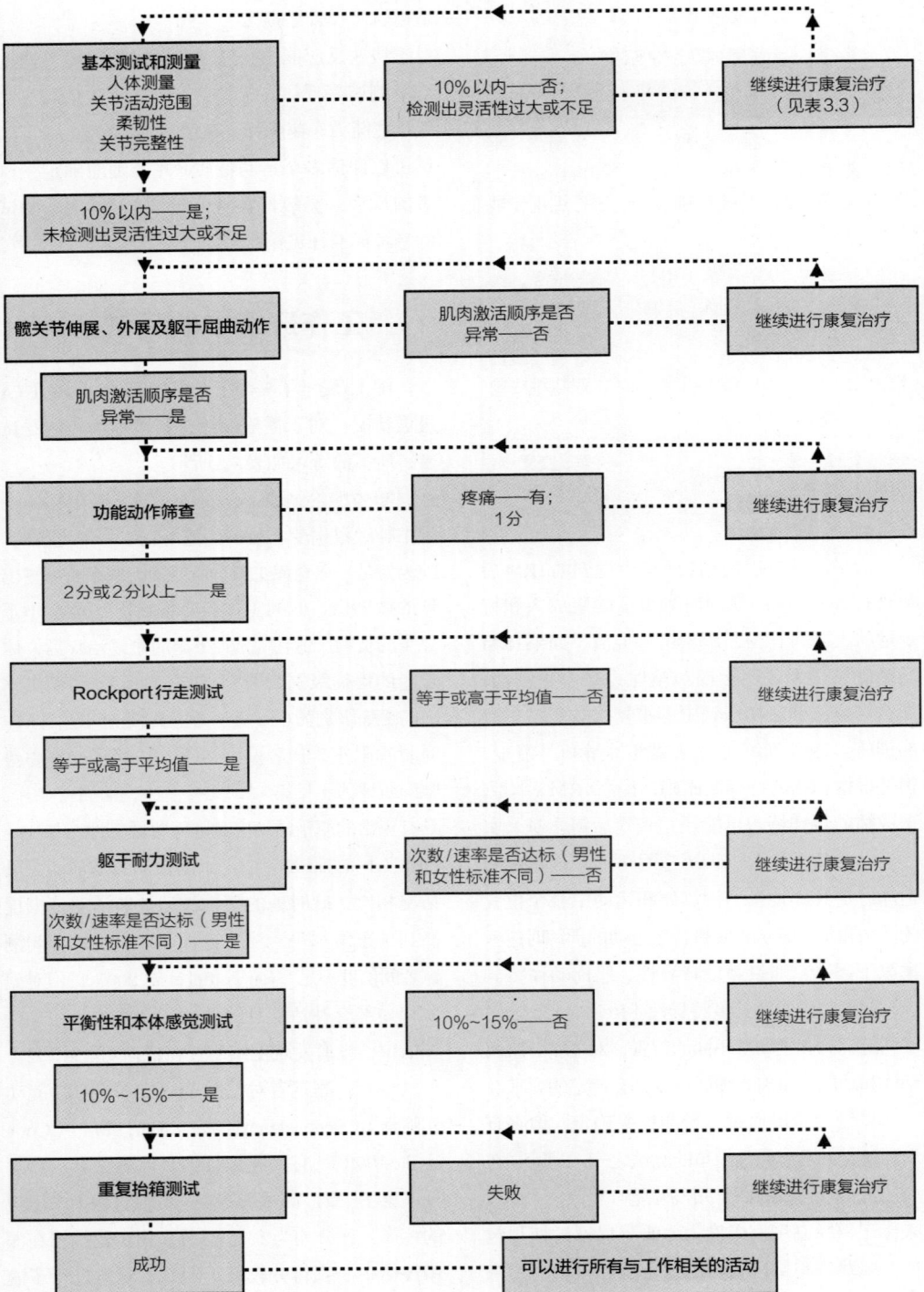

图3.3 下背疼痛的受试者的FTA进展情况

细节见第6章）。伦纳德进行了针对臀中肌的运动控制、力量和耐力练习（即蚌式练习、弹力带侧向行走及侧桥练习）。练习中特别注重对常见代偿模式的监测。常见代偿模式包括侧卧蚌式练习中的转体、弹力带侧向行走中过多的额状面活动及侧桥练习中躯干的旋转。

一旦伦纳德在相同测试中的肌肉激活顺序不存在异常，测试者就对他进行Rockport行走测试（具体测试程序和其他细节见第8章）。他在11分钟内走了1英里（1英里≈1.6千米，余同）的距离，成绩为良好（等于或高于平均值）。根据为伦纳德设计的FTA，他可以进行躯干肌肉耐力测试（有关这些测试的细节，见第11章）。像伦纳德这样的受试者可以通过强调耐力的水上项目、在平面或跑步机上进行的步行或椭圆机训练（如果可能）来改善心血管功能及增强耐力。而一个下背疼痛的受试者若使用自行车练习来增强耐力，则不够谨慎。在最初的躯干肌肉耐力测试中，伦纳德体躯干侧屈曲测试的得分在正常范围内（McGill et al., 1999）。但是他没有达到先前确定的正常人群（无疼痛或功能障碍的人群）躯干伸肌耐力的标准值。需要注意的是，这些标准值是从大学年龄段的人群中取得的。据我们所知，还没有人确定下背疼痛的患者在该测试中的标准值。一项研究（Flanagan & Kulig, 2007）表明，经历过单节段微创椎间盘切除术（术后4~6周）的人，有51.5%不能达到改良版躯干伸肌耐力测试（Sorenson测试）中躯干完全伸展的位置。研究者推论，受试者达到躯干完全伸展位置的能力，与恐惧-回避信念密切相关（Fritz et al., 2001），"这表明对于单节段微创椎间盘切除术后4~6周的患者来说，这个测试可能太难（无论基于真实情况还是个人感知）"。

表3.3

改善下背部功能的练习

功能性动作分析	力量	心血管耐力	躯干耐力
改良版深蹲	深蹲	水上运动	分离和整体肌肉再训练
躯干屈曲-伸展（视情况而定）	弓箭步	自行车	特定节段躯干稳定性练习
蚌式练习	桥式练习	步行	整合的功能性运动
仅在额状面上的髋关节外展	弹力带	椭圆机	计时举重练习（由轻到重）
生物反馈分离式肌肉收缩练习			

伦纳德恢复了针对躯干耐力的特定活动，包括但不限于生物反馈躯干特定部位耐力训练、站立臀肌和背阔肌力量训练（改良版深蹲、与背阔肌相关的划船等）。这些运动可以更多地与功能性运动融合。腹肌收缩运动应在康复早期进行，并通过结合康复后期的功能性运动来实现进阶。

在通过躯干伸肌耐力测试后（两周后），伦纳德成功地完成了之前讨论过的星形偏移平衡测试。他的患侧肢体向各方向伸展时可以达到的距离与健侧肢体的差异均为10%~15%。

针对伦纳德设立的FTA的最后一个测试是重复抬箱测试（见第11章）。他成功完成了最初的尝试（4次成功抬箱）。他不再需要接受正常的康复训练，并且被认为可以进行所有与工作相关的活动。

这个FTA充分考虑了伦纳德的工作岗位（仓库工人）和职责需要，是为他特别制订的。

提升受试者重复抬箱能力的特定运动，包括适当的深蹲训练。此深蹲训练最初是单一平面的运动；进阶到强调髋关节灵活性和躯干稳定性的3个平面的运动、强调腹肌激活的躯干稳定性进阶训练、强调正确技术的抬箱训练等。重复抬箱测试在最初阶段应以低重量、高重复次数进行，以建立一个耐力基础。特定抬箱参数（重量、距离、姿势等）可以在适当的时候，根据个人情况，被整合到测试过程之中。

职员聘用前测试

本书介绍的这些测试，除了康复评估，还可用于许多其他情境，如用于具有较高体力要求的岗位，进行职员聘用前测试。

职员聘用前测试侧重于评估受试者是否具备工作所需的特定身体技能。例如，消防员所需要的身体技能可能包括在平坦和不平坦的地面跑步、举起和搬运重物、推和拉重物、在特殊场合跳跃。表3.4所示为消防员聘用前测试示例，其中列举了一些常见的消防员聘用前测试。

表3.4

消防员聘用前测试示例

身体功能	测试	干预措施
肌肉长度	背阔肌、胸肌和髋关节肌肉评估	针对特定肌肉长度不足的拉伸
基本动作	功能动作筛查	动态灵活性训练和其他功能性运动（如跨栏架步、弓箭步、平衡性练习）
平衡性	星形偏移平衡测试 下肢功能性测试	在平衡盘、平衡板或斜板上做弓箭步或深蹲
有氧能力	多阶段体能测试、1.5英里跑步测试或两者都有	自行车 椭圆机 跑步机走/跑 间歇性走/跑
力量	1RM后蹲	腿部推举 弓箭步
躯干耐力	躯干伸肌和侧屈肌耐力测试	等长躯干力耐力训练进阶到动态躯干耐力训练和躯干稳定性训练
抬箱	负重前伸测试、重复抬箱测试或两者都有	弓箭步 深蹲 抬箱 躯干耐力和力量训练
爆发力	垂直跳	快速伸缩复合双腿跳和单腿跳练习
速度、灵敏性和快速反应	T形测试 Illinois 灵敏性测试	不同方向冲刺和变向练习

与其他任何测试组合相同，建议测试者仔细观察个人在工作中的特殊要求，并据此规划测试方式。测试和干预方式也应根据每个人的进步或不足情况进行改进。

我们鼓励测试者参考相关资料（如雇主信息和职位描述），为每名受试者设计一个合适的测试组合。对于一些先前存在功能障碍的受试者，我们可能需要对测试计划进行一定的修改。了解一些合理的临床研究对于测试者制订测试计划非常重要。

临床研究或实验室中的受试者

最后一个例子涉及一些可能出现在临床研究或实验室中的受试者。在这些环境中的受试者经常被要求评估体能水平。一些受试者在开始一个训练计划前，可能想要了解他们的体能水平；其他人可能需要这些信息以指导受试者实现进阶。对这些受试者进行的测试可能会包含本书中所介绍的所有类别的测试。测试组合示例如表3.5所示。

约翰（John）是一名专业铁人三项运动员，他为了确定自己的体能水平，来到健身中心进行测试，以便调整目前的训练计划，从而提升其运动能力。约翰从肌肉长度测试开始，以确定易缩短肌群的长度，如股四头肌和腘绳肌。接下来，他将通过1.5英里跑测试评估有氧能力。他该项测试的结果可能为优秀，因为铁人三项运动员通常具备高水平的有氧能力。约翰也想知道他的无氧能力，这将通过Wingate无氧功率测试来测量。最后，他将通过1RM后蹲、垂直双腿跳、单腿跳远等测试来评估下肢力量和爆发力。

表3.5

临床研究或实验室环境中的测试示例

功能	测试
肌肉长度	股四头肌和腘绳肌评估
有氧能力	1.5英里跑测试
无氧能力	Wingate无氧功率测试
力量	1RM后蹲
爆发力	垂直双腿跳、单腿跳远等测试

如果体能专家发现约翰的任何一种运动能力相对较弱，那么便可以制订一个针对约翰特定弱点的训练计划。这样的计划对于一个已经接受过训练、高度关心自身体能水平且希望能够持续提升运动表现，以实现个人目标（如提升铁人三项运动成绩）的个体而言，将是极有帮助的。在对其目前的体能水平进行评估之后，适当的干预措施将被确定。其体能的某些方面可能非常优秀，而其他方面则需要改进。

正如这些示例所显示的，功能性测试适用于多种情况。功能性测试可以在体育、工作和健身领域中，以无数种方式进行。本书中所描述的测试适用于对受试者的运动表现和重要身体功能进行客观评估。在整本书中，我们传递给测试者的信息是"要测试——不要猜测"。

第2部分

单一身体参数测试流程和实验报告

本部分介绍了单一身体参数测试：人体测量评估，肌肉长度评估，基本动作测试，平衡性测试，有氧测试，力量和爆发力测试，速度、灵敏性和快速反应测试。

这些身体特质中的每一个都是整体功能的一个组成部分，对每一个特质的要求都取决于特定功能任务的具体要求。大多数受试者的功能性表现由这些身体特质中的一些，而不是全部决定。在这些章节中，我们概述了每个测试的目标，并一步步介绍了测试的使用方法。我们提供了数据分析和解释信息、统计信息（如有相关信息），以帮助测试者在特定情况下针对所使用的测试做出恰当的临床决策。其中一些测试已经被广泛研究，而有些测试则很少或者根本没有被研究过。

本部分介绍的身体特质及相应测试均由易到难。我们鼓励测试者了解每个测试的信息，并进行批判性思考，以确定每个受试者适用的测试。

第 4 章

人体测量评估

人体测量是指使用一系列系统化的测量技术，量化人体的各个方面（Malina, 1995）。人体测量历来会先测量身高和体重，以对体型做一个基本的评估。作为一种传统的评估手段，人体测量在体育教育与运动科学领域有着悠久的历史。

测试者所使用的人体测量方法取决于评估的目标。围度评估和身体质量指数评估为测试者提供了可以以多种方式使用的人体数据，可用于监测体重、身体比例（腰臀比）的变化。躯干高度评估可能会与第11章介绍的各种躯干耐力测试一起使用，以确定躯干高度和躯干耐力评分之间是否存在相关性（目前的证据未显示两者存在明显的相关性）。

围度评估

▶ **目的：** 围度评估是一种通过相应身体部位上的特定标记来测量周长的简单方法。

▶ **器材：** 卷尺。

测试步骤

1. 标记即将测量的部位。

2. 使用卷尺的标准测量方式——卷尺不要太紧，也不要太松。

3. 让卷尺保持水平，并尽可能全部紧贴皮肤。

4. 在测量特定部位时参考以下步骤。

- 腰围：测量受试者腰部最窄处，若最窄处不明显，就在最下方的肋骨和髂嵴顶部之间的中点进行测量。鲁道夫等人（Rudolf et al., 2007）建议将腰围的标准测量位置设为脐上4厘米处。

- 臀围：测量受试者臀部向后最突出部位的水平周长。

- 胸围：使受试者的手臂放松并且垂于身体两侧，在受试者正常呼气结束时，在其胸骨中部进行测量。

- 臂围（放松状态）：使受试者的手臂放松并且垂于身体两侧，在肩峰（肩胛骨处）与鹰嘴（肘部的尺骨隆起）之间的中点处进行测量。

- 臂围（曲臂状态）：使受试者的手臂在矢状面（向前）平举，肘部屈曲90度，并使受试者最大限度地收缩肱二头肌，测量最大周长。

- 大腿围：让受试者双腿站立并稍微分开，使用卷尺水平测量臀线（臀部折痕）下方2厘米处的周长。

数据分析和解释

大腰围与下腰背疼痛有关（Albert et al., 2001）。

统计信息

▪ 信度：影响信度的因素可能包括不同的测试者、卷尺上的张力（卷尺平坦与否），以及测量位置（正确与否）。

▪ 效度：这些测量方式不能有效地预测体脂，然而，它们可以有效地衡量体型是否匀称。

身体质量指数评估

▶ **目的:** 身体质量指数(body mass index,BMI)是一种简单的测量方式,它主要用于确定身高和体重之间的关系。

▶ **器材:** 卷尺、体重秤。

测试步骤

1. 受试者体重的单位为千克,受试者身高的单位为米。

2. 使用以下公式计算身体质量指数:身体质量指数=体重(千克)÷身高(米)^2。

数据分析和解释

▪ 通过年龄和性别确定标准值,可以作为解释身体质量指数的参考。见第36页的表4.1和第37页的表4.2。

▪ 身体质量指数与体脂率之间的关系接近线性(Norgan,1994)。

▪ 虽然有不同的临界值,但当身体质量指数超过25时,男性和女性都将面临健康风险。如果一个人的身体质量指数大于等于30,那么这个人就会被鉴定为肥胖(Foss & Keteyian,1998);身体质量指数小于18.5的个体通常会被鉴定为低体重,正常的身体质量指数为18.5~29.9(Foss & Keteyian,1998)。人们普遍认为,随着身体质量指数的增加,心血管疾病和糖尿病患者的死亡率也将呈上升趋势(Smith & Haslam,2007)。

▪ 有趣的是,并不是所有身体质量指数大的情况都有消极影响。比利时的一项针对19名男性排球运动员的研究(Forthomme et al.,2005)表明,排球运动员的身体质量指数和扣球速度呈明显的正相关(例如,当排球运动员的体重与身高呈一定比例时,其体重越大,扣球速度越快)。

▪ 刚刚提到的结果可能与这样一个事实有关,一个人的肌肉重量越大,其身体质量指数越大。这就是在没有通过其他方式获取体脂率数据的情况下使用BMI数值的一个问题。身体质量指数无法区分去脂体重和脂肪重量。因此,身体质量指数并不适用于运动员群体。例如,沙奎尔·奥尼尔(Shaquille O'Neal)身高2.16米,体重148千克,其身体质量指数接近32,但是他并不属于肥胖。其他一些人如果肌肉重量大、体脂率低,虽然身体质量指数超过30,但是他们也不属于肥胖。

▪ 对于处在青春期的青少年男性来说,其身体质量指数的使用可能有局限性,这是因为他们的肌肉质量有显著增加的可能性,从而会导致其身高和体重之间的关系会不断发生变化(Malina,1995)。

统计信息

身体质量指数与体脂率呈中度相关($r=0.60$~0.82)(Smalley et al.,1990)。

腰臀比评估

▶ **目的:** 腰臀比评估常被用于确定与肥胖有关的会导致冠状动脉疾病的危险因素。检测冠状动脉疾病危险因素的基础假设是:存储在腰部周围的脂肪,会比存储在其他地方的脂肪对健康构成更大的风险。

▶ **器材:** 卷尺。

测试步骤(Gray & Gray,1988)

1. 根据上文提到的方法,获得受试者的腰围和臀围数据。

2. 进行此计算:腰臀比=腰围÷臀围。

数据分析和解释

现在还没有经过同行评审的已出版的腰臀比评估的标准数据。第37页的表4.3是未出版的标准数据,使用其对腰臀比数据进行解释时请谨慎。

统计信息

目前还没有关于这项评估的已出版的信度数据。

躯干高度评估

▶ **目的：** 这是一种确定受试者的躯干高度的简便方法。相较于其他身体部分，对躯干高度的评估具有潜在益处。躯干高度评估数据还可用于判断躯干高度与躯干耐力之间的关系。

▶ **器材：** 卷尺、马克笔、运动胶布、绳子。

测试步骤（Gross et al., 2000）

1. 测试者指导受试者坐在治疗床的边缘处，背部尽可能保持平直。

2. 将运动胶布贴在受试者的整个腰椎棘突上。

3. 用双手的食指按住绳子两端，并用双手的拇指按压两侧髂嵴（顶端）的表面。

4. 另一位测试者用马克笔标记运动胶布和绳子的交叉点。

5. 测量受试者头顶到运动胶布上的标记处的距离，将测量结果精确到0.5厘米。

数据分析和解释

原参考文献没有提供躯干高度分析（Gross et al., 2000）。假定这种测量可能在将来的相关性研究中有潜在用途（如躯干高度和躯干耐力）。

统计信息

	组内相关系数（2，1）	平均绝对差
躯干高度/厘米（*n*=28）	0.88	0.8±0.9

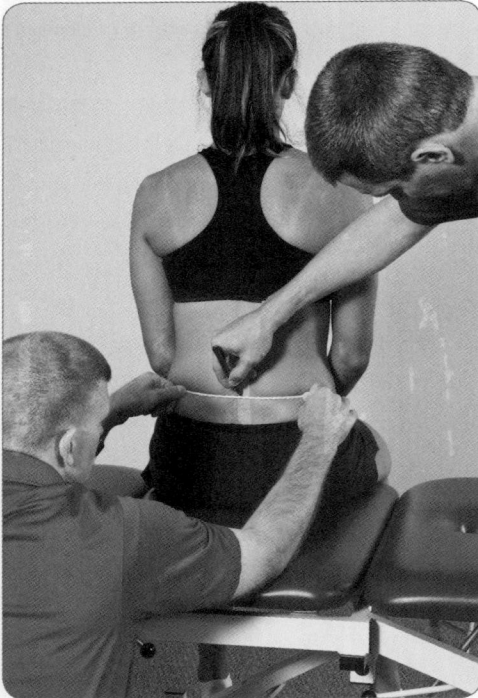

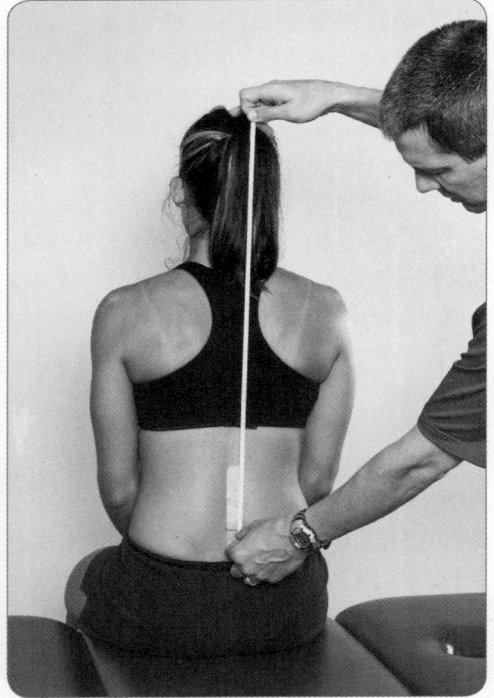

骨盆围度评估

▶ **目的：** 评估骨盆围度。

▶ **器材：** 运动胶布、卷尺。

测试步骤（Gross et al., 2000）

1. 测试者在受试者髂嵴侧面和两侧下肢的大转子之间垂直贴上一条运动胶布。

2. 标记髂嵴的最外侧和大转子的最外侧。

3. 使用卷尺测量受试者上外侧的骨盆围度，并将测量结果精确到0.5厘米。

数据分析和解释

围度测量数据和产生关节力矩的能力直接相关（Gross et al., 1990, 1989）。

统计信息

	组内相关系数（2，1）	平均绝对差
骨盆围度/厘米（*n*=28）	0.94	1.5±1.4

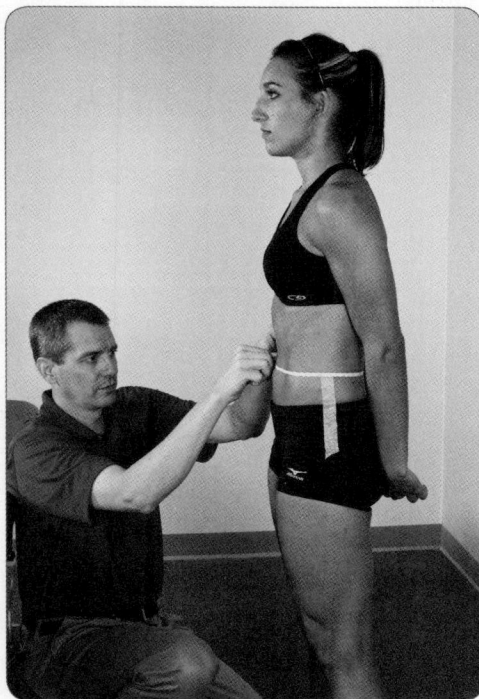

表4.1

身体质量指数表

身体质量指数	正常（健康）体重						超重					肥胖					
	19	20	21	22	23	24	25	26	27	28	29	30	31	32	33	34	35
身高/英寸	体重/磅（1磅≈0.45千克，余同）																
58	91	96	100	105	110	115	119	124	129	134	138	143	148	153	158	162	167
59	94	99	104	109	114	119	124	128	133	138	143	148	153	158	163	168	173
60	97	102	107	112	118	123	128	133	138	143	148	153	158	163	168	174	179
61	100	106	111	116	122	127	132	137	143	148	153	158	164	169	174	180	185
62	104	109	115	120	126	131	136	142	147	153	158	164	169	175	180	186	191
63	107	113	118	124	130	135	141	146	152	158	163	169	175	180	186	191	197
64	110	116	122	128	134	140	145	151	157	163	169	174	180	186	192	197	204
65	114	120	126	132	138	144	150	156	162	168	184	180	186	192	198	204	210
66	118	124	130	136	142	148	155	161	167	173	179	186	192	198	204	210	216
67	121	127	134	140	146	153	159	166	172	178	185	191	198	204	211	217	223
68	125	131	138	144	151	158	164	171	177	184	190	197	203	210	216	223	230
69	128	135	142	149	155	162	169	176	182	189	196	203	209	216	223	230	236
70	132	139	148	153	160	167	174	181	186	195	202	209	216	222	229	236	243
71	136	143	150	157	165	172	179	186	193	200	208	215	222	229	236	243	250
72	140	147	154	162	169	177	184	191	199	206	213	221	228	235	242	250	258
73	144	151	159	166	174	182	189	197	204	212	219	227	235	242	250	257	265
74	148	155	164	171	179	186	194	202	210	218	225	233	241	249	256	264	272
75	152	160	168	176	184	192	200	208	216	224	232	240	248	256	264	272	279
76	156	164	172	180	189	197	205	213	221	230	238	246	254	263	271	279	287

（源自：N. Payne et al., 2000, Canadian musculoskeletal fitness norms, *Canadian Journal of Applied Physiology* 25: 430-442.）

表4.2

基于不同性别和年龄的加拿大人身体质量指数的标准值

年龄/岁	样本数量/人	身体质量指数
女性		
15~19	59	22.2±0.4
20~29	83	23.7±0.5
30~39	56	24.3±0.6
40~49	47	24.1±0.6
50~59	47	25.4±0.7
60~69	20	27.3±1.3
男性		
15~19	54	23.1±0.5
20~29	73	25.3±0.4
30~39	44	26.3±0.6
40~49	27	25.4±0.5
50~59	36	26.4±0.6
60~69	25	28.6±0.8

〔源自：V. H. Heyward, 2006, *Advanced fitness and exercise prescription*, 5th ed. (Champaign, IL: Human Kinetics), 226.〕

表4.3

腰臀比的标准值

	接受值（正常）		不接受值（不正常）		
	优秀	良好	平均值	高于平均值	超出正常值
男性	<0.85	0.85~0.90	0.91~0.95	0.96~1.00	>1.00
女性	<0.75	0.75~0.80	0.81~0.85	0.86~0.90	>0.90

肌肉长度评估

柔韧性指个体在不会受伤的前提下，在整个关节活动范围内灵活地移动关节的能力（Heyward, 2006）。柔韧性或许不能被视为评估人体运动表现的主要参数，但它对于人体动态运动和无痛功能至关重要。尽管静态拉伸这一常规热身运动似乎不能增强个人的运动表现能力或预防受伤（见第2章），但一些临床证据表明，在运动前期，长时间的拉伸可以减少损伤的发生（Hartig & Henderson, 1999）。还有研究表明，长时间、低负荷的拉伸会增加肌肉长度并增大肌肉体积（Goldspink et al., 1995；Lederman, 1997；Yang et al., 1997），还有助于结缔组织的永久性加长（Sapega et al., 1981）。相似的结果也出现在患有髋关节炎和关节挛缩的

人群之中（Wessling et al., 1987）。在正常的肌肉收缩中尚未发现类似结果（Weldon & Hill, 2003）。

许多专家提倡最佳身体姿势和恰当的主动肌-拮抗肌关系（Janda, 1994；Sahrmann, 2002；Kendall et al., 2005）。功能性收缩的肌肉具有抑制其拮抗肌的能力（Janda, 1994; Sahrmann, 2002；Kendall et al., 2005），这将增加个体受伤的可能，而且使身体不具备最佳功能。"上交叉综合征"和"下交叉综合征"（Janda, 1994）这两个术语已经被用来指代这种不平衡。特定肌肉（胸大肌、胸小肌、上斜方肌、枕下肌、髋内收肌、屈髋肌和竖脊肌等）具有紧张的倾向，会抑制其拮抗肌（下斜方肌、臀肌、颈深屈肌和腹直肌等）。研究中的受试者展示了拮抗肌

失衡导致的典型姿势（Janda, 1994）。测试者不仅应该通过肌肉力量测试，还应该通过肌肉长度测试，来评估这些肌肉间是否平衡。

据我们所知，和身体柔韧性有关的标准值数据非常有限。有报道称，处于大学阶段的人群的下肢肌肉长度的标准值数据还很缺乏（Corkery et al., 2007）。这带来了一个问题：标准值是什么？标准值应以受试者的年龄、性别、体型和职业等为基础。与芭蕾舞者或短跑运动员相比，坐着工作的受试者的下肢柔韧性的标准值更小。标准值应该可以代表特定受试者群体，这很可能是当前文献缺乏标准值数据的主要原因。在本章中，我们概述了文献中出现的肌肉长度测试信息及已有的信度数据。

我们系统地列出了特定部位肌肉长度的评估方法：首先是上肢肌肉，随后是躯干和下肢肌肉。

评估的目的是确定肌肉的可延长性、长度和活动范围。这可以通过与另一侧的肌肉进行对比或与文献中已经确定的任何标准值进行对比来确定。缺乏标准值数据可能是因为研究者难以就年龄、性别、体型、运动或职业等方面的差异，在测试方法上达成共识。

关于本章所涉及的肌肉起点、止点、动作和神经支配的信息，可以参考第77页至第84页的表5.1至表5.16。

上肢评估

肩胛提肌评估

▶ **目的：** 确定肩胛提肌的可延长性、长度和活动范围。关于肌肉起点、止点、作用和神经支配的信息，见第77页的表5.1。

▶ **器材：** 治疗床。

测试步骤（Greenman, 1996）

1. 受试者呈仰卧姿势。
2. 测试者坐在治疗床的一端。
3. 测试者用外侧手固定受试者的肩胛带。
4. 测试者用内侧手支撑受试者的枕骨部，使受试者的头部屈曲、侧屈并旋转到阻力位置（姿势1）。
5. 如果测试者想用替代方法（姿势2），请将受试者的手臂置于头部上方，并对受试者的肘部施加压力。

6. 评估肌肉长度，并与另一侧进行比较。

数据分析和解释

■ 不对称与受限的肌肉长度和偏移有关。
■ 还没有关于这一柔韧性测量方法的标准数据。

统计信息

　　还没有关于这一柔韧性测量方法的信度数据。

注意事项

　　测试者可以对受试者使用肩部抬升收缩放松技术来应对阻力，增大关节活动范围。

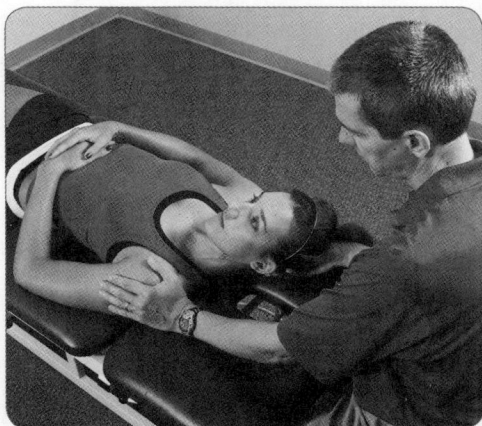

姿势1

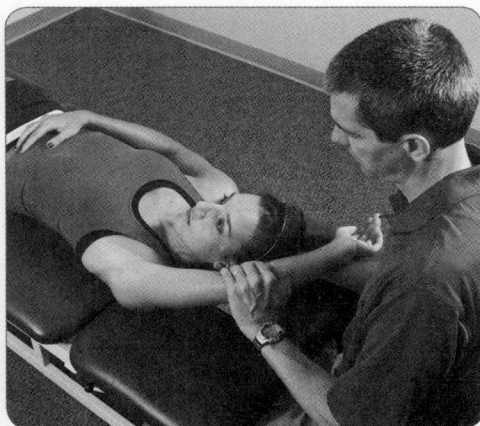

姿势2

坐姿斜方肌评估

▶ **目的：** 确定坐姿状态下斜方肌的可延长性、长度和活动范围。关于肌肉起点、止点、作用和神经支配的信息，见第77页的表5.1。

▶ **器材：** 治疗床。

测试步骤（Greenman，1996）

1. 受试者呈直立坐姿。
2. 测试者站在受试者后方。
3. 测试者将受试者的颈部向远离测试侧的方向侧屈并向测试侧旋转（姿势1）。
4. 测试者将受试者测试侧的肩胛带向上抬起（姿势2）。

数据分析和解释

■ 如果额外的关节活动范围是通过抬高肩胛带来实现的，尤其是在颈部旋转的情况下，则意味着测试侧的斜方肌紧张。

■ 两侧的不对称也意味着斜方肌紧张。

统计信息

　　还没有这一柔韧性测量方法的信度数据。

注意事项

■ 这个测试也可被用于排除颈椎关节方面的问题。

■ 抬升肩胛带时，测试者要注意监测是否发生躯干侧屈的代偿模式。

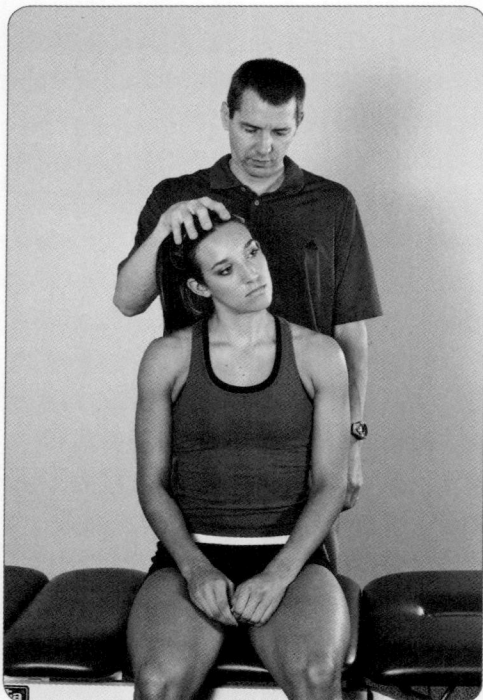

姿势1

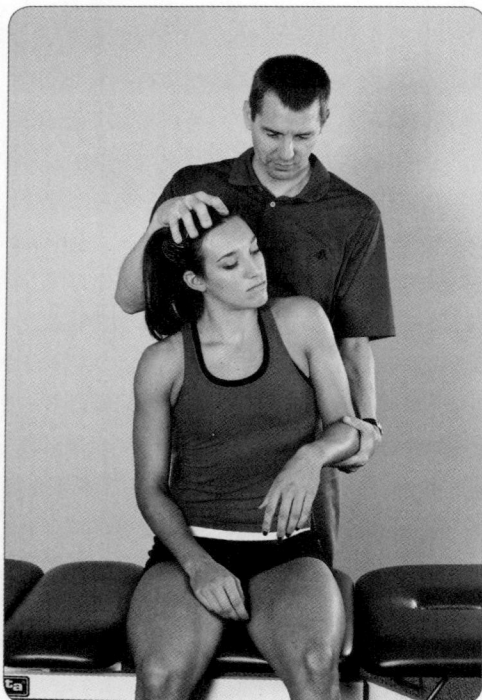

姿势2

仰卧斜方肌评估

▶ **目的:** 确定仰卧时斜方肌的可延长性、长度和活动范围。关于肌肉起点、止点、作用和神经支配的信息,见第77页的表5.1。

▶ **器材:** 治疗床。

测试步骤(Greenman, 1996)

1. 受试者呈仰卧姿势。

2. 测试者坐在治疗床的一端。

3. 测试者用外侧手固定受试者的肩胛带,阻止其抬高。

4. 测试者用内侧手支撑受试者的枕骨部,让其颈部向远离测试侧的方向侧屈,并向测试侧旋转。

5. 评估肌肉长度,并与另一侧进行比较。

数据分析和解释

不对称与受限的肌肉长度和偏移有关。

统计信息

还没有关于这一柔韧性测量方法的信度数据。

注意事项

▪ 测试者可以改变手的姿势。

▪ 测试者可以使用相同的姿势评估前斜角肌,具体操作为让受试者的头部远离治疗床的一端,头部向地面侧屈(略微伸展),并向测试侧旋转。

▪ 测试者可以使用肩部抬升收缩放松技术来让受试者对抗阻力,增大关节活动范围。

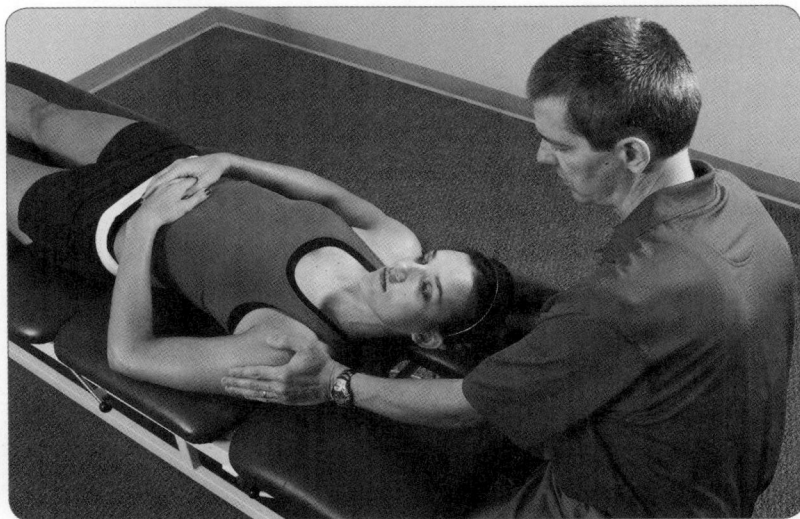

胸锁乳突肌评估

▶ **目的:** 确定胸锁乳突肌的可延长性、长度和活动范围。关于肌肉起点、止点、作用和神经支配的信息,见第77页的表5.1。

▶ **器材:** 治疗床。

测试步骤(Greenman, 1996)

1. 受试者呈仰卧姿势。
2. 测试者坐在治疗床的一端。
3. 测试者用外侧手固定受试者的肩胛带,阻止其抬高。
4. 测试者用内侧手支撑受试者的枕骨部,让受试者的颈部向远离测试侧的方向侧屈,并向测试侧旋转。
5. 评估肌肉长度,并与另一侧进行比较。

数据分析和解释

不对称与受限的肌肉长度和偏移有关。

统计信息

还没有关于这一柔韧性测量方法的信度数据。

注意事项

■ 与斜方肌评估不同的是,在胸锁乳突肌评估中,测试者需要向受试者强调,在颈部屈曲及旋转时收下颌。

■ 测试者可以改变手的姿势。

■ 测试者可以使用肩部抬升收缩放松技术来让受试者对抗阻力,增大关节活动范围。

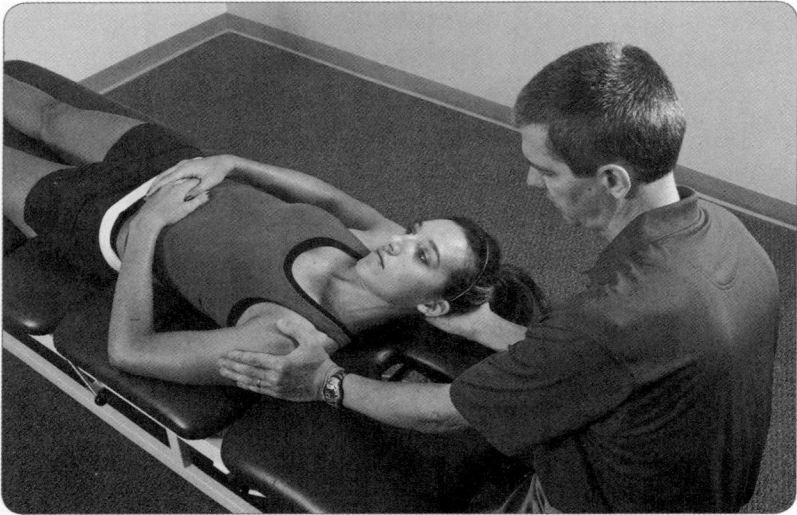

枕下肌评估

▶ **目的:** 确定枕下肌的可延长性、长度和活动范围。关于肌肉起点、止点、作用和神经支配的信息，见第77页的表5.2。

▶ **器材:** 治疗床。

测试步骤（Flynn et al., 2000）

1. 受试者呈仰卧姿势。
2. 测试者站立或坐在治疗床的一端，一只手支撑受试者的枕骨部，另一只手放在其前额上（姿势1）。
3. 测试者屈曲受试者上部颈椎（下颌向内收拢），并微微施加牵引力。
4. 测试者向评估侧旋转头部到接近30度的位置（姿势2）。

5. 评估肌肉长度，并与另一侧进行比较。

数据分析和解释

不对称与受限的肌肉长度和偏移有关。

统计信息

还没有关于这一柔韧性测量方法的信度数据。

注意事项

▨ 测试者应充分支撑受试者的枕骨部，这可以使受试者处于放松状态，以获得更可靠的结果。
▨ 测试者需要用放在受试者前额上的手去引导其微收下颌。

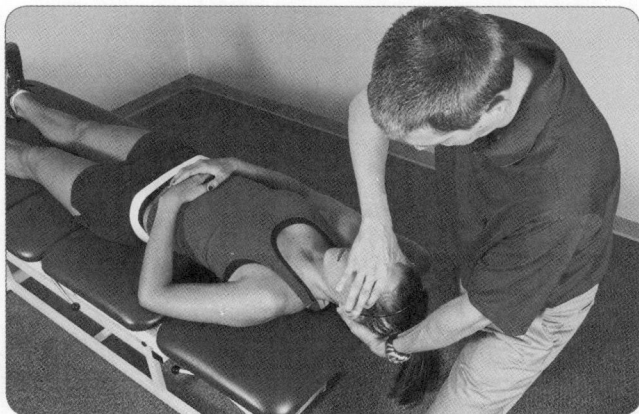

姿势1

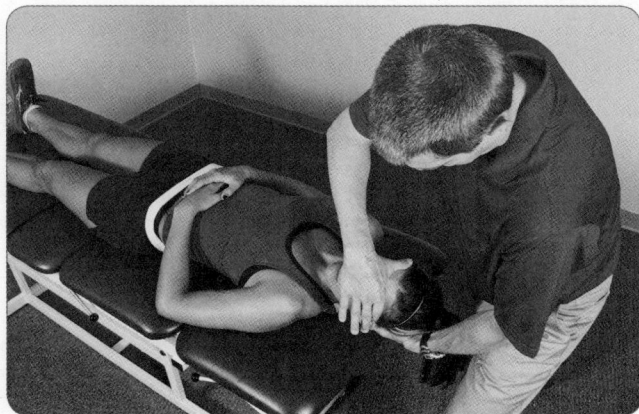

姿势2

仰卧背阔肌评估

▶ **目的:** 确定仰卧时背阔肌的可延长性、长度和活动范围。关于肌肉起点、止点、作用和神经支配的信息,见第78页的表5.4。

▶ **器材:** 治疗床、标准测角仪或卷尺。

测试步骤(Reese & Bandy, 2002)

1. 受试者呈仰卧姿势,上肢置于身体两侧,肘关节屈曲。
2. 确保受试者的腰椎在治疗床上保持平直。
3. 测试者在受试者旁边,在受试者肩部可活动范围内屈曲其肩关节,然后,让受试者的肘关节处于完全伸展状态,手臂靠近头部。
4. 再次确保受试者的腰椎在治疗床上保持平直。
5. 如使用标准测角仪,先将标准测角仪的中轴置于受试者肩部盂肱关节处,再将标准测角仪的固定臂沿受试者的腋中线对齐,并将标准测角仪的活动臂朝着受试者的肱骨外上髁放置。以肩部在水平方向屈曲的角度为最终结果。

6. 如使用卷尺,则测量肱骨外上髁或肘窝到床面的距离,以其数值作为最终结果。

数据分析和解释

以卷尺获得的正测量值表示肩关节移动超过水平位置的能力(肩关节过度屈曲);负测量值表示肩关节没有严格地与床面对齐,肌肉柔韧性相对不足。

统计信息

曼斯克等人(Manske et al., 2006)发现,与普通人相比,处于大学阶段的棒球投手惯用侧的背阔肌明显缩短。上肢柔韧性评估的测试者内信度较高:组内相关系数(3, 2)为0.814~0.83。

注意事项

对有盂肱关节脱位或半脱位病史的患者进行这项评估时,请谨慎。

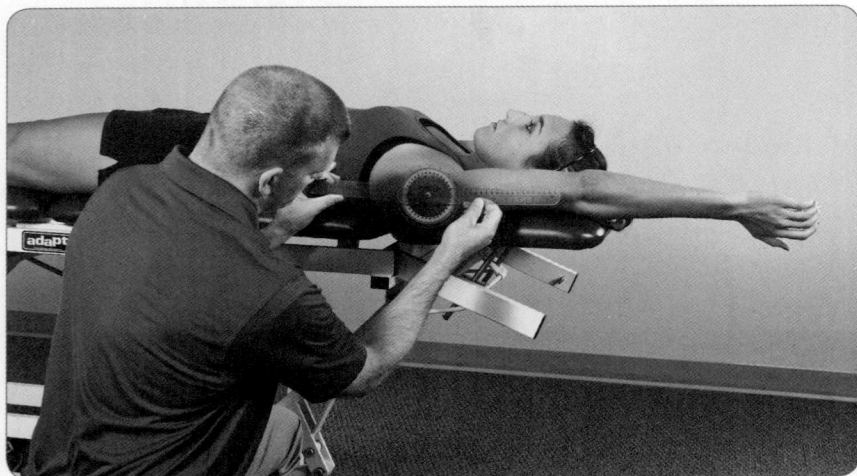

胸大肌评估

▶ **目的：** 确定胸大肌的可延长性、长度和活动范围。

▶ **器材：** 治疗床、卷尺。

测试步骤（Reese & Bandy, 2002）

1. 受试者呈仰卧姿势，双手紧扣，放在头后。
2. 确保受试者颈椎不会过度屈曲或伸展。
3. 确保受试者的颈椎保持在中立位置。
4. 测试者指导受试者放松肩部，以使肘关节向床面移动。
5. 确保受试者的腰椎在治疗床上保持平直。
6. 使用卷尺来确定肱骨鹰嘴与床面之间的距离（以厘米为单位）。

数据分析和解释

还没有关于这一柔韧性测量方法的标准数据。

统计信息

上肢柔韧性评估的测试者内信度较高：组内相关系数（3，2）为0.814~0.83（Manske et al., 2006）。

注意事项

对有盂肱关节脱位或半脱位病史的患者进行这项评估时，请谨慎。

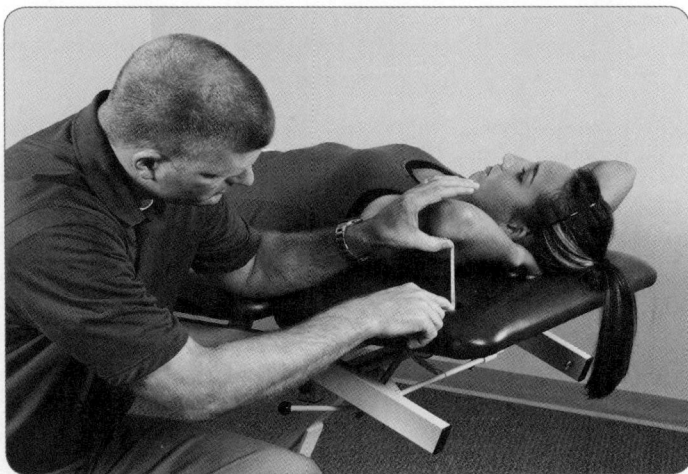

上部（锁骨位）胸大肌评估

▶ **目的：** 确定上部（锁骨位）胸大肌的可延长性、长度和活动范围。

▶ **器材：** 治疗床、标准测角仪或卷尺。

测试步骤（Reese & Bandy, 2002）

1. 受试者呈仰卧姿势。

2. 测试者确保受试者肩关节外旋并外展90度，肘部完全伸展，前臂掌心向上。

3. 受试者放松肩部所有肌肉，以让肩关节水平移动到最大外展程度。

4. 确保受试者的腰椎在治疗床上保持平直，不发生躯干旋转。

5. 如使用卷尺，测量肱骨外上髁与治疗床之间的距离（以厘米为单位）。

数据分析和解释

还没有关于这一柔韧性测量方法的标准数据。

统计信息

上肢柔韧性评估的测试者内信度较高：组内相关系数（3，2）为0.814~0.83（Manske et al., 2006）。

注意事项

对有盂肱关节脱位或半脱位病史的患者进行这项评估时，请谨慎。

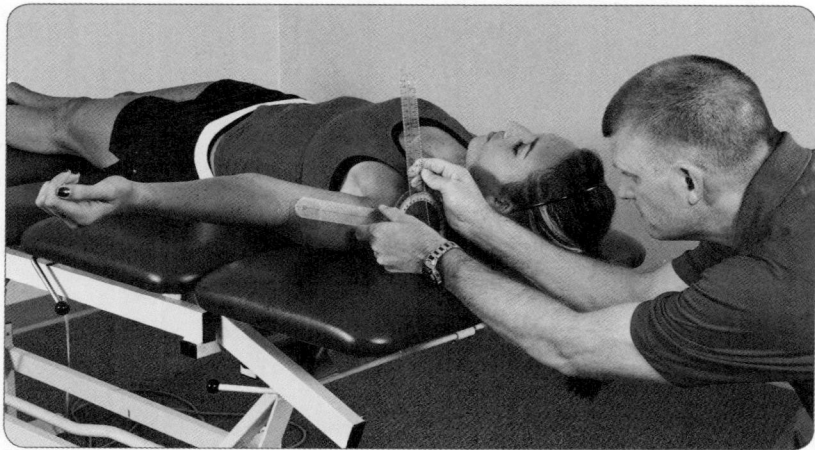

下部（胸骨位）胸大肌评估

▶ **目的：** 确定下部（胸骨位）胸大肌的可延长性、长度和活动范围。

▶ **器材：** 治疗床、标准测角仪或卷尺。

测试步骤（Reese & Bandy, 2002）

1. 受试者呈仰卧姿势。

2. 测试者确保受试者肩关节外旋并外展135度，肘关节完全伸展，前臂掌心向上。

3. 受试者放松肩部所有肌肉，以让肩关节水平移动到最大外展程度。

4. 再次确保受试者的腰椎在治疗床上保持平直，不发生躯干旋转。

5. 如果使用标准测角仪，则水平测量肩关节屈曲角度。先将标准测角仪的中轴置于肩部盂肱关节处，再将标准测角仪的固定臂沿腋中线与手臂对齐，并将标准测角仪的活动臂朝着肱骨外上髁放置。

6. 如使用卷尺，测量肱骨外上髁到治疗床的距离（以厘米为单位）。

数据分析和解释

还没有关于这一柔韧性测量方法的标准数据。

统计信息

上肢柔韧性评估的组内信度较高：组内相关系数（3，2）为0.814~0.83（Manske et al., 2006）。

注意事项

对有盂肱关节脱位或半脱位病史的患者进行这项评估时，请谨慎。

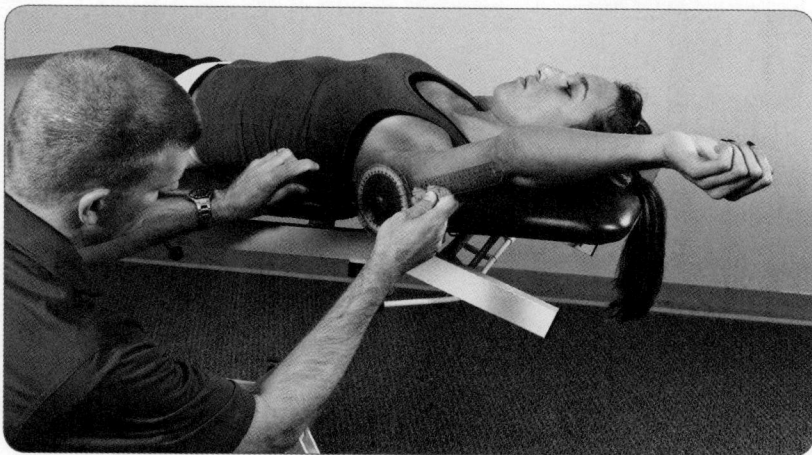

胸小肌评估

▶ **目的：** 确定胸小肌的可延长性、长度和活动范围。

▶ **器材：** 治疗床、直尺或卷尺。

测试步骤（Reese & Bandy，2002）

1. 受试者呈仰卧姿势，双臂置于身体两侧，肩关节外旋，前臂、掌心向上，腰椎在治疗床上保持平直。

2. 测试者确保受试者保持正确姿势。

3. 受试者肩部肌肉放松，以使肩峰后缘向治疗床靠近。

4. 用直尺或卷尺测量肩峰后缘到治疗床的距离（以厘米为单位）。

数据分析和解释

曼斯克等人（Manske et al., 2006）发现，正常受试者和大学阶段的棒球投手相比，其非惯用侧的胸小肌在统计学上都比惯用侧的胸小肌短。

统计信息

■ 波士塔得（Borstad, 2006）称，以这种方式测量得到的胸小肌长度与实际胸肌长度低度相关。

■ 曼斯克等人（Manske et al., 2006）发现，上肢柔韧性评估的测试者内信度较高：组内相关系数（3，2）为0.814~0.83。

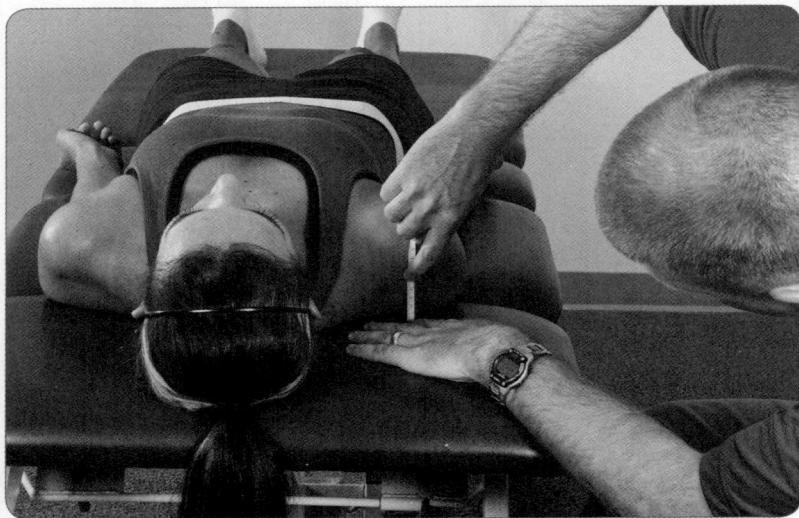

胸小肌评估（Borstad 方法）

▶ **目的：** 确定胸小肌的可延长性、长度和活动范围。

▶ **器材：** 治疗床、卷尺。

测试步骤

1. 受试者呈仰卧姿势，双臂置于身体两侧，肩关节外旋，前臂、掌心向上，腰椎在治疗床上保持平直。
2. 测试者确保受试者保持正确姿势。
3. 受试者肩部肌肉放松，肩峰后缘向治疗床靠近。

4. 用卷尺测量胸骨切迹到喙突之间的距离（以厘米为单位）。

数据分析和解释

还没有关于这一柔韧性测量方法的标准数据。

统计信息

波士塔得（Borstad, 2006）称，以这种方式测量得到的胸小肌长度与实际胸肌长度高度相关。

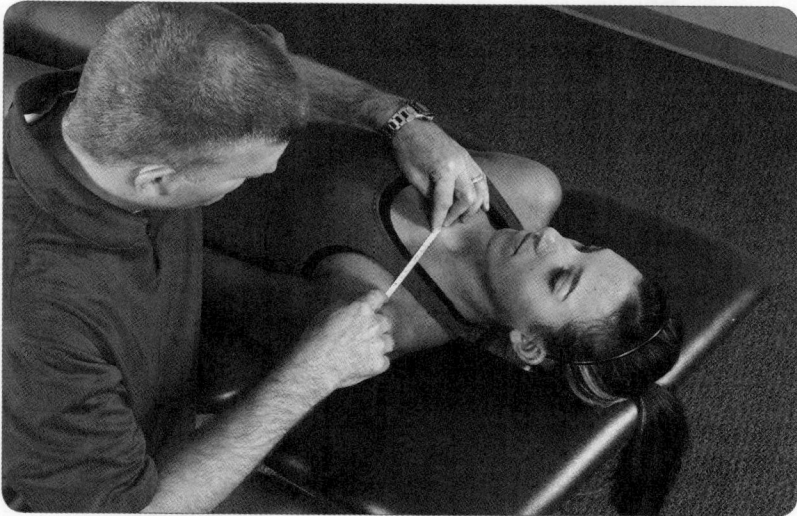

肱三头肌评估

▶ **目的:** 确定肱三头肌的可延长性、长度和活动范围。关于肌肉起点、止点、作用和神经支配的信息,见第78页的表5.3。

▶ **器材:** 治疗床、标准测角仪。

测试步骤(Greenman, 1996;Reese & Bandy, 2002)

1. 受试者呈坐姿,肩关节完全屈曲,肘关节外展,前臂旋后。

2. 测试者在受试者肘关节可活动范围内屈曲其肘关节,同时全程保持其肱骨稳定。

3. 使用标准测角仪测量肘关节屈曲的最大角度时,先将标准测角仪的中轴置于肱骨外上髁处,再将标准测角仪的固定臂与肱骨中线对齐,并将标准测角仪的活动臂沿桡骨外侧中线朝向桡骨茎突放置。

数据分析和解释

还没有关于这一柔韧性测量方法的标准数据。

统计信息

还没有关于这一柔韧性测量方法的信度数据。

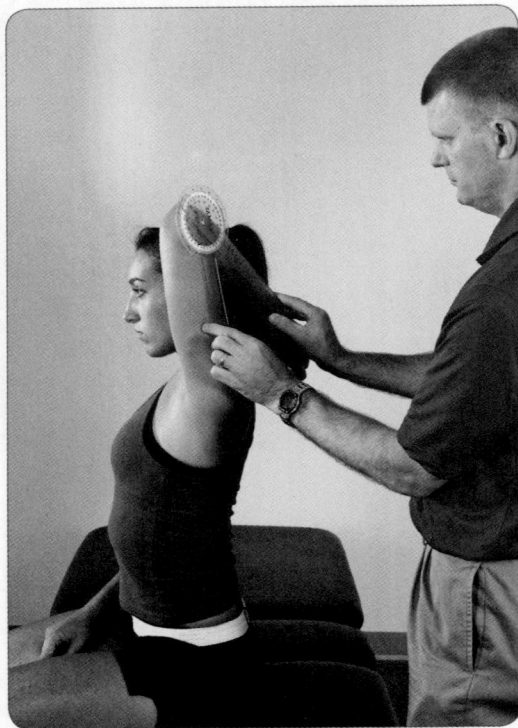

肱二头肌评估

▶ **目的:** 确定肱二头肌的可延长性、长度和活动范围。关于肌肉起点、止点、作用和神经支配的信息，见第78页的表5.3。

▶ **器材:** 治疗床、标准测角仪。

测试步骤（Greenman, 1996；Reese & Bandy, 2002）

1. 受试者呈仰卧姿势，肩部处于治疗床的边缘，肘关节完全伸展，前臂向下。

2. 测试者在受试者肩关节可活动范围内伸展其肩关节，同时保证其肘关节完全伸展。

3. 使用标准测角仪测量肩关节伸展角度时，先将标准测角仪的中轴置于肩部盂肱关节处，再将标准测角仪的固定臂垂直放置，并将标准测角仪的活动臂沿肱骨外侧中线放置。

数据分析和解释

还没有关于这一柔韧性测量方法的标准数据。

统计信息

还没有关于这一柔韧性测量方法的信度数据。

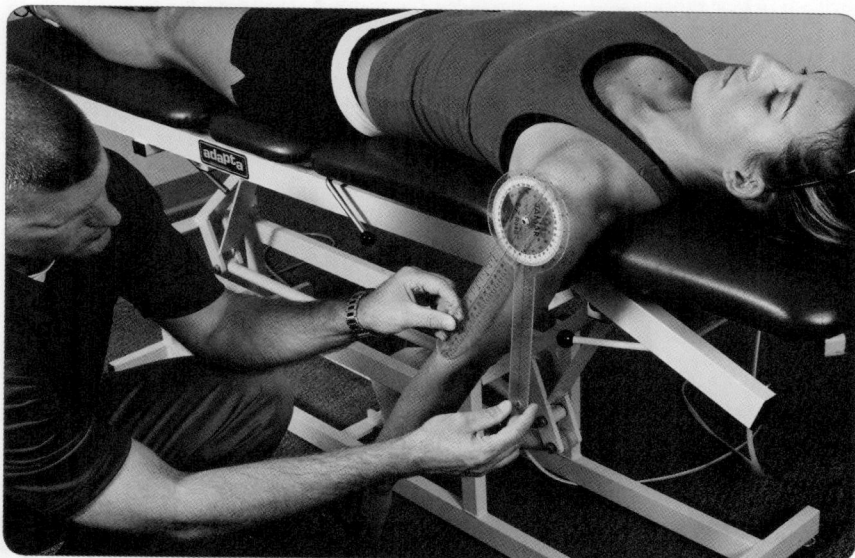

躯干评估

腰部竖脊肌评估

▶ **目的：** 确定腰部竖脊肌的活动范围。关于肌肉起点、止点、作用和神经支配的信息，见第79页的表5.5。

▶ **器材：** 治疗床、卷尺。

测试步骤（Janda，1983）

1. 受试者在治疗床上呈持久坐姿，骨盆尽可能垂直于治疗床。
2. 测试者站立在受试者一侧监控其动作。
3. 受试者向前弯曲下腰椎、骨盆，并将前额向膝关节方向移动（姿势1）。
4. 在此评估的第二部分中，受试者坐在治疗床的一端，两侧膝关节保持屈曲。
5. 受试者尽可能向前弯曲，前额向膝关节方向移动，同时，测试者用手辅助受试者保持骨盆稳定（姿势2）。

数据分析和解释

■ 在姿势1中，骨盆向后倾斜代表腘绳肌自适性减弱。

■ 在姿势1中，成年人前额和膝关节之间的距离应小于或等于10厘米，同时脊椎运动应平稳、流畅，脊椎整体呈曲线状态。

■ 在姿势2中，如果躯干前倾幅度大于在姿势1中的幅度，通常是骨盆倾斜度增大、腘绳肌自适性减弱及竖脊肌自适性减弱的结果。

统计信息

还没有关于这一柔韧性测量方法的信度数据。

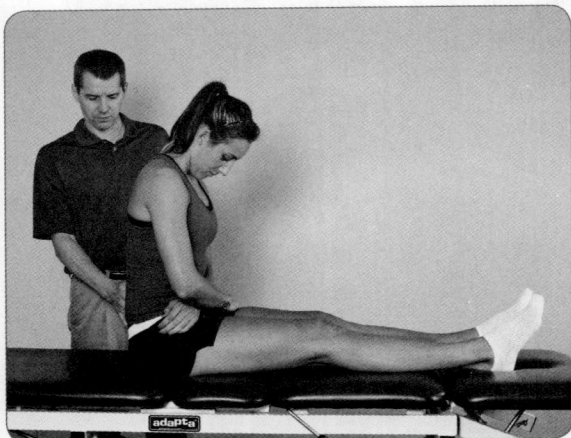

姿势1

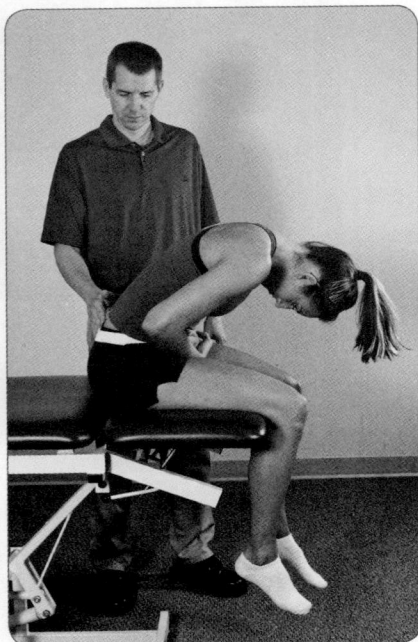

姿势2

腰方肌评估一

▶ **目的：** 确定腰方肌的可延长性、长度和活动范围。关于肌肉起点、止点、作用和神经支配的信息，见第79页的表5.6。

▶ **器材：** 治疗床、卷尺。

测试步骤（Greenman, 1996）

1. 受试者呈侧卧姿势，非测试侧在下且髋关节和膝关节微屈以保持身体平稳。

2. 测试者站在受试者面前监控其动作。

3. 受试者将测试侧的腿伸展到治疗床之外，并向地面方向移动。

数据分析和解释

■ 测量测试侧股骨内侧髁到地面的距离，并与另一侧比较。如果两侧距离不一致，则表明受试者肌肉存在较短和紧张的问题。

■ 评估腰方肌张力的发展，以及髂嵴向后侧的活动范围是否减小。

■ 还没有关于这一柔韧性测量方法的标准数据。

统计信息

还没有关于这一柔韧性测量方法的信度数据。

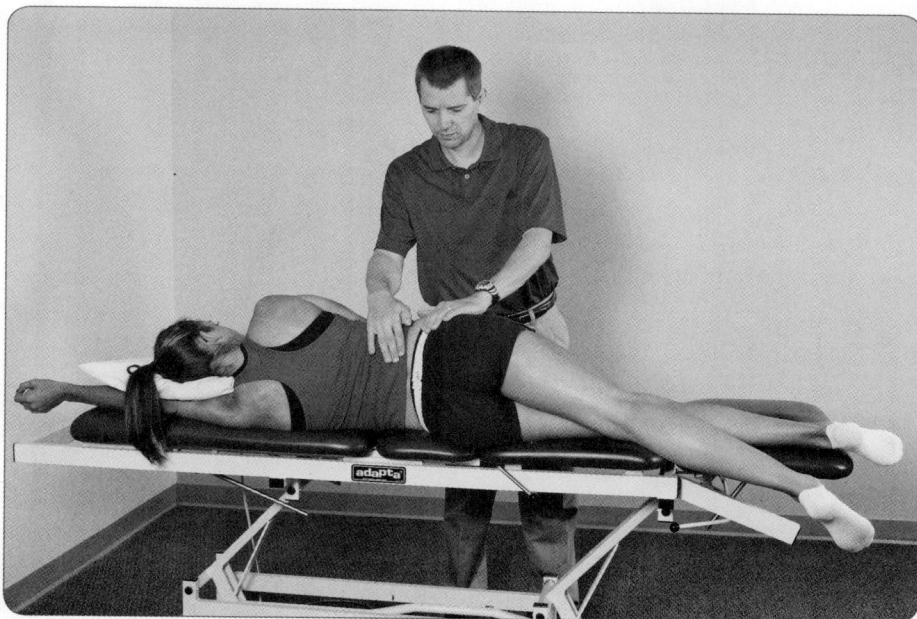

腰方肌评估二

▶ **目的:** 确定腰方肌的可延长性、长度和活动范围。关于肌肉起点、止点、作用和神经支配的信息，见第79页的表5.6。

▶ **器材:** 治疗床。

测试步骤（Greenman, 1996; Janda, 1983）

1. 受试者呈侧卧姿势，双腿髋关节和膝关节屈曲45度左右。

2. 测试者站在受试者背后监控其动作。（在下图中，测试者站在受试者面前是为了不遮挡受试者，以便清晰呈现受试者的姿势。）

3. 受试者用手从治疗床侧向推起，直到骨盆开始移动。

4. 测试者监控受试者的运动过程，避免其躯干屈曲或旋转。

数据分析和解释

■ 受试者站立位向对侧做侧屈时，测试者难以准确地评估肌肉的紧张程度。在正常的动作中，脊椎应可以向两侧平稳、对称地弯曲。

■ 如果两侧活动范围不对称，则肌肉存在缩短和紧张的问题。

统计信息

还没有关于这一柔韧性测量方法的信度数据。

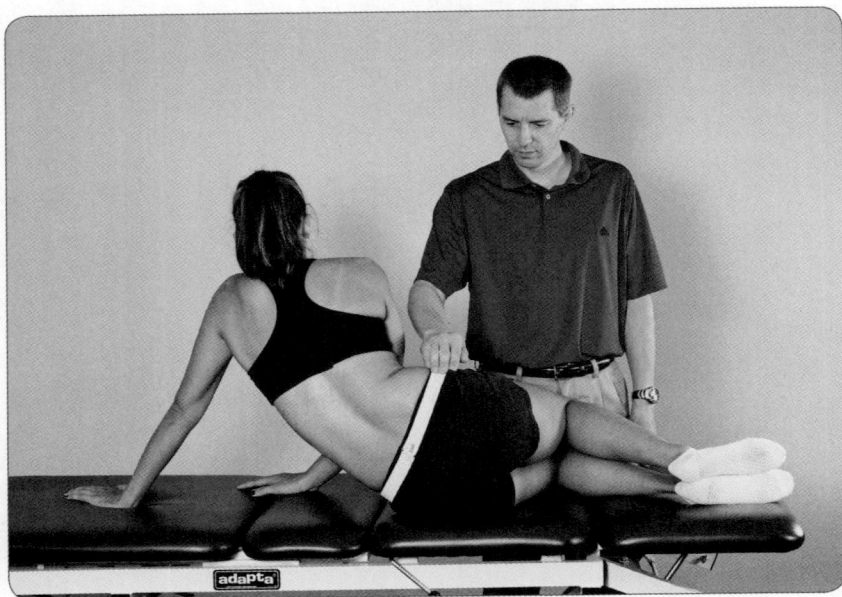

坐姿背阔肌评估

▶ **目的**：确定坐姿状态下背阔肌的可延长性、长度和活动范围。关于肌肉起点、止点、作用和神经支配的信息，见第78页的表5.4。

▶ **器材**：治疗床、标准测角仪。

测试步骤（Lee, 2004）

1. 受试者呈坐姿，开始时脊椎保持中立，双臂置于身体两侧。

2. 在整个评估过程中，测试者站在受试者背后监控其动作。

3. 测试者指导受试者向左侧转动身体（姿势1），之后转向右侧。

4. 测试者注意观察受试者胸椎和腰椎的活动范围和质量。

5. 测试者指导受试者将上肢上抬至90度，并充分外旋和内收肩关节，同时两侧手掌的小鱼际隆起，相互靠近。

6. 测试者指导受试者向左侧转动身体（姿势2），之后转向右侧。

7. 测试者再次观察受试者胸椎和腰椎的活动度和活动量。

数据分析和解释

■ 比较受试者的双臂在抬起状态、向外转动及内收状态下的活动度和活动量。

■ 比较内容包括左右两侧的差异，以及双臂放在身体两侧和抬起时的差异。

■ 当背阔肌紧张时，受试者在姿势2下的活动度会显著减小，因为这个姿势增强了背阔肌的张力。

统计信息

还没有关于这一柔韧性测量方法的信度数据。

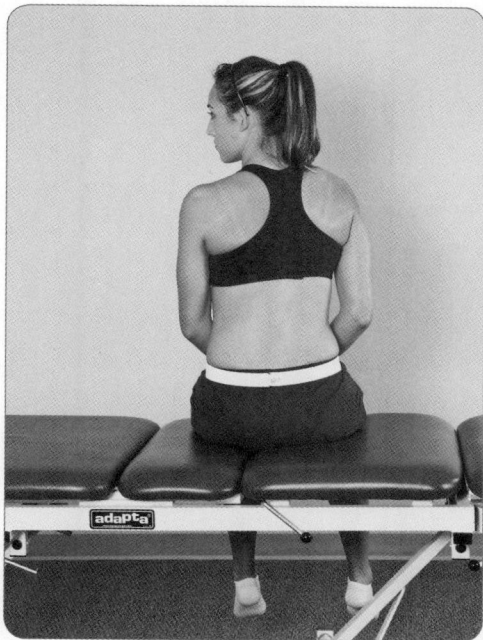

姿势1

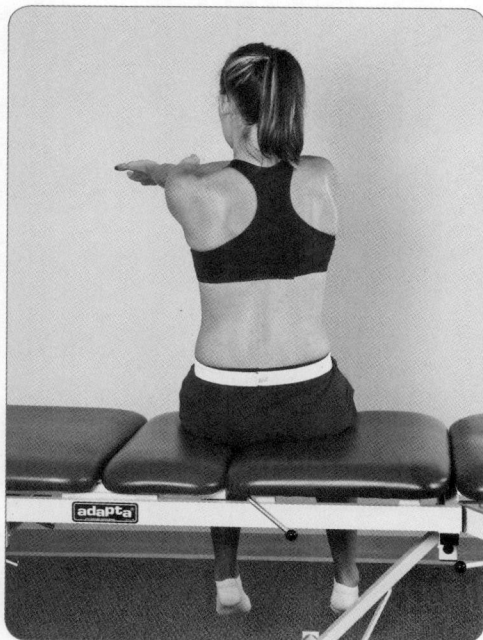

姿势2

下肢评估

伸髋肌评估

▶ **目的：** 确定伸髋肌的可延长性、长度和活动范围。关于肌肉起点、止点、作用和神经支配的信息，见第79页的表5.7。

▶ **器材：** 治疗床、标准测角仪。

测试步骤（Bullock-Saxton & Bullock, 1994）

1. 受试者仰卧在治疗床上。

2. 测试者屈曲受试者的髋关节，并触诊其同侧髂后上棘（posterior superior iliac spine，PSIS）。

3. 测试者按照标准程序测量髋关节屈曲的程度，使标准测角仪的固定臂平行于受试者躯干，活动臂平行于其大腿。

4. 运动轴是大转子。

5. 一旦髂后上棘向后移动，则停止运动并记录测量结果。

数据分析和解释

如果两侧活动范围不对称，则肌肉存在紧张的问题。

统计信息

测试者间信度：组内相关系数为0.87。

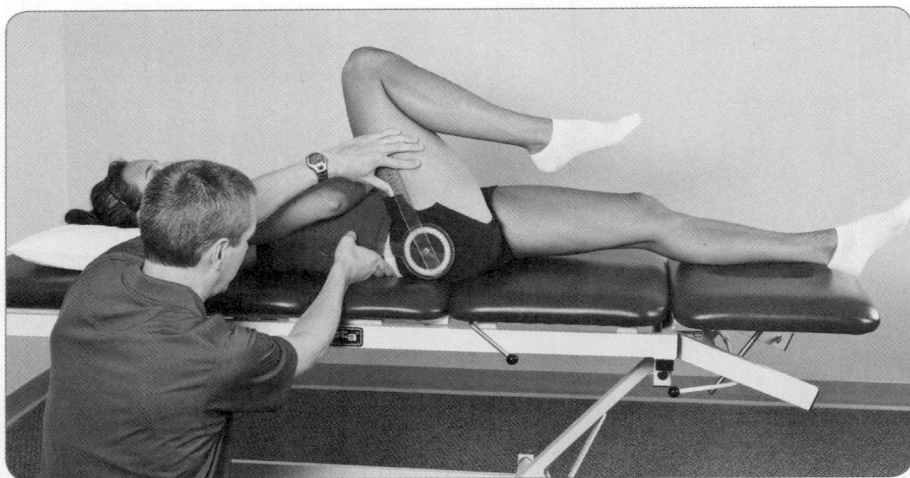

屈髋肌评估

▶ **目的：** 确定屈髋肌的可延长性、长度和活动范围。关于肌肉起点、止点、作用和神经支配的信息，见第80页的表5.8。

▶ **器材：** 治疗床、标准测角仪。

测试步骤（Bullock-Saxton & Bullock, 1994）

1. 受试者仰卧在治疗床上，两侧下肢超出治疗床的边缘。

2. 测试者屈曲受试者两侧髋关节，然后缓慢地放下测试侧。

3. 测试者按照标准程序测量髋关节屈曲的程度，使标准测角仪的固定臂平行于受试者躯干，活动臂平行于其大腿。

4. 运动轴是大转子。

5. 当受试者肢体停止移动时记录测量结果。

数据分析和解释

如果两侧活动范围不对称，则肌肉存在紧张的问题。

统计信息

测试者间信度：组内相关系数为0.98。

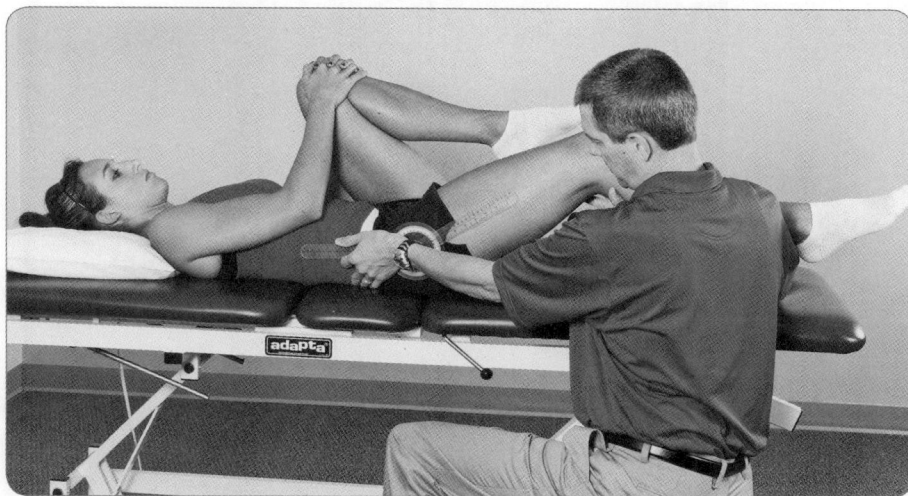

髋外旋肌评估

▶ **目的：** 确定髋外旋肌的可延长性、长度和活动范围。关于肌肉起点、止点、作用和神经支配的信息，见第81页的表5.9。

▶ **器材：** 治疗床、标准测角仪或倾角仪。

测试步骤（Bullock–Saxton & Bullock, 1994）

1. 受试者俯卧在治疗床上。
2. 测试者屈曲受试者膝关节至90度。
3. 测试者触诊受试者对侧髂后上棘，并向外旋转受试者测试侧肢体。

4. 当受试者骨盆发生旋转时进行测量。

数据分析和解释

如果两侧活动范围不对称，则肌肉存在紧张的问题。

统计信息

测试者间信度：组内相关系数为0.99。

髋内旋肌评估

▶ **目的:** 确定髋内旋肌的可延长性、长度和活动范围。关于肌肉起点、止点、作用和神经支配的信息,见第81页的表5.10。

▶ **器材:** 治疗床、标准测角仪或倾角仪。

测试步骤(Bullock-Saxton & Bullock, 1994)

1. 受试者俯卧在治疗床上。
2. 测试者屈曲受试者膝关节至90度。
3. 测试者触诊受试者对侧髂后上棘,并向内旋转受试者测试侧肢体。

4. 骨盆发生旋转时进行测量。

数据分析和解释

如果两侧活动范围不对称,则肌肉存在紧张的问题。

统计信息

测试者间信度:组内相关系数为0.98。

腰大肌评估一

▶ **目的:** 确定腰大肌的可延长性、长度和活动范围。关于肌肉起点、止点、作用和神经支配的信息，见第80页的表5.8。

▶ **器材:** 治疗床、直尺或卷尺。

测试步骤 (Greenman, 1996)

1. 受试者呈俯卧姿势，上身放松。
2. 测试者在受试者膝关节屈曲时抬起其腿部，同时阻止坐骨结节处的骨盆运动，直至不能再向上抬。

数据分析和解释

■ 正常情况下，膝盖可以抬至距离治疗床6英寸的高度。如果这个高度不足6英寸，那么腰大肌存在缩短和紧张的问题。

■ 如果两侧活动范围不对称，则肌肉存在缩短和紧张的问题。

统计信息

还没有关于这一柔韧性测量方法的信度数据。

注意事项

■ 测试者向上抬受试者腿部时需要注意受试者骨盆的稳定，避免受试者骨盆前倾。

■ 这个姿势也有助于拉伸髋关节前囊。

■ 这个姿势有助于在膝关节屈曲时检查股直肌的长度，但要注意股神经牵张和类似的表现。

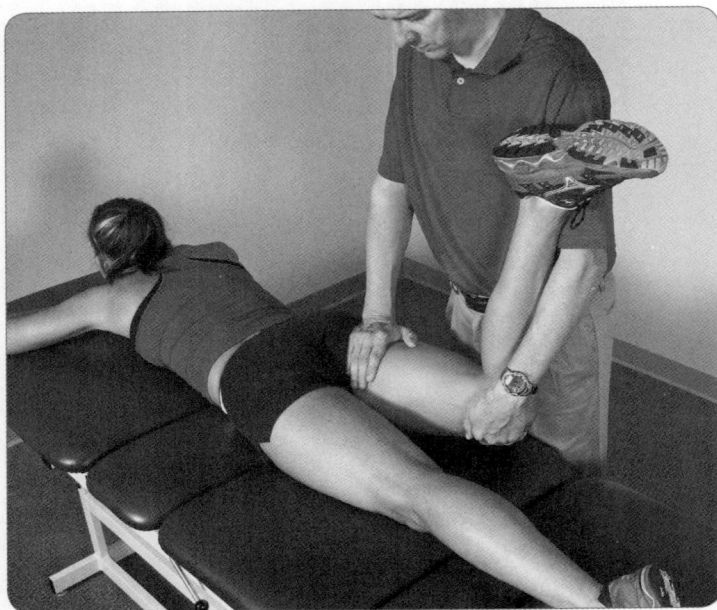

腰大肌评估二

▶ **目的：** 确定腰大肌的可延长性、长度和活动范围。关于肌肉起点、止点、作用和神经支配的信息，见第80页的表5.8。

▶ **器材：** 治疗床、标准测角仪。

测试步骤（Greenman, 1996）

1. 受试者仰卧在治疗床一端。
2. 受试者屈曲非测试侧腿。
3. 测试者帮助受试者伸展测试侧腿。
4. 使标准测角仪的固定臂与躯干平行，中轴位于髋关节中部，活动臂平行于大腿，以股骨外上髁为参考点。

数据分析和解释

■ 如果大腿后侧没有接触治疗床，那么腰大肌的长度不足。

■ 髋关节屈曲角至少为低于水平面7度，如果达不到，则腰大肌存在紧张问题。

统计信息

还没有关于这一柔韧性测量方法的信度数据。

注意事项

■ 测试者可以用近侧手来控制受试者腰椎的位置。

■ 受试者腰椎应与治疗床保持接触。

■ 受试者可以利用代偿模式，增大腰椎前凸或骨盆前倾的程度。

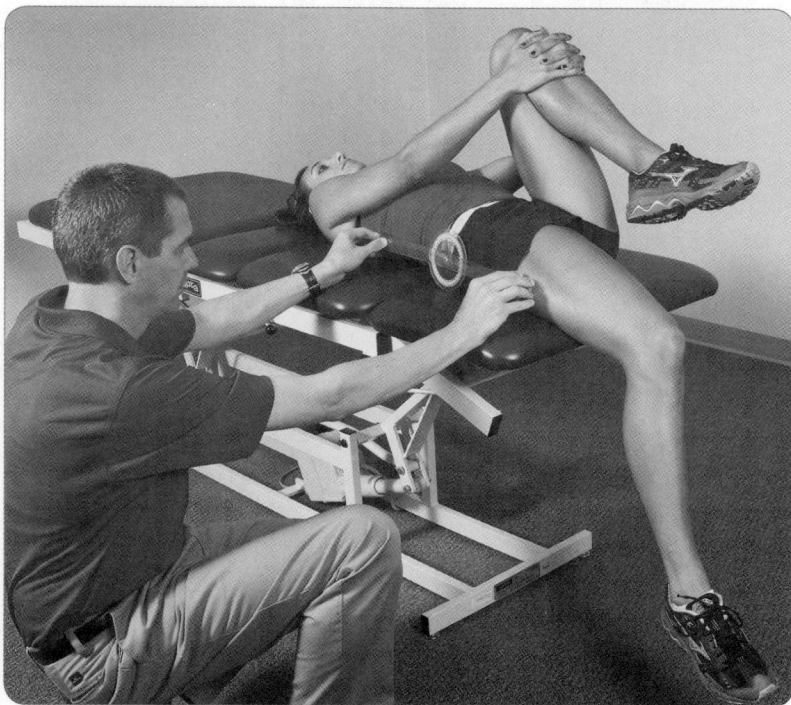

股直肌评估

▶ **目的：** 确定股直肌的可延长性、长度和活动范围。关于肌肉起点、止点、作用和神经支配的信息，见第80页的表5.8。

▶ **器材：** 治疗床、标准测角仪。

测试步骤（Greenman, 1996；Kendall et al., 2005）

1. 受试者呈仰卧姿势，臀部位于治疗床的一端。测试者站立在治疗床的同一端。

2. 受试者屈曲非测试侧腿，将测试侧的大腿置于治疗床上。

3. 测试者密切监测受试者非测试侧腿的膝关节是否保持最初的屈曲状态。

4. 测试者评估受试者测试侧腿的膝关节屈曲的活动范围。

5. 使标准测角仪的固定臂与大腿和股骨平行，并与髋关节中部对齐；中轴位于膝关节中部；活动臂与胫骨中部平行；参考点是踝关节的外踝。

6. 测试者可以用近侧手来控制受试者腰椎的位置。

7. 测试者应确保受试者的腰椎与治疗床保持接触，以避免骨盆前倾。

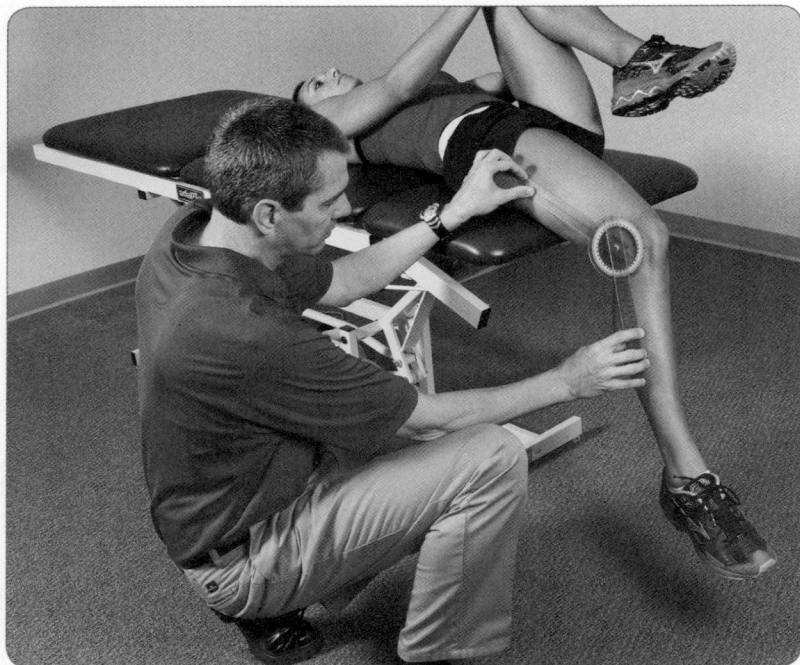

数据分析和解释

以下的准则可用于确定特定结构出现的问题。

- 髋关节伸展幅度小于15度，表示髂腰肌紧张。在测试过程中，膝关节伸展则表明股直肌紧张（Greenman, 1996）。

- 如果膝关节屈曲小于105度，则表示股直肌紧张（Greenman, 1996）。

- 下腰背和骶骨在治疗床上保持平直，大腿后侧贴着治疗床，膝关节屈曲约80度（Kendall et al., 2005）。

- 阔筋膜张肌缩短时通常会有以下表现：髋关节伸展时大腿外展；膝关节伸展时大腿无法外展，或髋关节伸展时大腿被动内收；大腿内旋（Kendall et al., 2005）。

统计信息

还没有关于这一柔韧性测量方法的信度数据。

阔筋膜张肌评估

▶ **目的：** 确定阔筋膜张肌的可延长性、长度和活动范围。关于肌肉起点、止点、作用和神经支配的信息，见第81页的表5.10。

▶ **器材：** 治疗床、标准测角仪。

测试步骤（Greenman, 1996）

1. 受试者呈仰卧姿势，臀部位于治疗床的一端。测试者站立在治疗床的同一端。

2. 受试者屈曲非测试侧腿，测试侧的大腿则置于治疗床上。

3. 测试者引导受试者将大腿内旋并微微内收，胫骨外旋，受试者感觉到阻力时，测试者监控受试者大腿外侧的轮廓。

4. 使标准测角仪的中轴对齐测试侧髂前上棘，固定臂与对侧髂前上棘对齐，移动臂与髌骨中部对齐。

数据分析和解释

■ 如果遇到阻力，并且大腿外侧出现了槽线，则表明阔筋膜张肌紧张。

■ 如果髋关节内收的角度小于20度，那么阔筋膜张肌和髂胫束则存在紧张的问题（Greenman, 1996）。

统计信息

还没有关于这一柔韧性测量方法的信度数据。

注意事项

■ 测试者可以使用近侧手固定受试者腰椎的位置。

■ 受试者的腰椎应紧贴治疗床，以避免骨盆前倾。

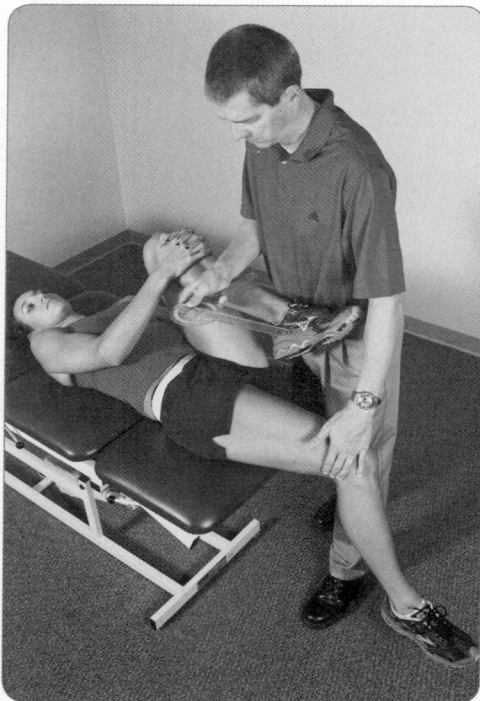

髋内收肌评估（长与短）

▶ **目的：** 确定髋内收肌的可延长性、长度和活动范围。关于肌肉起点、止点、作用和神经支配的信息，见第82页的表5.11。

▶ **器材：** 治疗床、标准测角仪。

测试步骤（Greenman, 1996）

1. 受试者呈仰卧姿势，测试侧腿靠近治疗床边缘。

2. 测试者指导受试者将非测试侧的髋关节外展15~20度，并将脚后跟越过治疗床边缘。

3. 测试者站立在受试者一侧，靠近测试侧腿。

4. 受试者保持测试侧腿完全伸展以待评估，被动地外展测试侧腿。

5. 在达到最大的活动范围时，受试者被动屈曲测试侧腿的膝关节，并尝试进一步外展它。

6. 使用标准测角仪测量。

数据分析和解释

■ 如果髋关节外展小于15度，那么短收肌紧张（Greenman, 1996）。

■ 如果在膝关节屈曲时，最大髋关节外展范围没有扩大，则单关节内收肌（耻骨肌、大收肌、长收肌和短收肌）缩短。

■ 如果髋关节外展范围在膝关节被动屈曲时扩大，则双关节内收肌（股薄肌、半膜肌和半腱肌）缩短。

统计信息

还没有关于这一柔韧性测量方法的信度数据。

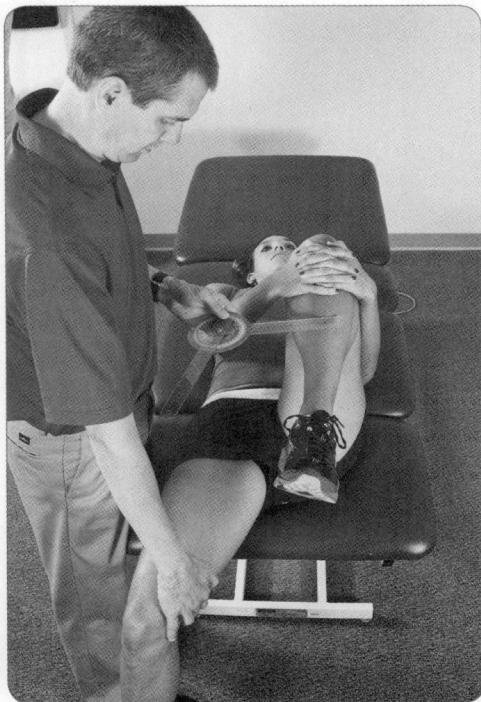

髂胫束评估（Ober's 测试）

▶ **目的：** 确定髂胫束的可延长性、长度和活动范围。

▶ **器材：** 治疗床、标准测角仪或倾角仪、枕头。

测试步骤

1. 受试者呈侧卧姿势，测试侧朝上。

2. 受试者屈曲下侧的腿，以便有一个更稳定的支撑基础，防止身体旋转。

3. 受试者确保全身位于额状面上，身体不能发生转动或髋关节屈曲代偿。

4. 测试者固定受试者上侧髋关节，并用另一只手在膝关节内侧握住受试者的腿。

5. 测试者屈曲受试者的膝关节至20度，并微微外旋其髋关节，以使髂胫束位于大转子的上方。

6. 在测试动作开始之前，受试者稍微外展髋关节。

7. 测试者一只手放在受试者的髋关节上以保持稳定，另一只手将受试者的大腿逐渐降低（或内收）到结束范围（通常表现为髂嵴运动）。

数据分析和解释

■ 测试者可以测量受试者膝关节内侧上髁到治疗床的距离，或者客观测量水平角。

■ 根据肯德尔等人（Kendall et al., 2005）的研究结果，大腿能下降到水平面以下10度的位置，测量结果是正常的。

■ 如果大腿只能下降到高于水平面10度以上的位置，则表示髂胫束紧张。

统计信息

信度：组内相关系数（标准测角仪）为0.82~0.92（Gajdosik et al., 2003），组内相关系数（倾角仪）为0.94（Melchione & Sullivan, 1993），组内相关系数为0.91（Reese & Bandy, 2003）。

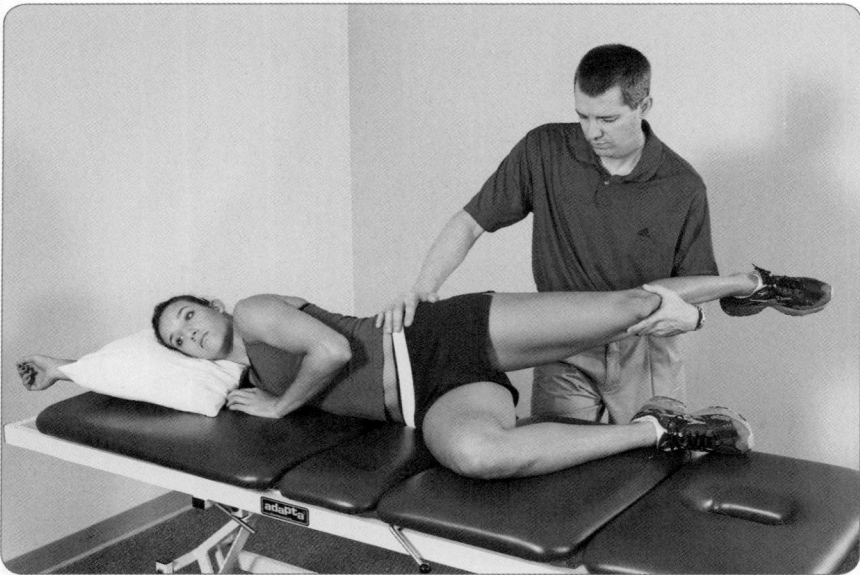

梨状肌评估

▶ **目的：** 确定梨状肌的可延长性、长度和活动范围。关于肌肉起点、止点、作用和神经支配的信息，见第80页的表5.8。

▶ **器材：** 治疗床、标准测角仪、枕头。

测试步骤（Kendall et al., 2005；Kroon & Kruchowsky, 2006）

1. 受试者仰卧在治疗床上，两侧下肢伸展。

2. 测试者将受试者测试侧的髋关节屈曲至90度，然后使之内收或内旋至动作的结束范围。

数据分析和解释

■ 正常情况下，髋关节应能屈曲90度，内收20度，内旋20度。

■ 如果受试者无法达到正常的运动范围，则表示梨状肌紧张或缩短。

统计信息

还没有关于这一柔韧性测量方法的信度数据。

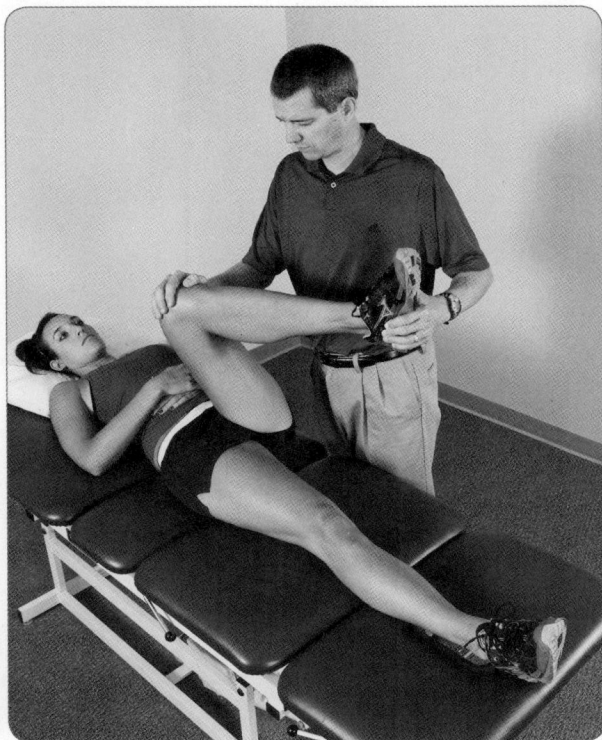

梨状肌评估（FAIR测试）

▶ **目的：** 确定梨状肌的可延长性、长度和活动范围。关于肌肉起点、止点、作用和神经支配的信息，见第80页的表5.8。

▶ **器材：** 治疗床、枕头。

测试步骤（Fishman et al., 2002）

1. 受试者侧卧，非测试侧在下，测试侧的髋关节和膝关节稍微屈曲以保持稳定性。

2. 受试者的躯干处于正常姿势。

3. 测试者站在受试者髋关节的正后方。

4. 测试者使受试者的测试侧腿屈曲、内收及内旋（flexion, adduction and internal rotation, FAIR）。

数据分析和解释

■ 这个测试可以用来评估无明显症状的梨状肌柔韧性问题（与另一侧比较）。

■ 这个测试也可以用来评估梨状肌疼痛感。如果疼痛产生于坐骨神经和梨状肌交叉处，则认为该测试有效。

统计信息

对于梨状肌功能障碍：敏感性0.88；特异性0.83；阳性似然比为5.2，阴性似然比为0.14。

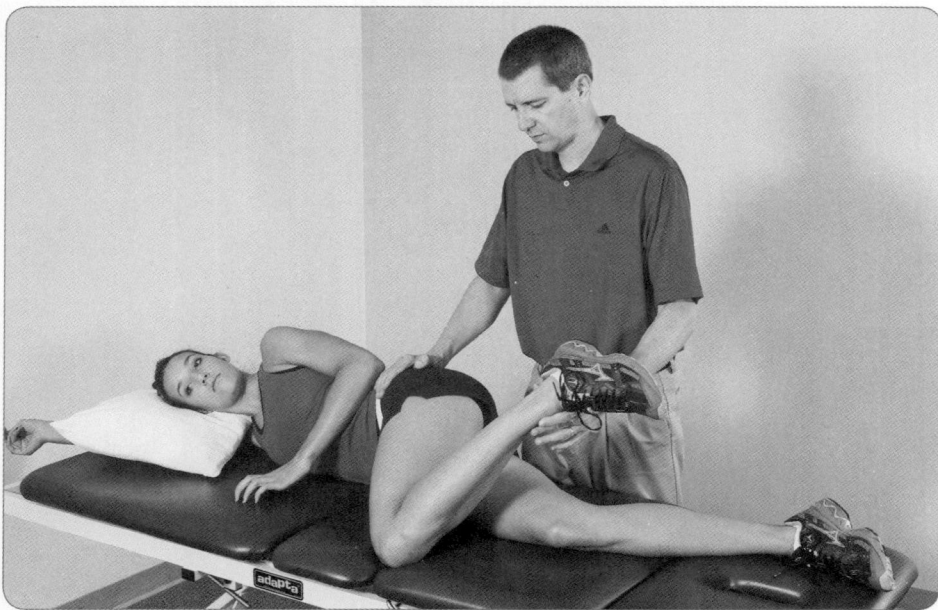

髋关节柔韧性数字4测试

▶ **目的：** 确定髋关节的可延长性、长度和活动范围。

▶ **器材：** 治疗床、卷尺、枕头。

测试步骤（Harvey & Mansfield，2000）

1. 受试者俯卧在治疗床上，并将一侧脚掌放在对侧膝关节的内侧。

2. 测试者指导受试者努力用臀肌将髋关节向下推。

3. 测试者指导受试者在整个测试过程中保持膝关节和踝关节的内侧与治疗床接触。

4. 测试者用卷尺测量受试者髂前上棘到治疗床的距离。

5. 测试者注意记录受试者的任何疼痛或不适感。

数据分析和解释

■ 测量结果超过3厘米则表示髋关节前囊膜（髋关节肌肉组织和对侧骶髂关节）紧张（Harvey & Mansfield，2000）。

■ 髂前上棘与治疗床的距离过大意味着髋关节柔韧性下降。

■ 受试者感受到疼痛或不适感可能是阔筋膜张肌紧张，或股直肌、髂腰肌、关节囊限制的结果（Kroon & Kruchowsky，2006）。

统计信息

还没有关于这一柔韧性测量方法的信度数据。

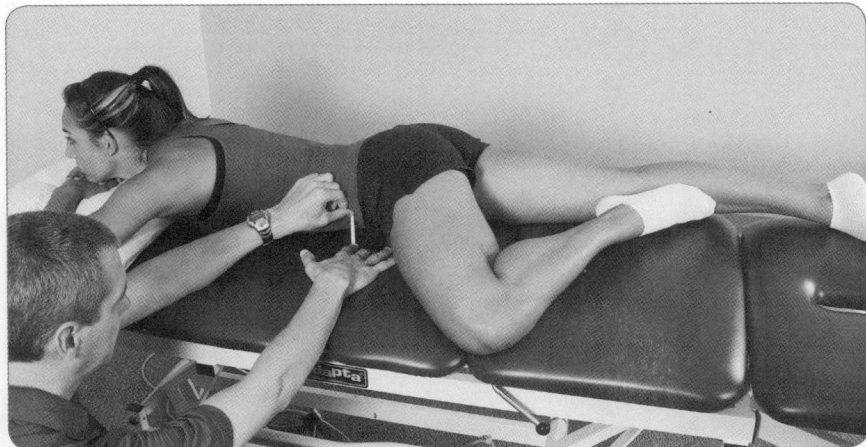

主动仰卧90/90姿势腘绳肌评估

▶ **目的：** 确定主动仰卧时腘绳肌的可延长性、长度和活动范围。关于肌肉起点、止点、作用和神经支配的信息，见第82页的表5.12。

▶ **器材：** 治疗床、标准测角仪、枕头。

测试步骤

1. 受试者呈仰卧姿势，一侧腿抬起至髋关节屈曲90度。

2. 受试者对侧腿放置在治疗床上，膝关节完全伸展。

3. 在整个测试过程中，受试者对侧腿必须维持上述姿势。

4. 测试者指导受试者在可活动范围内最大限度地伸展测试侧的膝关节，直到伸展遇阻，同时髋关节保持屈曲90度。

5. 测试者将标准测角仪的固定臂放置在股骨一侧，以股骨的大转子为参考点；中轴放置在股骨外上髁；活动臂与外踝对齐。

6. 将测量到的结果作为得分。

数据分析和解释

还没有关于这一柔韧性测量方法的信度数据。

统计信息

关于这一测试的测试者内信度数据，见第83页的表5.13。

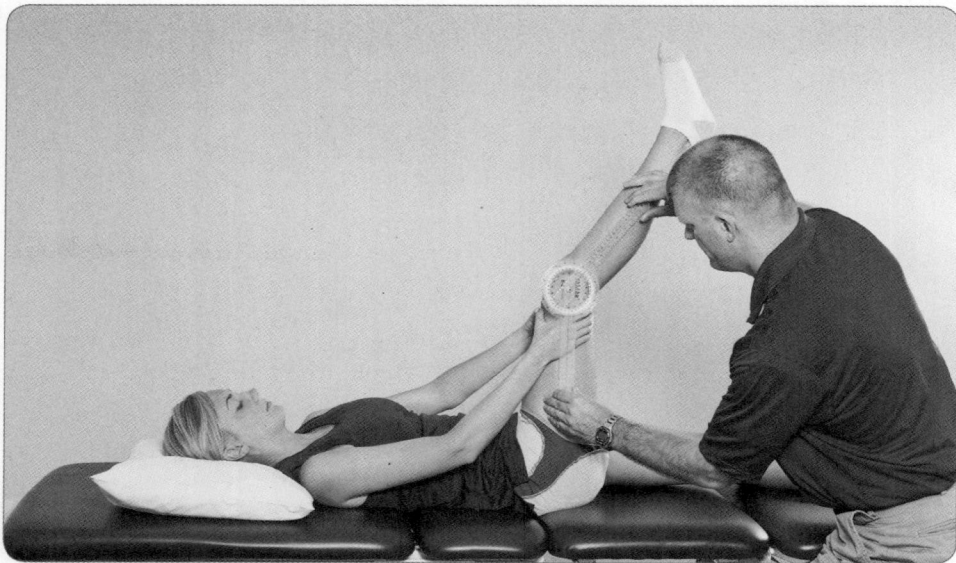

被动直腿抬高腘绳肌评估

▶ **目的:** 确定被动直腿抬高时腘绳肌的可延长性、长度和活动范围。关于肌肉起点、止点、作用和神经支配的信息,见第82页的表5.12。

▶ **器材:** 治疗床、标准测角仪、枕头。

测试步骤(Greenman, 1996)

1. 受试者仰卧在治疗床上。
2. 测试者站在受试者的测试侧。
3. 受试者被动抬高测试侧腿至髋关节屈曲遇阻,测试者监控受试者非测试侧的髂前上棘。
4. 另一侧也做相同的动作比较差异。
5. 使标准测角仪的固定臂平行于躯干,中轴位于髋臼中间,移动臂平行于大腿中部,并以外踝为参考点。

6. 测试者可以利用受试者腿部的内收和外展来测试内侧和外侧腘绳肌的紧张程度的差异。
7. 测试者监测受试者下肢神经紧张时的体征(直腿抬高测试)。
8. 将测量到的结果作为得分。

数据分析和解释

如果两侧不对称,则测试侧的腘绳肌存在较短和紧张状况。

统计信息

关于这一测试的测试者内信度数据,见第83页的表5.14。

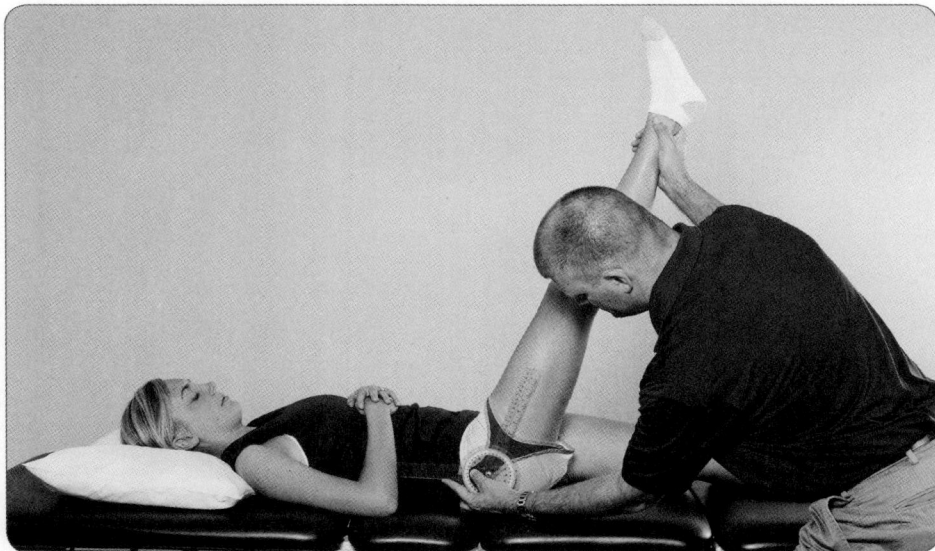

被动仰卧90/90姿势腘绳肌评估

▶ **目的：** 确定被动仰卧时腘绳肌的可延长性、长度和活动范围。关于肌肉起点、止点、作用和神经支配的信息，见第82页的表5.12。

▶ **器材：** 治疗床、标准测角仪或倾角仪、枕头。

测试步骤（Reese & Bandy, 2002）

1. 受试者呈仰卧姿势，测试侧的髋关节屈曲90度。

2. 受试者对侧下肢置于治疗床上，膝关节完全伸展。

3. 在整个测试过程中，受试者对侧下肢必须一直保持上述姿势。

4. 在指导受试者进行所需的运动之后，测试者使受试者在可活动范围内被动地完全伸展测试侧的膝关节，直到感觉伸展受阻，同时，让受试者的髋关节保持屈曲90度。

5. 将标准测角仪的固定臂与股骨对齐（或如下右图所示，使倾角仪与胫骨中部对齐），将股骨的大转子作为参考点；中轴在股骨外上髁；活动臂与外踝对齐。

6. 将测量到的结果作为得分。

数据分析和解释

尤达思等人（Youdas et al., 2005）评估了男性和女性腘绳肌的长度，确定了20~80岁的标准数据。结果显示，男性的膝屈角度范围为138.1~142.8度，平均值为141.4度。相同年龄女性的膝屈角度范围为148.7~154.8度，平均值为152.0度。这些数据似乎表明，与男性相比，女性在各个年龄段腘绳肌的长度都更长。

统计信息

关于此测试的测试者内信度数据见第84页的表5.15。

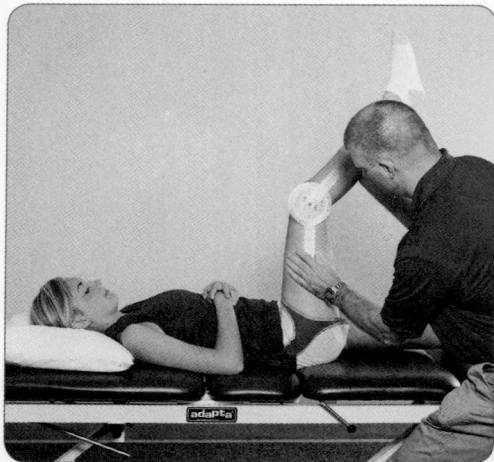

使用标准测角仪

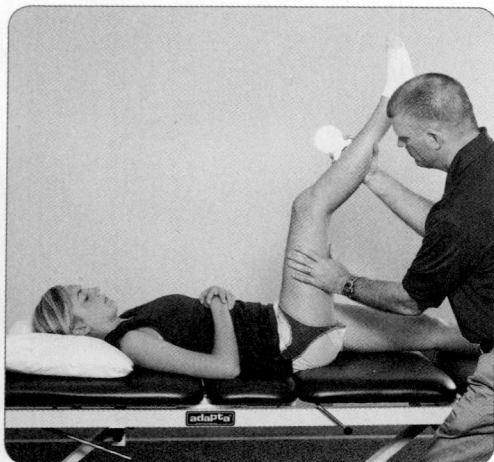

使用倾角仪

腓肠肌评估

▶ **目的：** 确定腓肠肌的可延长性、长度和活动范围。关于肌肉起点、止点、作用和神经支配的信息，见第84页的表5.16。

▶ **器材：** 治疗床、标准测角仪。

测试步骤（Reese & Bandy, 2002）

1. 受试者呈仰卧姿势，髋关节和膝关节伸展。
2. 受试者的测试侧踝关节在可活动范围内尽可能背屈。
3. 受试者处于完全伸展状态，脚踝被动背屈。
4. 测试者根据以下的标志性位置使用标准测角仪：固定臂在腓骨头上，中轴在外踝处，活动臂平行于第五跖骨。

5. 在踝关节背屈时，受试者应确保膝关节完全伸展。
6. 受试者应保持距下关节处于中立位，这样可以避免其旋前和旋后（外翻和内翻），使踝关节单纯地背屈。
7. 将测量到的结果作为得分。

数据分析和解释

还没有关于这一柔韧性测量方法的信度数据。

统计信息

王等人（Wang et al., 1993）进行了针对长跑运动员的下肢柔韧性测试。他们发现，10个受试者在处于仰卧姿势时，惯用侧和非惯用侧下肢的测试者内信度为0.98。

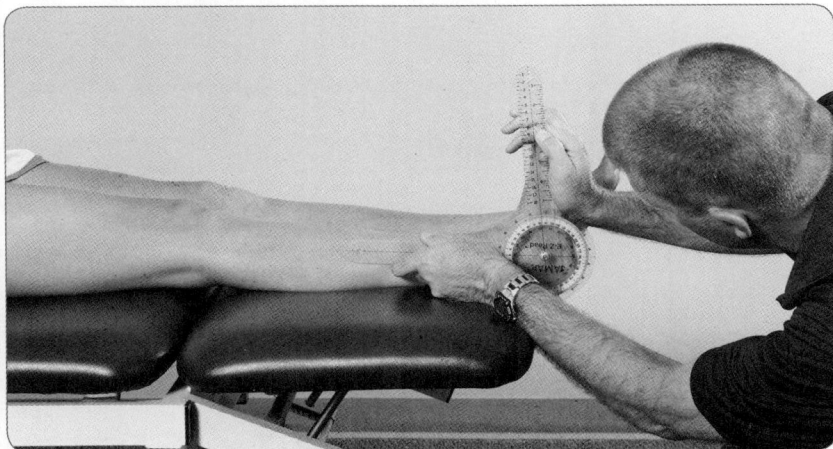

仰卧比目鱼肌长度测试

▶ **目的：** 确定仰卧时比目鱼肌的可延长性、长度和活动范围。关于肌肉起点、止点、作用和神经支配的信息，见第84页的表5.16。

▶ **器材：** 治疗床、标准测角仪。

测试步骤（Reese & Bandy, 2002）

1. 受试者呈仰卧姿势，髋关节和膝关节屈曲约45度。

2. 受试者将下肢置于治疗床上的泡沫轴上。

3. 测试者指导受试者在可活动范围内尽可能背屈测试侧的踝关节。

4. 受试者在保持髋关节和膝关节屈曲45度的同时，踝关节被动地背屈。

5. 测试者对以下的标志性位置进行触诊，并相应地对准标准测角仪：固定臂在腓骨头上，中轴在外踝处，活动臂平行于第五跖骨。

6. 受试者应保持距下关节处于中立位，这样可以避免其旋前和旋后（外翻和内翻），使踝关节单纯地背屈。

7. 测试者也可以测量受试者呈俯卧姿势时的比目鱼肌：受试者的膝关节屈曲90度，标准测角仪对准同样的位置。

8. 将测量到的结果作为得分。

数据分析和解释

还没有关于这一柔韧性测量方法的标准数据。

统计信息

王等人（Wang et al., 1993）进行了针对长跑运动员的下肢柔韧性测试。他们发现，10个受试者在处于俯卧姿势时，惯用侧和非惯用侧下肢的测试者内信度分别为0.93和0.94。

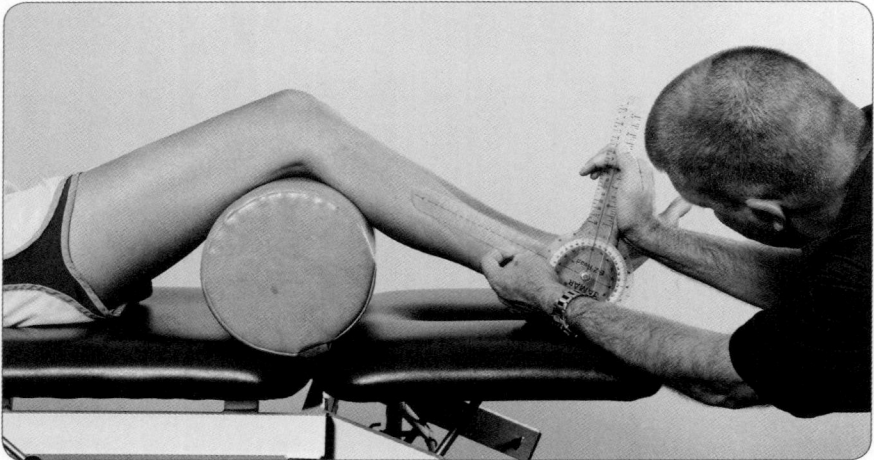

表 5.1

颈部肌肉

肌肉	肌肉起点	肌肉止点	作用	神经支配
肩胛提肌	C1～C4 横突	肩胛骨的上内侧缘	肩胛骨抬高、内收和下旋	肩胛背神经 C3～C5
斜方肌	上项线、枕骨隆凸、项韧带	锁骨外侧、肩峰、肩胛冈	肩胛骨抬高	副神经的脊髓根 C3～C4
胸锁乳突肌	乳突和上项线外侧	胸骨头：胸骨柄前缘 锁骨头：锁骨内上缘	颈部屈曲、同侧侧屈、对侧旋转	副神经的脊髓根 C2～C3
前斜角肌	C4～C6 横突前结节	第一肋骨（前斜角肌结节）	第一肋骨上提、同侧侧屈、对侧旋转	C4～C6
中斜角肌	C2～C7 横突	第一肋骨	第一肋骨抬高、同侧侧曲、对侧旋转	颈椎神经腹侧支 C3～C8
后斜角肌	C5～C6 横突	第二肋骨	第二肋骨抬高、同侧侧曲、对侧旋转	颈椎神经腹侧支 C3～C4 C6～C8

表 5.2

枕下肌

肌肉	肌肉起点	肌肉止点	作用	神经支配
头下斜肌	C2 棘突	C1 横突	寰椎旋转（头转向同侧）	C1 后支
头上斜肌	C1 横突	枕骨	头部伸展和侧屈	C1 后支
头后大直肌	C2 棘突	枕骨	头部伸展和同侧旋转	C1 后支
头后小直肌	C2 后结节	枕骨	头部伸展	C1 后支

表5.3

上臂肌肉

肌肉	肌肉起点	肌肉止点	作用	神经支配
肱二头肌	短头：肩胛骨喙突尖端 长头：肩胛骨盂上结节	桡骨粗隆和二头肌腱膜插入前臂筋膜处	前臂屈曲和旋后，手臂屈曲	肌皮神经
喙肱肌	肩胛骨喙突	肱骨内侧缘的中部	手臂屈曲和内收	肌皮神经
肱肌	肱骨前表面的下半部分，肌间膜	尺骨粗隆	手臂屈曲和内收	肌皮神经（外侧可能会受桡神经的支配）
肱三头肌	长头：肩胛骨盂下粗隆 外侧头：肱骨后表面上方，桡神经沟及外肌间隔外侧 内侧头：肱骨后表面下方，桡神经沟及两个肌间隔外侧	尺骨鹰嘴近端	前臂伸展，手臂伸展（长头）	桡神经
肘肌	肱骨外上髁	尺骨鹰嘴外侧	前臂伸展	桡神经

表5.4

上肢肌肉

肌肉	肌肉起点	肌肉止点	作用	神经支配
背阔肌	第七到第十二胸椎和所有腰椎棘突、骶椎棘突，髂嵴后半部分	肱骨小结节嵴（肱骨结节间沟的内侧唇）	手臂伸展、内收和内旋	胸背神经
小菱形肌	项韧带下半部分，第七颈椎和第一胸椎棘突	肩胛骨内侧缘和肩胛冈根部	肩胛骨抬高和后缩，关节盂下回旋	肩胛背神经
大菱形肌	第二到第五胸椎棘突	肩胛骨内侧缘和小菱形肌下方	肩胛骨抬高和后缩，关节盂下回旋	肩胛背神经
前锯肌	前外侧胸壁上的第一到第八肋骨	肩胛骨内侧缘和下角	肩胛骨前伸，关节盂上回旋，肩胛骨的内侧缘向胸壁牵拉	胸长神经
三角肌	锁骨外侧1/3、肩峰、肩胛冈	肱骨三角肌粗隆	外展（中束），屈曲和内旋（前束），伸展和外旋（后束）	腋神经
冈上肌	肩胛骨冈上窝	肱骨大结节	手臂外展	肩胛上神经
冈下肌	肩胛骨冈下窝	肱骨大结节在冈上肌止点下方	手臂外旋	肩胛上神经
小圆肌	肩胛骨外侧缘上方2/3段	肱骨大结节在冈下肌止点下方	手臂外旋	腋神经
大圆肌	肩胛骨下角	肱骨小结节嵴（肱骨结节间沟的内侧唇）	手臂内收、内旋和伸展	肩胛下神经

表5.5

竖脊肌

肌肉	肌肉起点	肌肉止点	作用	神经支配
棘肌 髂肋肌	髂嵴、骶骨	第六到第十二肋骨下缘	双侧动作：躯干伸展 单侧动作：躯干向同侧 侧屈	相应区域的脊神 经后支
最长肌	伸肌腱膜中间部分	第三到第十二肋骨和邻 近的脊椎横突		

表5.6

腰方肌

肌肉	肌肉起点	肌肉止点	作用	神经支配
腰方肌	髂嵴内侧	第十二肋骨、下 腰椎	脊椎向外屈曲；固定在第十二肋骨， 为横膈膜收缩形成稳定的基础	T12和L1~L3分支

表5.7

伸髋肌

肌肉	肌肉起点	肌肉止点	作用	神经支配
臀大肌	后臀线后面的髂骨翼外 侧面、骶髂背侧韧带和骶 结节韧带、骶骨背侧面	髂胫束、股骨臀 肌粗隆	髋关节伸展、外旋、外展 （上部）和内收（下部）	臀下神经 L5~S2
半腱肌	坐骨结节	胫骨近端内侧面	髋关节伸展，膝关节屈曲、 内旋	坐骨神经：胫骨支 L4~S2
半膜肌	坐骨结节	胫骨内侧髁	髋关节伸展，膝关节屈曲、 内旋	坐骨神经：胫骨支 L4~S2
股二头肌 （长头）	长头：坐骨结节	腓骨外侧头和胫 骨外侧髁	髋关节伸展（长头）	坐骨神经：胫骨支 连接至长头 L5~S3
次要肌肉	大收肌（下部）和臀中肌（后部）			

表5.8

屈髋肌

肌肉	肌肉起点	肌肉止点	作用	神经支配
髂肌（主要）	髂窝	股骨小转子（腰大肌）	髋关节屈曲、轻微内旋	股神经 L1~L4
腰大肌（主要）	腰椎椎体和横突	股骨小转子	髋关节屈曲、轻微外旋	L1~L4
股直肌	髂前下棘、髂骨和髋臼上缘	髌骨并通过髌骨韧带连接至胫骨粗隆	膝关节伸展，髋关节屈曲	股神经 L1~L4
阔筋膜张肌	髂前上棘	髂胫束	髋关节屈曲、内旋和外展	臀上神经 L4~S1
缝匠肌	髂前上棘	胫骨近端并刚好在胫骨粗隆的内侧缘上	髋关节屈曲、外展和外旋，膝关节屈曲	股神经
耻骨肌	耻骨上支	股骨小转子远端	髋关节屈曲和内收	股神经
短收肌	耻骨体和耻骨下支	股骨、耻骨肌线和股骨粗线内侧唇	髋关节屈曲和内收	闭孔神经
长收肌	耻骨结节	股骨粗线内侧唇	髋关节屈曲和内收	闭孔神经
大收肌	耻骨下支、坐骨支、坐骨结节	股骨粗线（前部）、股骨内侧髁（后部）	髋关节内收、屈曲（前部）和伸展（后部）	闭孔神经（前部）、坐骨神经（后部）
臀中肌（前部）	前后臀沟线之间的髂骨外侧面	股骨大转子	髋关节外展、内旋和屈曲（前部）	臀上神经 L5~S1
梨状肌	骶骨（盆骨表面）	股骨大转子	髋关节外旋、外展	S1和S2腹侧支

表5.9

髋外旋肌

肌肉	肌肉起点	肌肉止点	作用	神经支配
闭孔外肌	在骨盆外表面的闭孔膜及闭孔周围骨面	股骨转子窝	髋关节外旋	闭孔神经
闭孔内肌	在骨盆内表面的闭孔膜及闭孔周围骨面	股骨转子窝上方大转子内侧面	髋关节外旋，髋关节屈曲时外展大腿	闭孔内肌神经
股方肌	坐骨结节	大小转子间的股骨背侧面	髋关节外旋和内收	股方肌神经
梨状肌	骶骨（盆骨表面）	股骨大转子	髋关节外旋、外展	S1和S2腹侧支
上孖肌	坐骨棘	闭孔内肌肌腱上缘	髋关节外旋，髋关节屈曲时外展大腿	闭孔内肌神经
下孖肌	坐骨结节	闭孔内肌肌腱下缘	髋关节外旋，髋关节屈曲时外展大腿	股方肌神经
臀大肌	后臀线后面的髂骨翼外侧面、骶髂背侧韧带和骶结节韧带、骶骨背侧面	髂胫束、股骨臀肌粗隆	髋关节伸展、外旋、外展（上部）和内收（下部）	臀下神经 L5~S2
次要肌肉	缝匠肌、股二头肌（长头）、臀中肌（后部）、腰大肌、大收肌（受姿势影响）、长收肌、腘肌（膝关节屈曲时）			

表5.10

髋内旋肌

肌肉	肌肉起点	肌肉止点	作用	神经支配
臀小肌（前部）	臀上线和臀下线间的髂骨外表面	股骨大转子	髋关节外展、内旋和屈曲	臀上神经 L4~S1
阔筋膜张肌	髂前上棘	髂胫束	髋关节屈曲、内旋和外展	臀上神经 L4~S1
臀中肌（前部）	前后臀沟线之间的髂骨外侧面	股骨大转子	髋关节外展、内旋和屈曲（前部）	臀上神经 L5~S1
次要肌肉	半腱肌、半膜肌、大收肌（受姿势影响）、长收肌（受姿势影响）			

表5.11

髋内收肌

肌肉	肌肉起点	肌肉止点	作用	神经支配
耻骨肌	耻骨上支	股骨小转子远端	髋关节屈曲和内收	股神经
长收肌	耻骨结节	股骨粗线内侧唇	髋关节屈曲和内收	闭孔神经
股薄肌	耻骨下支、坐骨支	胫骨近端并刚好在内侧髁远端的内侧面上	髋关节内收，膝关节屈曲、内旋	闭孔神经
短收肌	耻骨体和耻骨下支	股骨、耻骨肌线和股骨粗线内侧唇	髋关节屈曲和内收	闭孔神经
大收肌	耻骨下支、坐骨支、坐骨结节	股骨粗线（前部）、股骨内侧髁（后部）	髋关节内收、屈曲（前部）和伸展（后部）	闭孔神经（前部）、坐骨神经（后部）

表5.12

腘绳肌

肌肉	肌肉起点	肌肉止点	作用	神经支配
半腱肌	坐骨结节	胫骨近端内侧面	髋关节伸展，膝关节屈曲、内旋	坐骨神经：胫骨支 L4~S2
半膜肌	坐骨结节	胫骨内侧髁	髋关节伸展，膝关节屈曲、内旋	坐骨神经：胫骨支 L4~S2
股二头肌	长头：坐骨结节 短头：股骨粗线和外侧肌间隔	腓骨外侧头和胫骨外侧髁	髋关节伸展（长头），膝关节屈曲、外旋	坐骨神经：胫骨支连接至长头（L5~S3），腓骨支连接至短头（L5~S2）

表5.13

主动仰卧90/90姿势腘绳肌评估的测试者内信度

研究	样本数量/人	样本	相关系数*	组内相关系数
Gajdosik & Lusin, 1983	15	健康男性 （18~26岁）	右侧：0.99 左侧：0.99	未测试 未测试
Sullivan et al., 1992	12	健康成人	未测试	0.99
Worrell et al., 1994	10	健康成人	未测试	0.93
Webright et al., 1997	12	健康成人	未测试	0.98
Gajdosik et al., 1993	30	健康成人 （18~40岁）	未测试	0.86

*皮尔逊相关系数

[源自：N.B. Reese and W.D. Bandy (Eds), 2002, *Joint range of motion and muscle length testing* (Philadelphia, PA, W.B. Saunders Co.).]

表5.14

被动直腿抬高腘绳肌评估的测试者内信度

研究	样本数量/人	样本	相关系数*	组内相关系数
Hsieh et al., 1983	10	健康成人 （26~30岁）	0.95	未测试
Rose, 1991	18	健康成人 （平均年龄为19.5岁）	0.86右 0.83左	未测试 未测试
Wang et al., 1993	10	健康成人 （18~37岁）	未测试 未测试	惯用侧：0.90 非惯用侧：0.91
Hanton & Chandler, 1994	75	健康女性 （18~29岁）	未测试	0.91
Gajdosik et al., 1993	30	健康成人 （18~40岁）	未测试	0.83

*皮尔逊相关系数

[源自：N.B. Reese and W.D. Bandy (Eds), 2002, *Joint range of motion and muscle length testing* (Philadelphia, PA, W.B. Saunders Co.).]

表5.15

被动仰卧90/90姿势腘绳肌评估的测试者内信度

研究	样本数量/人	样本	相关系数[*]	组内相关系数
Bandy & Irion，1994	15	健康成人（22~36岁）	0.91	未测试
Bandy et al.，1997	20	健康成人（20~40岁）	0.97	未测试
Gajdosik et al.，1993	30	健康成人（18~40岁）	未测试	0.90

[*]皮尔逊相关系数

[源自：N.B. Reese and W.D. Bandy (Eds), 2002, *Joint range of motion and muscle length testing* (Philadelphia, PA, W.B. Saunders Co.).]

表5.16

腓肠肌和比目鱼肌

肌肉	肌肉起点	肌肉止点	作用	肌肉神经支配
腓肠肌	股骨后表面（内踝和外踝）、膝关节囊	通过跟腱的跟骨（跟腱）、后跟骨	踝关节跖屈、膝关节屈曲	胫神经 S1~S2
比目鱼肌	腓骨（头、后方和接近第三跟骨）、胫骨（比目鱼肌线）、胫骨和腓骨间的腱膜	通过跟腱的跟骨（跟腱）、后跟骨	踝关节跖屈	胫神经 S1~S2

第6章

基本动作测试

人体所有的动作均由各种基本的和复杂的动作构成。基本动作对于成功完成运动、工作和娱乐活动所需的更复杂和多维的动作来说至关重要。协同动作发生在整个身体之中，这些动作不能是各个动力链"最薄弱的环节"。正如我们之前提到的，客观评估"功能性"是非常困难的。对功能性成分的评估通常更加容易也更加客观。

本章内容涉及基本动作分析的两个主要部分：动作分析和功能动作筛查。建议测试者在使用复杂的测试时，按照列出的顺序（特别是在进行功能动作筛查之前要进行动作分析）进行。如果受试者不能完成简单的动作，那么他们很可能也不能完成后续更加复杂的动作。

动作分析

动作分析基于肌肉激活模式进行。相关测试着眼于特定的肌群、各肌群（如主动肌群、拮抗肌群和协同肌群）之间的相互关系及特定的身体动作。本章描述的具体动作分析将理想的肌肉激活模式称为"正常的"。不同肌群间的肌肉激活模式和协同是正常运动协同的一部分。理论上，肌肉激活模式的改变会导致被评估的基本动作出现功能障碍。在介绍动作的相关分析时，我们列出了正常的肌肉激活顺序，以及测试者可能会遇到的肌肉激活模式的改变。

头颈屈曲评估

▶ **目的:** 评估不同头部和颈部屈肌的平衡性。关于肌肉起点、止点、动作和神经支配的信息,见第100页的表6.1。

▶ **器材:** 治疗床。

测试步骤（Jull & Janda, 1987）

1. 受试者呈仰卧姿势,头部直接枕于治疗床上,不使用枕头。

2. 测试者指导受试者抬起头,并看向脚尖。

3. 测试者观察受试者的屈曲情况。

数据分析和解释

■ 颈椎应呈现正常且平缓渐进的节段性屈曲。

■ 当受试者一开始将头部向上抬起时,可观察到前斜角肌和胸锁乳突肌代偿（上颈椎伸展与下颈椎屈曲）。

统计信息

还没有关于这一评估的信度数据。

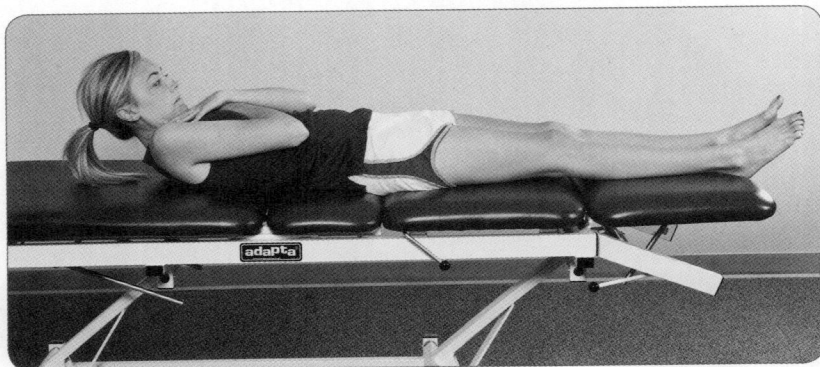

平缓渐进的节段性屈曲

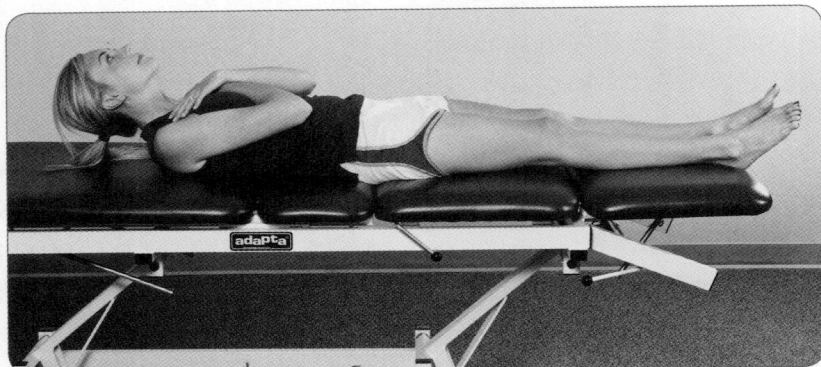

前斜角肌和胸锁乳突肌代偿

髋关节伸展评估

▶ **目的：** 评估合适的伸髋肌激活模式。关于肌肉起点、止点、动作和神经支配的信息，见第100至101页的表6.2。

▶ **器材：** 治疗床。

测试步骤（Clark, 2001）

1. 受试者呈俯卧姿势，双腿伸展，双臂放松。

2. 测试者站立在受试者的一侧。

3. 测试者用一只手的拇指和食指触诊受试者的两侧竖脊肌，同时用另一只手的食指和拇指触诊受试者的臀大肌和腘绳肌的肌腹。

4. 测试者指导受试者在保持膝关节完全伸展的同时伸展髋关节，使测试侧腿抬离治疗床。

数据分析和解释

正常的激活顺序。

1. 臀大肌。

2. 对侧竖脊肌。

3. 同侧竖脊肌和腘绳肌。

改变后的激活模式。

1. 薄弱的主动肌：臀大肌。

2. 过度激活的拮抗肌：腰大肌。

3. 过度激活的稳定肌：竖脊肌。

4. 过度激活的协同肌：腘绳肌。

统计信息

还没有关于这一评估的信度数据。

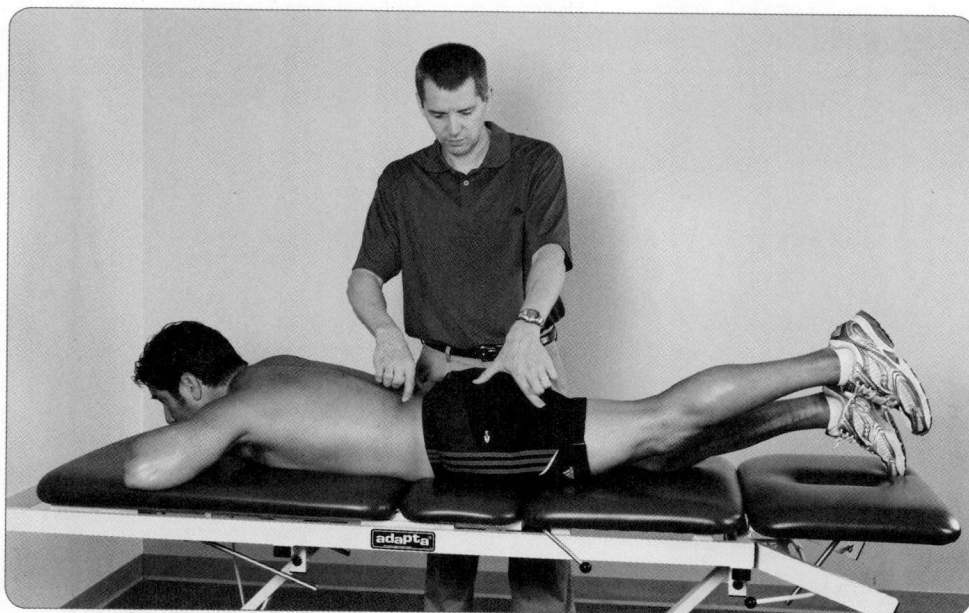

髋关节外展评估

▶ **目的：** 评估合适的髋外展肌激活模式。关于肌肉起点、止点、动作和神经支配的信息，见第101页的表6.3。

▶ **器材：** 治疗床、枕头。

测试步骤

1. 受试者侧卧在治疗床上，下侧腿的髋关节和膝关节屈曲以保持稳定。

2. 测试者站立在受试者面前。

3. 测试者将一只手放在受试者的腰方肌上，另一只手的拇指和食指放在受试者的阔筋膜张肌和臀中肌上。

4. 测试者指导受试者将上侧腿外展，同时保持膝关节完全伸展。

5. 测试者在受试者的额状面外监控其动作。

数据分析和解释

正常的激活顺序。

1. 臀中肌。

2. 阔筋膜张肌和腰方肌。

改变后的激活模式。

1. 薄弱的主动肌：臀中肌。

2. 过度激活的拮抗肌：髋内收肌。

3. 过度激活的协同肌：阔筋膜张肌。

4. 过度激活的稳定肌：腰方肌。

5. 过度激活的中和肌：梨状肌。

统计信息

还没有关于这一评估的信度数据。

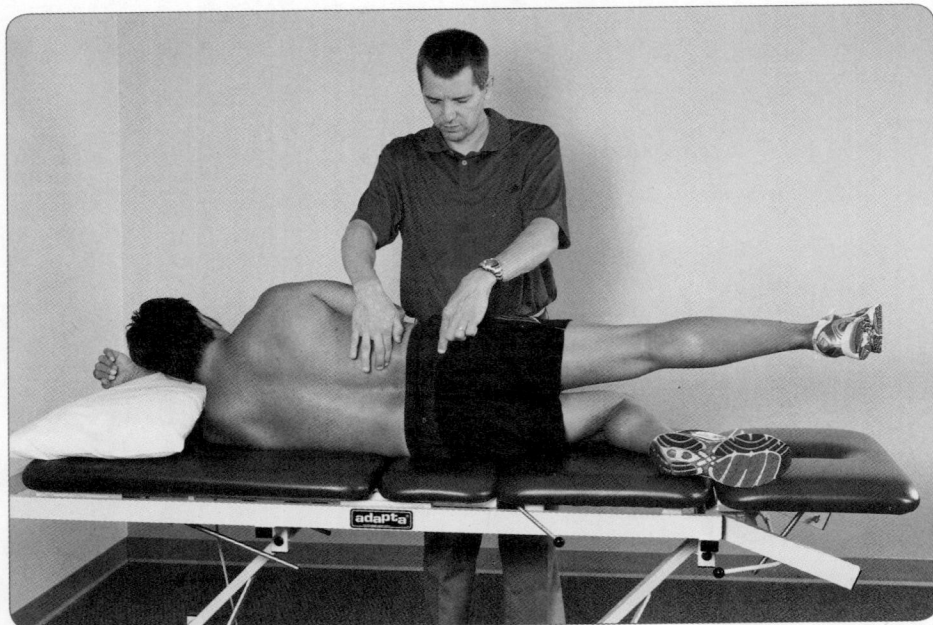

躯干屈曲评估

▶ **目的：** 评估合适的躯干屈肌激活模式。关于肌肉起点、止点、动作和神经支配的信息，见第102页的表6.4。

▶ **器材：** 治疗床、枕头。

测试步骤（Clark, 2001）

1. 受试者呈仰卧姿势，两侧膝关节和髋关节屈曲90度。
2. 测试者站在受试者的一侧。
3. 测试者将一只手放在受试者的腹肌上。
4. 测试者指导受试者完成一次标准的卷腹（从头到腰的弓形屈曲）。

数据分析和解释

正常的激活模式。

1. 受试者在卷腹的时候应能够保持收腹动作。
2. 无法维持收腹动作意味着腹部稳定机制的激活模式发生改变。

改变后的激活模式。

1. 薄弱的主动肌：腹肌。
2. 过度激活的拮抗肌：竖脊肌。
3. 过度激活的协同肌：腰大肌。

统计信息

还没有关于这一评估的信度数据。

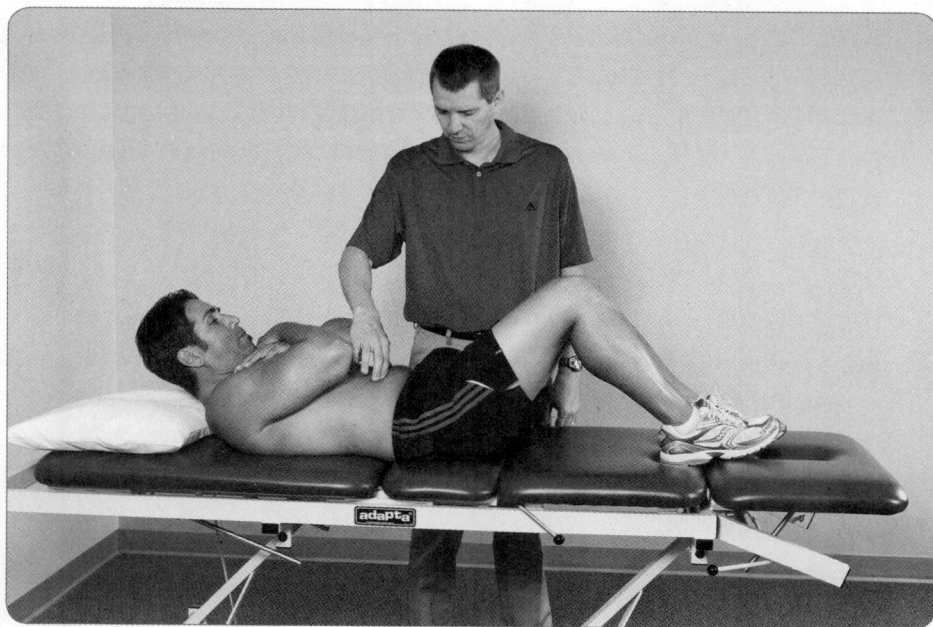

功能动作筛查

（源自：Gray Cook, MSPT, OCS, CSCS; Lyle Burton, PhD, ATC, CSCS; and Kyle Kiesel, PT, PhD, ATC, CSCS.）

功能动作筛查（FMS）（Cook et al., 1998）旨在找出个体在动力链中发生代偿的动作模式。其最初目的是在无症状的个体间查找存在的代偿性动作，并根据个体需求设计合理的特定训练。功能动作筛查的7个动作旨在检验身体按照从近端到远端的顺序来促进运动的能力。测试者一旦通过功能动作筛查找出了不良的动作模式，就可以构建功能性防御策略来避免一些问题，如不平衡和受伤（Cook et al., 1998）。这种筛选可以以一种相当高效的方式在大部分目标受众中进行。当然，这需要受过相关培训的测试者进行仔细的观察，并批判性地给出测试结果。本书作者已在患者的康复过程中将功能动作筛查作为动作功能障碍的筛选工具，用于评估患者的动作模式。在评估过程中，确定动作功能障碍的测试者可以进行额外的检查，以辨别产生动作功能障碍的确切原因。因此，功能动作筛查只可以作为一般性的评估手段，测试者可以使用进阶的测试来对动作功能障碍作出诊断。

功能动作筛查得分对应4种可能的结果：0~3分的分数范围，0分对应最差的结果，3分对应最好的结果。

- 如果受试者在测试期间感到身体的任何部位疼痛，则得0分。
- 如果受试者不能完成动作，或者不能做出正确的动作姿势，则得1分。
- 如果受试者能够完成动作，但是在完成动作时产生了某种形式的代偿，则得2分。
- 如果受试者能够正确地完成动作，并且没有产生任何形式的代偿，则得3分。

评分表中包含一个注意事项区，测试者可以在记录受试者的具体动作问题时使用这个区域

（Cook et al., 1998）。功能动作筛查的开发者建议，如果在两个得分级别之间难以确定，测试者应选择较低的得分级别，以确保对受试者的评估具有批判性。

另外需要实施3项额外的排除性筛选，筛选结果应被评定为阳性或阴性。这些筛选是一般性评估，可以确保后续测试的安全性。这些筛选只考虑疼痛感（如果受试者感到疼痛，那么筛选结果被评为阳性；如果受试者没有感到疼痛，那么筛选结果被评为阴性）。如果受试者的排除性筛选结果被评为阳性，则得0分。

功能动作筛查的信度分别在两项独立的研究中得到了验证。第一项研究安排了多个评分者，他们观看了受试者完成7个测试的视频，对每个测试分别进行信度分析，并且将综合评分（21分中的任意分）作为连续变量进行分析。综合得分的结果为优秀，其组内相关系数为0.98。如果是在损伤预测研究中处理分组数据，则可以通过连续变量来分析功能动作筛查的综合评分（Kiesel, 2006）。但是由于功能动作筛查的综合评分是有序变量，则评估其信度的适当分析方法是卡帕系数（Portney & Watkins, 2000）。卡帕系数是一种修正偶然性水平一致性的统计量，它可以比较评分者如何在每个测试中对受试者进行评分，并且剔除偶然性。卡帕系数和组内相关系数的衡量方式不同，并且在解释信度研究结果时，读者有必要理解这种差异。例如，在组内相关系数中，0.60被认为是相当低的一个数值，而卡帕系数为0.60则代表了显著一致的下限。

第二项研究（Minick et al., 2007）用卡帕系数评定功能动作筛查的信度。研究者安排了两对评分者，对39个受试者参加功能动作筛查的7个测试都进行了评分。各项测试的结果显示，卡帕系数在0.75~1.0（即基本上完全一致）。直线弓箭步测试的系数值最小，而深蹲和肩关节灵活性测试的系数为1.0，即（下接第100页）

深蹲评估

▶ **目的**：评估髋关节、膝关节和踝关节两侧对称的灵活性。将木棒举过头顶用于评估肩关节和胸椎两侧对称的灵活性。在受试者正确地完成深蹲动作时，其全身动作机制都可以被评估。

▶ **器材**：木棒、手杖或直杆、2英寸×6英寸的测试板。

测试步骤

1. 受试者站立，双脚分开与肩同宽，两手握住木棒并举过头顶，双肘屈曲90度。

2. 测试者指导受试者向上推木棒，直到双肘完全伸展。

3. 测试者指导受试者逐渐下蹲呈深蹲姿势，同时保持双侧脚后跟紧贴地面，双臂最大限度地向上伸展，使木棒尽量位于头顶上方。

4. 让受试者重复上述动作，最多做3次。

5. 如果未达到2分的评分标准，则要求受试者在脚后跟下垫上测试板，再次进行测试。

数据分析和解释

　　指导有下腰背疼痛和无下腰背疼痛的受试者重复深蹲（作为一种耐力测试，最大重复次数为50次）时发现，随着年龄的增长，身体能力会相应降低（Alaranta et al., 1994）。

分数	评分标准（Cook et al., 1998）
3分	● 上身平行于胫骨或垂直于地面 ● 股骨在水平位置以下 ● 双膝与双脚对齐 ● 木棒与双脚对齐
2分	● 脚后跟下垫上测试板 ● 上身平行于胫骨或垂直于地面 ● 股骨在水平位置以下 ● 双膝与双脚对齐 ● 木棒与双脚对齐
1分	● 脚后跟下垫上测试板 ● 上身与胫骨不平行 ● 股骨不在水平位置以下 ● 双膝与双脚无法对齐 ● 腰椎屈曲
0分	● 测试中任意部位出现疼痛感

出现代偿

上身灵活性受限

统计信息

- 双脚分开15厘米，直到大腿与地面平行，重复深蹲，每2~3秒重复一次（最大重复次数为50次）：$r=0.95$（$n=32$）（Alaranta et al., 1994）。
- 信度数据相关内容见第90页。

注意事项

- 本测试结果不佳可能由多种原因引起。
- 上身灵活性受限可能与盂肱关节或胸椎灵活性差有关。

- 下肢灵活性受限，包括踝关节闭链背屈或髋关节屈曲表现不佳，也可能导致测试效果不佳。
- 功能动作筛查测试的开发者认为，在受试者得到2分时，踝关节闭链背屈和胸椎伸展通常有较小的限制性。
- 在受试者得到1分或0分时，前面提到的动作及髋关节屈曲可能会存在严重的限制性。
- 有关纠正性训练的具体建议或其他信息，请参阅库克等人（Cook et al., 1998）的研究或FMS官方网站。

跨栏架步评估

▶ **目的：** 评估跨栏架步过程中髋关节、膝关节、踝关节两侧的灵活性和稳定性及步幅是否适当；这个测试要求在跨栏架步中，髋关节和躯干之间有适当的协调性和稳定性及单腿站立时有适当的稳定性（Cook et al., 1998）。

▶ **器材：** 木棒、手杖或直杆，栏架、直尺或细绳。

测试步骤

1. 受试者呈站立姿势。
2. 测试者调整栏架的高度，使其位于受试者胫骨粗隆处（或者，也可以在门框上使用直尺或细绳调整到同一高度来替代栏架）。
3. 受试者的脚尖在栏架（直尺或细绳）的正下方。
4. 受试者跨过栏架，要求在保持腿膝关节和髋关节伸展的同时，跨栏架腿的脚后跟触地。
5. 两侧都进行此测试，并且最大重复次数为3次。

数据分析和解释

如果两侧都进行了一次测试且达到了以下标准，那么受试者就可以得到相应的分数。

分数	评分标准（Cook et al., 1998）
3分	• 髋关节、膝关节和踝关节在矢状面上始终保持对齐 • 腰椎的移动量非常小 • 木棒和栏架基本保持平行
2分	• 髋关节、膝关节和踝关节在矢状面上未对齐 • 腰椎发生较大移动 • 木棒和栏架没有保持平行
1分	• 脚接触到栏架 • 失去平衡
0分	• 测试中任意部位出现疼痛感

统计信息

信度数据相关内容见第90页。

起始姿势

跨栏架

代偿

注意事项

- 这个测试结果不佳可能由多种原因引起，可简单地归结为站立腿的稳定性不足或跨栏架腿的灵活性不足。
- 测试者应要求受试者一条腿的髋关节最大限度地屈曲，同时保持另一条腿的髋关节明显伸展，这会让受试者展示出两侧髋关节不对称的灵活性（Cook et al., 1998）。
- 根据功能动作筛查开发者的结论，受试者得2分表示跨栏架腿通常存在踝关节背屈或髋关节屈曲受限。
- 当受试者的得分为1分或更少时，在骨盆前倾的基础上，受试者可能还有两侧髋关节灵活性不对称的情况。
- 有关纠正性训练的具体建议或其他信息，请参阅库克等人（Cook et al., 1998）的研究或FMS官方网站。

直线弓箭步评估

▶ **目的：** 这项测试旨在让受试者的身体处于一个特定的姿势，以关注旋转、减速和侧向动作产生的压力，用来评估髋关节的灵活性和稳定性，以及踝关节和膝关节的稳定性。

▶ **器材：** 木棒、手杖或直杆，2英寸×6英寸的测试板，卷尺。

测试步骤

1. 测试者使用卷尺测量受试者的胫骨长度。

2. 受试者把一只脚放在测试板的一端。

3. 在测试板上，测试者以受试者的后脚脚尖为起点标记出一段等于其胫骨长度的距离。

4. 测试者将木棒放在受试者的背后，木棒应触及受试者的胸椎和骶骨。

5. 受试者用与后脚同侧的手抓住木棒的上半部。

6. 受试者迈一步，将前脚脚后跟放在标记的位置。

7. 受试者应确保双脚在一条直线上，并在整个评估过程中指向前方。

8. 受试者以缓慢且受控的方式完成3次直线弓箭步动作。

9. 受试者交换双腿的位置进行测试，测试者注意评估其两侧下肢的姿势。

数据分析和解释

如果进行了一次测试且达到了以下标准，那么受试者就可以得到相应的分数。

分数	评分标准（Cook et al., 1998）
3分	● 躯干几乎没有移动 ● 双脚在测试板上始终保持在矢状面上 ● 后腿膝关节碰到前脚脚后跟
2分	● 躯干发生了明显的移动 ● 双脚在测试板上没有始终保持在矢状面上 ● 后腿膝关节未碰到前脚脚后跟
1分	● 失去平衡
0分	● 测试中任意部位出现疼痛感

统计信息

信度数据相关内容见第90页。

注意事项

■ 这个测试结果不佳可能由多种原因引起：站立腿或迈步腿一侧的髋关节灵活性不足、站立腿的膝关节或踝关节不具备完成直线弓箭步所需的稳定性，以及一侧或两侧髋内收肌无力、两侧髋外展肌紧张程度的相对不平衡。

■ 胸椎部位受限可能使受试者难以正确完成测试（Cook et al., 1998）。

■ 功能动作筛查测试的开发者认为，得2分意味着一侧或两侧髋内收肌存在较小程度的受限。

■ 得1分或更少则意味着一侧或两侧髋关节可能存在相对的髋内收肌无力和髋外展肌紧张。

■ 有关纠正性训练的具体建议或其他信息，请参阅库克等人（Cook et al., 1998）的研究或FMS官方网站。

肩关节灵活性评估

▶ **目的：** 评估双侧肩关节在内旋、内收、外旋、外展时的活动范围。

▶ **器材：** 木棒、手杖或直杆，卷尺。

测试步骤

1. 测试者用卷尺测量受试者手掌的长度，也就是从受试者的腕横纹到中指指尖的长度。

2. 测试者指导受试者双手握拳。

3. 测试者指导受试者将两侧上肢放在背后，并努力使两只拳头触碰。

4. 测试者测量受试者两只拳头间的距离。

5. 两侧都进行此测试，最大重复次数为3次。

数据分析和解释

分数	评分标准（Cook et al., 1998）
3分	• 两只拳头的距离保持在一个手掌的长度范围内
2分	• 两只拳头的距离保持在一个手掌的1.5倍长度范围内
1分	• 两只拳头的距离超过一个手掌的1.5倍长度
0分	• 测试中任意部位出现疼痛感

统计信息

信度数据相关内容见第90页。

注意事项

▪ 即使受试者在此测试中得3分，也应进行肩部排除性筛查，还应进行主动的肩关节碰撞性测试。

▪ 这个测试结果不佳可能由多种原因引起。被广为接受的解释是，经常做过头投掷动作的运动员，在该动作中外旋幅度增加是以牺牲内旋为代价的。胸小肌或背阔肌的过度紧张和缩短（见第5章）会导致圆肩姿势的产生；还可能存在肩胛胸壁功能障碍，导致肩胛胸壁灵活性不足，从而使盂肱关节灵活性下降（Cook et al., 1998）。

▪ 功能动作筛查的开发者通过测试发现，得2分的受试者的姿势与标准姿势相比可能存在轻微的变化或肩胛骨周围肌肉缩短的情况。

▪ 如果受试者得1分或0分，则可能存在肩胛胸壁功能障碍。

▪ 有关纠正性训练的具体建议或其他信息，请参阅库克等人（Cook et al., 1998）的研究或FMS官方网站。

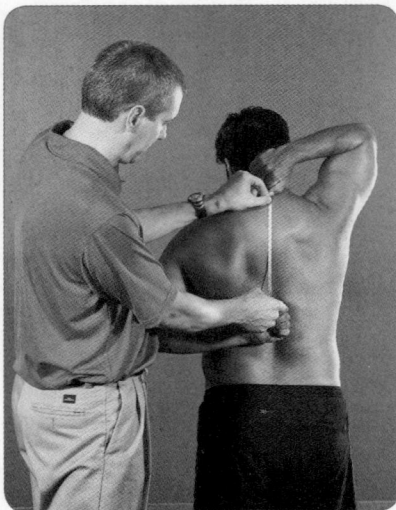

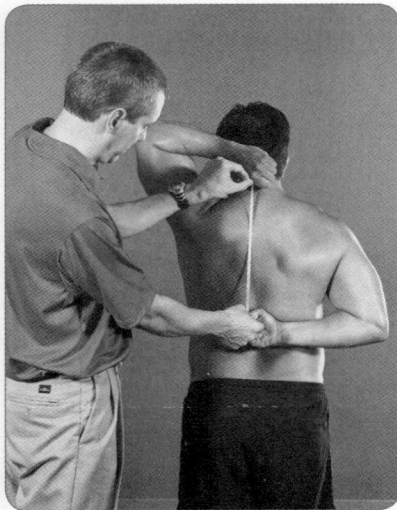

主动直腿抬高评估

▶ **目的:** 在受试者保持骨盆稳定的同时,评估腘绳肌、腓肠肌和比目鱼肌的主动柔韧性。

▶ **器材:** 木棒、手杖或直杆,2英寸×6英寸的测试板。

测试步骤

1. 受试者呈仰卧姿势,双臂放在身体两侧,掌心向上,头部平放在地面上。

2. 测试者将测试板放在受试者的膝关节下。

3. 测试者指导受试者抬起测试侧腿,并保持该侧踝关节背屈,膝关节伸直。

4. 受试者在测试过程中应确保对侧膝关节接触测试板,头部和双肩平放在地面上。

5. 在受试者活动范围的末端,测试者让木棒与测试侧腿的内踝对齐并垂直于地面。

6. 两侧都进行此测试,并且最多重复3次。

数据分析和解释

分数	评分标准 (Cook et al., 1998)
3分	● 内踝垂线落在另一侧大腿中部和髂前上棘之间
2分	● 内踝垂线落在另一侧大腿中部和膝关节之间
1分	● 内踝垂线落在膝关节以下
0分	● 测试中任意部位出现疼痛感

统计信息

信度数据相关内容见第90页。

注意事项

▪ 这个测试结果不佳可能由多种原因引起:受试者腘绳肌的柔韧性不足(见第5章),或对侧髋关节灵活性不足。其中,对侧髋关节灵活性不足是由与骨盆前倾相关的髂腰肌柔韧性不足所致。

▪ 根据功能动作筛查的开发者的观点,得2分表示受试者可能存在轻微不对称的髋关节活动受限或单侧肌肉紧张。

▪ 如果受试者得1分或0分,则表示其髋关节灵活性严重受限。

▪ 对于得3分以下的受试者,建议进行被动和动态的腘绳肌柔韧性训练及热身训练。

▪ 有关纠正性训练的具体建议或其他信息,请参阅库克等人(Cook et al., 1998)的研究或FMS官方网站。

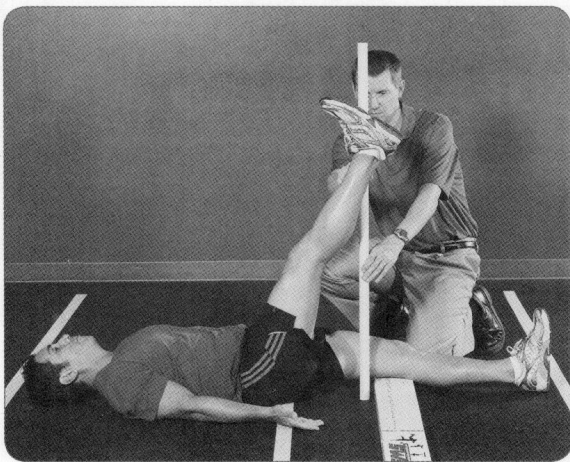

躯干稳定性俯卧撑评估

▶ **目的:** 在闭链上身动作过程中,可以评估受试者稳定脊椎前后平面的能力。躯干稳定性俯卧撑测试用于评估在上肢进行对称运动时,矢状面上躯干的稳定性。

▶ **器材:** 无。

测试步骤

1. 受试者俯卧在地面上,双手分开撑于地面适当的位置,膝关节完全伸展。

2. 测试者指导受试者从起始姿势开始完成一个俯卧撑。

3. 测试者指导受试者整体抬升身体,注意观察腰椎有无"滞后"现象。

4. 如果受试者以这个姿势无法完成一个俯卧撑,那么让其将手后移到适当的位置,重新进行评估。

5. 此测试最多重复次数为3次。

数据分析和解释

分数	评分标准(Cook et al., 1998)
3分	● 男性能够完成1次双手拇指与前额在一条直线上的动作 ● 女性能够完成1次双手拇指与下颌在一条直线上的动作
2分	● 男性能够完成1次双手拇指与下颌在一条直线上的动作 ● 女性能够完成1次双手拇指与锁骨在一条直线上的动作
1分	● 男性无法完成1次双手拇指与下颌在一条直线上的动作 ● 女性无法完成1次双手拇指与锁骨在一条直线上的动作
0分	● 测试中任意部位出现疼痛感

统计信息

信度数据相关内容见第90页。

注意事项

■ 受试者即使得了3分,在完成俯卧撑测试后,也应进行针对腰椎伸展的排除性筛查。这可以通过俯卧后撑起上身来完成。

■ 这个测试结果不佳可简单地归因于躯干稳定肌的稳定性较差(Cook et al., 1998)。

■ 根据功能动作筛查开发者的观点,得2分表示躯干稳定性存在轻微到中度的受限。

■ 如果受试者得1分或0分,则表示躯干稳定性可能存在严重的受限。

■ 有关纠正性训练的具体建议或其他信息,请参阅库克等人(Cook et al., 1998)的研究或FMS官方网站。

旋转稳定性评估

▶ **目的:** 通过完成成复合性上下肢动作,评估多平面下的躯干稳定性。

▶ **器材:** 2英寸×6英寸的测试板。

测试步骤

1. 受试者呈手膝跪撑姿势,双侧肩关节、髋关节、膝关节屈曲90度,踝关节保持背屈。

2. 测试者将测试板放在受试者双膝和双手之间,使双膝、双手与测试板充分接触。

3. 测试者指导受试者抬起一侧手臂,伸展同侧髋关节和膝关节(姿势1)。

4. 受试者要尽量使抬起的腿和手臂与测试板平行。

5. 测试者指导受试者屈曲抬起侧的肘关节和膝关节,使二者接触(姿势2)。

6. 两侧都进行此测试,并且最大重复次数为3次。

7. 如果受试者没有得到3分,则让受试者用相对的肩关节和髋关节按上述方式进行对角线动作。

姿势1

姿势2

数据分析和解释

分数	评分标准(Cook et al., 1998)
3分	• 受试者完成1次同侧动作时,能够保持抬起的腿和手臂与测试板平行 • 膝关节和肘关节二者相接触时与测试板平行
2分	• 在受试者完成1次对角线动作时,能够保持躯干与测试板平行 • 膝关节和肘关节在与测试板平行的直线上,且二者相接触
1分	• 受试者无法完成1次对角线动作
0分	• 受试者无法做出正确姿势,并且在测试中任意部位出现疼痛感

统计信息

信度数据相关内容见第90页。

注意事项

■ 这个测试结果不佳可简单地归因于躯干的稳定性较差(Cook et al., 1998)。

■ 根据功能动作筛查开发者的观点,得2分表示受试者的躯干稳定性轻微或中度受限。

■ 如果受试者得1分或0分,则表示躯干稳定性可能严重受限。

■ 即使受试者得3分,也应在完成此测试之后进行针对腰椎屈曲的排除性筛查。这可以通过做出手膝跪撑姿势,并将骨盆压在脚后跟上完成。

■ 有关纠正性训练的具体建议或其他信息,请参阅库克等人(Cook et al., 1998)的研究或FMS官方网站。

（上接第90页）完全一致。评分者之间所有7个测试的卡帕系数平均值为0.90，即几乎完全一致（Sim & Wright, 2005）。

功能动作筛查的7项动作分别是深蹲、跨栏架步、直线弓箭步、肩关节灵活性、主动直腿抬高、躯干稳定性俯卧撑和旋转稳定性。第276页展示了相应的功能动作筛查得分表，你可以根据实际用途来选择需要的得分表并使用。

表6.1

头部和颈部屈肌

肌肉	肌肉起点	肌肉止点	作用	神经支配
头部屈肌				
头前直肌	C1横突	枕骨	枕骨与寰椎关节稳定、头部屈曲	C1~C2
头外侧直肌	C1横突	枕骨	枕骨与寰椎关节稳定、头部侧屈	C1~C2
头长肌	C3~C6横突	枕骨	头部和颈椎上部屈曲	C1~C3
次要肌肉	舌骨上肌：下颌舌骨肌、茎突舌骨肌、颏舌骨肌、二腹肌			
颈部屈肌				
胸锁乳突肌	乳突和上颈线外侧	胸骨头：胸骨柄前缘 锁骨头：锁骨内上缘	颈部屈曲、同侧侧屈、对侧旋转	副神经脊髓根 C2~C3
颈长肌	C3~C5横突、C5~T3椎体、T1~T3椎体	C1前弓、C2~C4椎体、C5~C6横突	颈部屈曲和可能的侧屈	C2~C6
前斜角肌	C4~C6横突前结节	第一肋骨（前斜角肌结节）	第一肋骨上提、同侧侧屈、对侧旋转	C4~C6
次要肌肉	中斜角肌、后斜角肌 舌骨下肌：胸骨甲状肌、甲状舌骨肌、胸骨舌骨肌、肩胛舌骨肌			

表6.2

伸髋肌

肌肉	肌肉起点	肌肉止点	作用	神经支配
臀大肌	后臀线后面的髂骨翼外侧面、骶髂背侧韧带和骶结节韧带、骶骨背侧面	髂胫束、股骨臀肌粗隆	髋关节伸展、外旋、外展（上部）和内收（下部）	臀下神经 L5~S2
竖脊肌	髂嵴、骶骨，伸肌腱膜中间部分	第六到第十二肋骨下缘，第三到第十二肋骨和邻近的脊椎横突	双侧动作：躯干伸展 单侧动作：躯干向同侧侧屈	相应区域的脊神经后支
半腱肌	坐骨结节	胫骨近端内侧面	髋关节伸展，膝关节屈曲、内旋	坐骨神经：胫骨支 L4~S2

续表

肌肉	肌肉起点	肌肉止点	作用	神经支配
半膜肌	坐骨结节	胫骨内侧髁	髋关节伸展，膝关节屈曲、内旋	坐骨神经：胫骨支L4~S2
股二头肌	长头：坐骨结节短头：股骨粗线和外侧肌间隔	腓骨外侧头和胫骨外侧髁	髋关节伸展（长头），膝关节屈曲、外旋	坐骨神经：胫骨支连接至长头（L5~S3）、腓骨支连接至短头（L5~S2）
腰大肌	腰椎椎体和横突	股骨小转子	髋关节屈曲、轻微外旋	L1~L4

表6.3

髋外展肌和髋内收肌

肌肉	肌肉起点	肌肉止点	作用	神经支配
臀中肌	前后臀沟线之间的髂骨外侧面	股骨大转子	髋关节外展、内旋和屈曲（前部）及外旋和伸展（后部）	臀上神经L5~S1
耻骨肌	耻骨上支	股骨小转子远端	髋关节屈曲和内收	股神经
长收肌	耻骨结节	股骨粗线内侧唇	髋关节屈曲和内收	闭孔神经
股薄肌	耻骨下支、坐骨支	胫骨近端并刚好在内侧髁远端的内侧面上	髋关节内收，膝关节屈曲、内旋	闭孔神经
短收肌	耻骨体和耻骨下支	股骨、耻骨肌线和股骨粗线内侧唇	髋关节屈曲和内收	闭孔神经
大收肌	耻骨下支、坐骨支、坐骨结节	股骨粗线（前部）、股骨内侧髁（后部）	髋关节内收、屈曲（前部）和伸展（后部）	闭孔神经（前部）、坐骨神经（后部）
阔筋膜张肌	髂前上棘	髂胫束	髋关节屈曲、内旋和外展	臀上神经L4~S1
腰方肌	髂嵴内侧	第十二肋骨、下腰椎	脊柱向外屈曲；固定在第十二肋骨，为横膈膜收缩形成稳定的基础	T12和L1~L3分支
梨状肌	骶骨（骨盆表面）	股骨大转子	髋关节外旋、外展	S1和S2腹侧支

表6.4

躯干屈肌

肌肉	肌肉起点	肌肉止点	作用	神经支配
腹直肌	第五到第七肋骨软骨和胸骨剑突	耻骨联合和耻骨嵴	上身弯曲	T6~T12腹侧支
腹内斜肌	第十到第十二肋骨下缘、腹白线和耻骨	胸腰筋膜、髂嵴、腹股沟韧带	上身弯曲、旋转	T6~L1腹侧支
腹外斜肌	第五到第十二肋骨外侧部分	髂嵴前部、腹白线和耻骨结节	上身弯曲、旋转	T6~T12腹侧支和肋下神经
腹横肌	第七到第十二肋骨软骨内侧面、胸腰筋膜、髂嵴、腹股沟韧带外侧面	腹白线、耻骨和耻骨嵴	支撑腹部内脏，增加腹内压力	T6~L1腹侧支
竖脊肌	髂嵴、骶骨，伸肌腱膜中间部分	第六到第十二肋骨下缘，第三到第十二肋骨和邻近的脊椎横突	双侧动作：上身伸展单侧动作：躯干向同侧侧屈	相应区域的脊神经后支
腰大肌	腰椎椎体和横突	股骨小转子	髋关节屈曲、轻微外旋	L1~L4

第7章

平衡性测试

平衡性指一个人将身体重心置于支撑面之内，在直立时保持自身平衡的能力。平衡性也指控制身体做动作的能力。平衡性有时可用"本体感觉""动觉"等术语描述，但其实每一个术语都有自身特定的含义。尽管这些术语没有明确的定义，但是本体感觉和动觉通常是指中枢神经系统感知特定身体部位在空间内的位置和动作的能力（Sherrington, 1906；Madey et al., 1993；Fredericks, 1996；Gillquist, 1996）。本体感觉和

动觉比平衡性更难测试，并且相关测试通常需要更复杂的检测设备。

因为影响平衡性的因素有很多，所以平衡性测试基本是在承重的情况下完成的，且需要受试者整合所有动力链（躯干、髋关节、膝关节和踝关节）。由于进行本体感觉和动觉测试往往需要更复杂，甚至更昂贵的设备，因此本章主要关注与下肢相关的平衡性测试。

单腿站姿测试

▶ **目的：** 评估单腿的平衡能力。

▶ **器材：** 秒表、纸和笔。

测试步骤

1. 测试者让受试者脱掉鞋子，并将双手放在髋关节上，或者双臂交叠放在身体前侧。

2. 测试者指导受试者将非支撑腿抬离地面。受试者应确保非支撑腿不影响支撑腿。

3. 给受试者一分钟的练习时间。

4. 在受试者非支撑腿离开地面时，用秒表开始计时。

5. 为安全起见，测试者可以站在受试者身后，以防其失去身体平衡。

6. 受试者发生以下任意情况则终止测试：双手离开髋关节，支撑腿发生任何方向的转动或移动（单腿跳出），非支撑脚碰到支撑腿。

7. 将受试者保持平衡的总时长作为其分数。

数据分析和解释

以3次测试中最好的分数作为测试结果。两侧都进行评估，并进行比较。

统计信息

对30个进行物理治疗的患者进行重复测试，测试者间的信度为0.905（卡帕系数）。

静态平衡单脚站立测试

▶ **目的：** 评估前脚掌的平衡能力。

▶ **器材：** 秒表、纸和笔。

测试步骤

1. 测试者让受试者脱掉鞋子，双手放在髋关节上。

2. 让受试者将非支撑脚放在支撑腿的膝关节内侧。

3. 给受试者一分钟的练习时间。

4. 让受试者抬起支撑腿的脚后跟，用前脚掌保持平衡。

5. 受试者支撑腿的脚后跟从地面上抬起时，用秒表开始计时。

6. 为安全起见，测试者站在受试者身后，以防其失去身体平衡或后倾。

7. 受试者发生以下任意情况则终止测试：双手离开髋关节，支撑腿发生任何方向的转动或移动（单腿跳出），非支撑脚离开另一条腿的膝关节，支撑腿的脚后跟接触地面。

8. 将受试者保持平衡的总时长作为其分数。

数据分析和解释

以 3 次测试中最好的分数作为测试结果。两侧都进行测试，并进行比较。

统计信息

多个研究都评估了单脚站立测试的信度。约翰逊和纳尔逊（Johnson & Nelson, 1986）使用不同方式进行了该测试，结果显示该测试的信度为 0.87。阿特沃特等人（Atwater et al., 1990）称，受试者睁开双眼和闭上双眼进行测试，左右脚测试的信度都达到中高水平。阿格伯格等人（Ageberg et al., 1998）评估了与单脚站立测试相关的变量，得出了一个结论：其与单腿跳测试的表现高度相关（$r=0.73{\sim}0.95$）。

四方形跨步测试

▶ **目的:** 惠特尼等人（Whitney et al., 2007）介绍，四方形跨步测试旨在确定平衡性和前庭功能障碍。该测试包含快速向后、向前和向侧面做跨步动作，前庭障碍患者可能很难完成这些动作。

▶ **器材:** 4根手杖或木棒、秒表、纸和笔。

测试步骤

1. 测试者将4根手杖或木棒放在地面，使其互相垂直（类似于"+"号）。
2. 让受试者穿鞋站在一个方形内，正对前面的方形。
3. 指导受试者在"+"号内沿顺时针方向移动，先向前，然后向右，接着向后，再向左移动。
4. 指导受试者再沿逆时针方向移动。
5. 受试者应确保双脚都接触到每个方形的地面。
6. 指导受试者尽可能快地按顺序完成动作，并且不碰到手杖或木棒。
7. 让受试者在整个动作过程中始终面向前方。
8. 记录受试者完成测试的时间，并将其作为分数。

数据分析和解释

以3次测试中最好的分数作为测试结果。

统计信息

据研究，四方形跨步测试的评分者间信度的相关系数为0.99。以超过15秒作为临界分值时，敏感性得分为89%；对于没有多次跌倒的受试者，其特异性得分为85%，在社区中生活的成年人跌倒史的阳性预测值为86%（Dite & Temple, 2002）。

受试者始终面对的方向

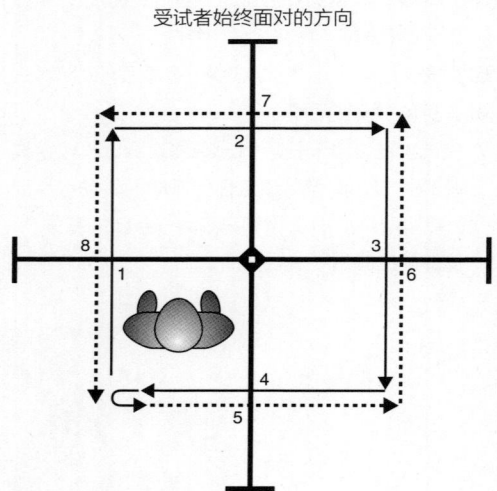

侧向跨步测试

▶ **目的：** 通过确定受试者侧向跨步的距离来评估其平衡性。侧向跨步需要受试者具有相当好的平衡和协调能力。

▶ **器材：** 彩色胶带、卷尺。

测试步骤

1. 测试者指导受试者站在起始位置，双腿和双脚并拢踩线。原则上，在这个位置双脚是相互接触的。

2. 让受试者侧向跨4步，并使跨步距离尽可能长。

3. 指导受试者不能用手臂支撑身体，不出现跳跃动作。

数据分析和解释

▪ 测量侧向跨步距离，并用移动的总距离除以侧向跨步数。

▪ 为了标准化最大侧向跨步长度，可以用移动的总距离除以腿长（髂前上棘与内踝之间的距离）。

统计信息

藤泽和武田（Fujisawa & Takeda, 2006）将28名偏瘫患者（17名左侧偏瘫，11名右侧偏瘫）作为受试者，研究了侧向跨步测试和几个常用的平衡性和灵活性测试的相关性。他们发现，最大侧向跨步长度与最大步行速度，以及最大侧向跨步长度与步幅长度之间高度线性相关（$P<0.01$）。这个测试的皮尔逊相关系数为0.84和0.89，而最大侧向跨步长度和单脚站立时间之间存在非线性正相关关系。虽然没有提出确切的信度数据，但藤泽和武田（Fujisawa & Takeda, 2006）得出了很高的重测信度，他们认为这有助于提高这项测试在临床上的普及程度。

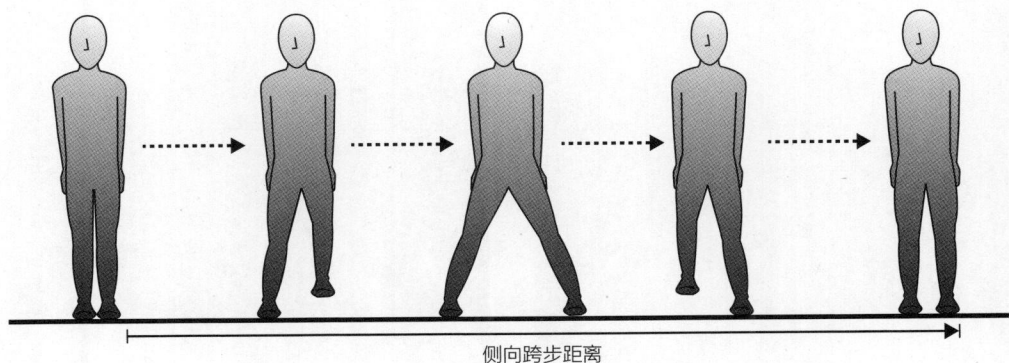

侧向跨步距离

星形偏移平衡测试

▶ **目的：** 确定受试者在动态测试中的平衡能力和姿势控制能力。该测试旨在检测与下肢病理相关的功能性表现缺陷。它使用8个方向的一系列下肢伸展任务来确定受试者的姿势控制能力、力量、活动范围和本体感觉能力。

▶ **器材：** 功能性测试网格。

测试步骤

1. 测试者指导受试者用一侧下肢完成伸展任务，同时另一侧下肢保持身体平衡。

2. 指导受试者从功能性测试网格中心以45度的增量向8个不同的方向伸展。

3. 指导受试者将脚尖伸展到尽可能远的位置。

4. 指导受试者在保持身体直立的情况下，伸展到尽可能远的位置时，不使用伸展腿提供支撑。

5. 指导受试者在保持平衡的情况下，在每次伸展后回到身体直立姿势。

6. 指导受试者将支撑脚保持在起始位置，不产生任何位移。

7. 惯用侧和非惯用侧都应进行此测试。

数据分析和解释

■ 此测试将伸展的距离作为分数。分数越高，表示平衡性越好，力量越强，活动范围越大，本体感觉越好。

■ 若两侧得分存在差异，这表明如果一侧肢体想要够得更远，则需要具备比对侧肢体更高水平的姿势控制能力、力量、活动范围和本体感觉能力。

统计信息

■ 第117页的表7.1列出了星形偏移平衡测试的信度。

伸展到前方

伸展到内侧

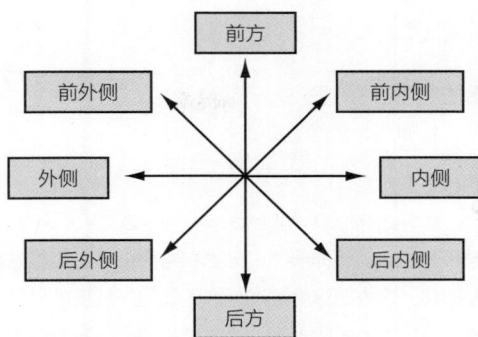

右腿伸展方向

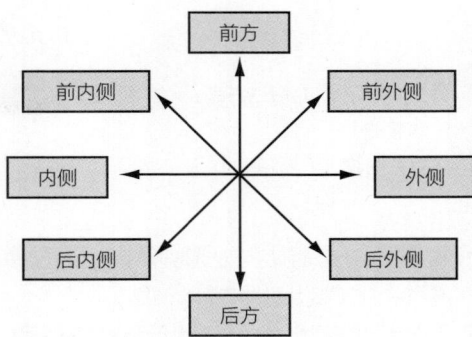

左腿伸展方向

- 赫特尔等人（Hertel et al., 2000）最初建议该测试进行9次试验，因为他们发现这8个伸展动作中的4个存在学习效应，且受试者在进行第7~9次试验时，伸展的距离最远。而最近，鲁宾逊和格里布尔（Robinson & Gribble, 2008）却提出试验次数需要减少。他们对20名受试者的研究表明，对于大多数测试，最长的伸展距离都发生在前4次的试验中。因此，他们建议将测试的试验次数从9次减少到4次，从而达到简化测试的目的。

- 奥姆斯特德等人（Olmsted et al., 2002）发现，对于患有单侧慢性踝关节不稳定的受试者，将其健侧肢体和对照组的同侧相比，其患侧的伸展距离明显更短。他们认为，星形偏移平衡测试结果应取8个方向伸展距离的平均值。

- 格里布尔和赫特尔（Gribble & Hertel, 2003）

的研究表明，无论受试者是否患有慢性踝关节不稳定，下肢疲劳时测试成绩都会降低。

- 赫特尔等人（Hertel et al., 2006）在评估患有慢性踝关节不稳定的受试者的变化时，简化了星形偏移平衡测试。他们确定，患有单侧慢性踝关节不稳定的受试者的患侧，与其健侧肢体或对照组的同侧相比，向前内侧、内侧和后内侧方向伸展的距离明显更短。他们建议，向前内侧、内侧和后内侧伸展的距离可在临床上用于测试功能性平衡和伸展障碍，足以代替之前提到的8个方向的测试。

- 皮利斯凯等人（Plisky et al., 2006）最近使用逻辑回归模型分析发现，双侧下肢向前的伸展距离相差大于4厘米的高中篮球运动员，下肢损伤风险会提高1.5倍；综合伸展距离小于肢体长度94%的女孩，下肢损伤风险会提高5.5倍。

功能性伸展测试

▶ **目的：** 确定受试者在保持躯干稳定时上肢的功能性伸展能力。

▶ **器材：** 直尺。

测试步骤

1. 测试者指导受试者尽可能远地伸展其上肢（肩关节屈曲约90度，肘关节完全伸展）。

2. 将直尺固定在墙上，使其下缘与受试者肩峰保持在一条水平线上，以便测量伸展距离。

3. 测量伸展距离，即手指指尖从起始位置到结束位置的位移距离。

数据分析和解释

将伸展距离作为分数。

统计信息

约翰逊等人（Johnson et al., 2002）认为，老年人的功能性伸展测试分数和重心位移变化量低度相关，这表明这个测试或许不能很好地反映受试者的稳定性的极限水平。受试者的伸展距离只能用于解释重心位移变化量的15%（r^2=0.15），而其余85%的变化量则是其他因素造成的。这意味着伸展任务可能受其他因素影响，如躯干的移动。

Romberg 测试

▶ **目的：** 评估身体平衡能力。

▶ **器材：** 无。

测试步骤（Anderson et al., 2000；Starkey & Ryan, 2003）

1. 测试者指导受试者呈站立姿势，双脚并拢，双臂垂于两侧，双眼闭合，同时保持身体平衡。

2. 测试者可以使用这个测试的变化形式：受试者双臂外展90度，头部后倾，单腿站立，双腿站立，一侧手指触鼻。

数据分析和解释

身体任何的晃动都表明失去了平衡。严重的不稳定可能表明受试者存在小脑功能障碍。

统计信息

还没有关于这一测试的信度和效度数据。

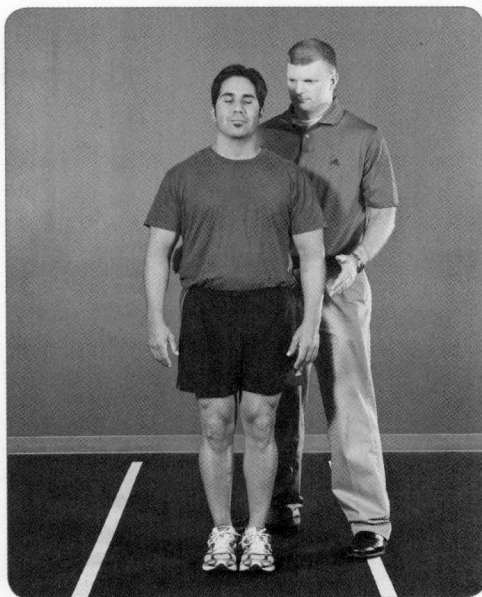

Romberg 测试

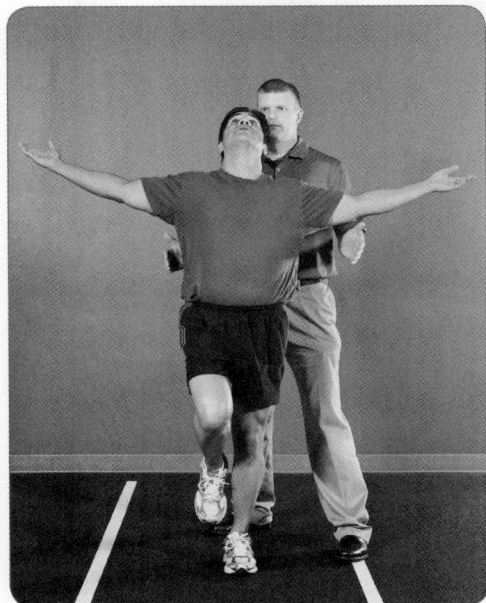

Romberg 测试变化形式 1

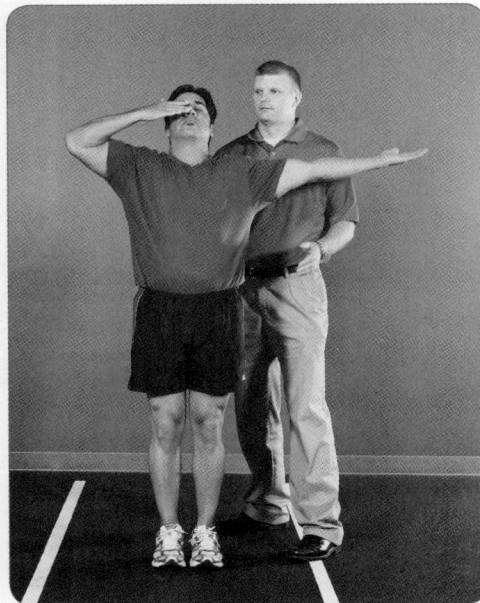

Romberg 测试变化形式 2

串联行走测试

▶ **目的：** 评估平衡能力。

▶ **器材：** 彩色胶带。

测试步骤（Starkey & Ryan, 2003）

1. 测试者指导受试者双脚前后开立，站于一条直线上。

2. 让受试者沿着直线向前走，一只脚的脚尖挨着另一只脚的脚后跟一直走大约10米的距离。

3. 指导受试者以相同的方式向后走，回到起始位置。

数据分析和解释

身体任何的晃动都表明失去了平衡。严重的不稳定可能表明受试者存在小脑或内耳功能障碍。

统计信息

还没有关于这一测试的信度和效度数据。

Tinetti 测试

▶ **目的：** 确定受试者的步态和平衡能力。

▶ **器材：** 一把无扶手的椅子。

测试步骤（Tinetti，1986）

1. 对于测试平衡性的部分，测试者让受试者坐在椅子上，再让他站起来。

2. 测试者根据第277页的Tinetti平衡性评估表，对受试者的平衡性进行评分。

3. 对于测试步态的部分，测试者指导受试者站立，沿着走廊行走，或者以"正常速度"穿过房间，然后以"快速而安全"的速度返回。

4. 测试者使用第278页的Tinetti步态评估表，对受试者的步态进行评分。

数据分析和解释

评分使用从0~2分的3分等级量表。得0分等同于"严重损伤"，得2分等同于受试者能够独立完成动作。总共有3种不同的测试得分：（1）平衡能力得分；（2）步态得分；（3）平衡能力和步态综合得分。而平衡能力得分最高为16分，步态得分最高为12分。平衡能力和步态综合得分最高为28分：受试者的得分低于19分，表示其跌倒的风险较高；受试者的得分为19~24分，则表示其有一定的跌倒可能性。

统计信息

无可用数据。

平衡误差评分系统

▶ **目的：** 评估姿势可能存在问题的受试者的姿势控制能力。这个评分系统原本用于评估运动员因伤下场时的颅脑损伤情况。

▶ **器材：** 坚硬的表面、柔软的表面（泡沫垫）、秒表。

测试步骤

该测试由6个持续时间为20秒的测试组成，包括在坚硬表面上进行的双腿、单腿和串行（脚后跟—脚尖）步态测试，然后在柔软的表面上重复上述动作。

1. 测试者指导受试者在坚硬的表面上进行双腿步态测试，然后再进行单腿和串行步态测试。

2. 指导受试者在柔软的表面（如尺寸为46厘米×43厘米×13厘米的中等密度的泡沫垫）上，以相同的顺序进行同样的测试。

3. 指导受试者呈站立姿势，双手放在髂嵴上，头朝上，面朝前，双眼闭合。

4. 出现以下情况则计为错误。
   - 受试者睁眼。
   - 受试者移步、被绊倒或从测试位置跌落。
   - 受试者的双手离开髋关节。
   - 受试者的髋关节屈曲或外展超过30度。
   - 受试者的脚尖或脚后跟离开测试位置。
   - 受试者离开测试位置长达5秒。

5. 如果受试者失去了平衡，测试者应指导其做必要的调整，尽可能快地回到测试姿势。

6. 指导受试者保持平衡，不要出现任何错误。

数据分析和解释

▪ 用秒表定时20秒，在此过程中记录下受试者出现的错误。

▪ 进行这6个测试中的每一个的过程中都可能发生一些错误，最少错误次数为0次，最多错误次数为10次。受试者的测试总分数是各测试的错误次数之和。

▪ 高分数可能与姿势控制能力下降有关。

统计信息

▪ 多个研究表明，该测试的评分者间信度范围为0.78~0.96（Riemann & Guskiewicz, 2000; Valovich et al., 2004）。

▪ 针对普通受试者的平衡误差评分系统和精密的测力台测试高度相关（Riemann & Guskiewicz, 2000）。这仅意味着平衡误差评分系统可以用于评估临床上的一些情况，并且可以帮助测试者获得与使用昂贵的计算机设备类似的结果。里曼和古斯凯维斯（Riemann & Guskiewicz, 2000）扩展了这一概念，评估了平衡误差评分系统用于检测轻度颅脑损伤的受试者急性姿势稳定性变化的作用。受试者分别在受伤后的第1、3、5、10天进行了平衡性评分系统测试。测试结果论证了刚发生轻度颅脑损伤的受试者，与经历了3天伤后控制的受试者相比，其姿势的不稳定性显著增强。

▪ 奥纳特等人（Onate et al., 2007）评估了环境对受试者的平衡性评分系统测试得分的影响程度。进行这个测试是为了评估受试者姿势的稳定性，而奥纳特等人想要观察在其他场合中受试者的得分是否会有所不同，比如实验室环境。他们发现，在不同的测试环境下，如在单腿站立于泡沫垫的测试环境中，组平均差显著（$P=0.001$）；不受控的边线环境中的得分（7.33±2.11次错误），高于受控的临床环境中的得分（5.19±2.16次错误）。此外，他们还发现了单腿站立于泡沫垫、双脚前后站立于泡沫垫的平衡误差评分系统总分之间的相关系数为中等到极强（0.53~1.03），与临床环境相比，在场边环境中的评分会相对增加（更差的分数）30%~44%。

多次单腿跳稳定性测试

▶ **目的：** 评估在多次单腿跳这一功能性动作中受试者的姿势控制能力和平衡性。

▶ **器材：** 彩色胶带。

测试步骤（Riemann et al., 1999）

1. 测试者用彩色胶带标记出11个方框，每个方框的面积为2.5平方厘米，方框位置及间距见下方图表。

2. 向受试者说明测试顺序。

3. 在测试前，允许受试者用每条腿进行几次单腿跳稳定性练习。

4. 让受试者呈站立姿势，测试侧脚完全覆盖起点方框，而非测试侧髋关节和膝关节轻微屈曲，以避免该侧脚与地面接触，并且双手放在两侧髂嵴上。

5. 允许受试者在跳到方框1之前，粗略地查看目标位置。

6. 要求受试者在落地时控制平衡，保持单腿站立姿势，双手保持在两侧髂嵴上，头部保持水平，面朝前方。

7. 一旦受试者达到平衡，测试者大声计时5秒，此为平衡期。在此期间，受试者必须保持姿势稳定，面朝前方，双手不能放下，非测试侧腿不能过度（>30度）屈曲、伸展或外展。

8. 在平衡期要结束的时候，允许受试者再次查看目标位置，单腿跳到下一个方框中，以此类推，最后受试者在规定的位置落地。

9. 让受试者使用健侧腿进行单腿跳，休息一段时间后（受试者完全恢复），再用患侧腿进行测试。

数据分析和解释

■ 在一个阶段中如出现以下错误（无论是落地错误还是平衡错误），整个过程都被计为失败。

落地错误	平衡错误
没有跳进方框	非测试侧脚触地
落地时绊倒	非测试侧腿碰到测试侧腿
脚尖没有朝向前方，脚内翻或外翻10度	非测试侧腿过度屈曲、伸展或外展
双手离开髋关节	双手离开髋关节

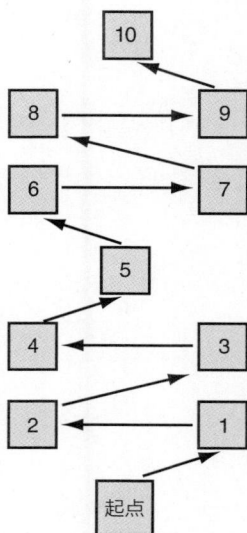

方框位置

方框间距

身高/厘米	斜向距离/厘米	横向距离/厘米
150~159.9	70	49
160~169.9	74	53
170~179.9	79	56
180~189.9	83	59
190~199.9	88	62
200~209.9	92	66

■ 计分时，每个阶段出现一次落地失误计10分，出现一次平衡失误计3分。

■ 失误分之和就是总分。

■ 对30名娱乐活动受试者（19名男性和11名女性，平均年龄：21.23）的评分如下（Riemann et al.,1999）。

   ● 平衡得分：7.3±5.9分。

   ● 落地得分：43.7±23.3分。

■ 注意：有几项研究表明，落地时膝关节屈曲度应大于30度，特别是女性测试者落地时，膝关节屈曲度较小，会相应增加其受伤的风险。

统计信息

■ 落地分数：组内相关系数为0.92，平均标准误差为0.57（Riemann et al., 1999）。

■ 平衡得分：组内相关系数为0.70~0.74，平均标准误差为0.55（Riemann et al., 1999）。

■ 有研究表明，该测试的改进版在检测慢性踝关节不稳定患者的功能性表现缺陷方面是可靠的。

   ● 不稳定的踝关节（$n=17$）：组内相关系数为0.91~0.97（Eechaute et al., 2008）。

   ● 健康的踝关节（$n=29$）：组内相关系数为0.87（Eechaute et al., 2008）。

表7.1

星形偏移平衡测试的信度

参考文献	测试者内信度	测试者间信度
Austin & Scibek, 2002	0.96	0.93
Hertel et al., 2000	0.85~0.96	0.81~0.93
Kinzey & Armstrong, 1998	0.67~0.87	未测试
Loudon et al., 2002	0.83	未测试
Manske & Andersen, 2004	0.94~0.98	未测试

第8章

有氧测试

有氧测试是使用多种测试方法来确定受试者的体能水平。体能水平的影响因素很多，如心肺功能等。进行有氧测试时，心血管的反应通常是将氧气和其他营养物质输送到正在使用的肌肉中。确定一个人的有氧能力最常见的方法之一是测量最大摄氧量（VO_2max）。麦卡德尔等人（McArdle et al., 2001）将最大摄氧量定义为一个人的有氧合成能力，它等同于一个人对高强度训练的耐受能力。通常，大多数健康的个体能持续进行4分钟的高强度训练。

本章所介绍的测试要求受试者在较长的一段时间内进行最大强度训练。在这些测试期间，尤其是在这些测试之后，受试者将非常疲劳。在测试期间和测试之后，安全性是最重要的考虑因素。如果受试者出现任何症状（如疼痛、轻微头晕、晕眩、恶心）或由于极度疲劳而无法继续进行测试，则测试者在大多数情况下应该终止测试。

1英里步行测试

▶ **目的:** 确定受试者的心肺功能(最大摄氧量)。这个测试采用了一种替代方法(而不是使用呼吸器或呼气设备)来确定受试者的最大摄氧量,即测量受试者在规定活动中的氧气消耗速率。

▶ **器材:** 1英里跑道或跑步机、秒表、心率监测器(选用)。

测试步骤(American Heart Association, 1990)

1. 受试者尽可能快地步行1英里,不能跑步。

2. 如果心率监测器不可用,则通过脉搏手动测量受试者的心率,并在测试完成后立即记录。

3. 将完成1英里步行所用的时间作为测试成绩。

数据分析和解释

用以下公式估算最大摄氧量:最大摄氧量[毫升/(千克·分)]=132.85−(0.077×以磅为单位的体重)−(0.39×年龄)+[6.32×性别系数(女性为0,男性为1)]−(3.26×以分为单位的时间)−(0.16×心率)。

第126页的表8.1和第127页的表8.2分别给出了女性和男性测试成绩(时间)的百分比等级。

统计信息

还没有关于此评估的信度和效度数据。

Rockport 行走测试

▶ **目的：** 确定受试者的心肺功能（最大摄氧量）。这个测试采用了一种替代方法（而不是使用呼吸器或呼气设备）来确定最大摄氧量，即测量受试者在规定活动中的氧气消耗速率。

▶ **器材：** 秒表、1英里跑道、心率监测器（选用）。

测试步骤（American College of Sports Medicine, 1995; D' Alonzo et al., 2006）

1. 测试者指导受试者尽可能快地在跑道上步行1英里。

2. 在受试者走完1英里后，立即用心率监测器（最好）或通过脉搏手动测量其心率并记录。

3. 记录走完1英里所用的时间。

数据分析和解释

女性的最大摄氧量通过以下公式计算：

最大摄氧量=139.168-（0.388×年龄）-（0.077×以磅为单位的体重）-（3.265×以分为单位的时间）-（0.156×心率）。

男性的最大摄氧量通过以下公式计算：

最大摄氧量=132.853-（0.0769×以磅为单位的体重）-（0.3877×年龄）+（6.318×1）-（3.249×1）-以分为单位的时间-（0.1565×心率）。

第128页的表8.3列出了此测试的标准值。

统计信息

■ Rockpot行走测试和跑步机测试间的同时效度为0.88（Kline et al., 1987）。

■ 重测信度：r=0.98（Kline et al., 1987）。

注意事项

这个测试更适合体能差的男性和女性，他们不能完成类似的跑步测试；而对于体能好的人来说这个测试过于容易。

Chester 台阶测试

▶ **目的:** Chester 台阶测试是利用多个阶段来检测心血管功能的测试,同时持续监测心率和自感用力度。

▶ **器材:** 节拍器、一个30厘米高的台阶、第279页的图形数据表。

测试步骤(Sykes, 1995)

1. 在开始测试之前,测试者与受试者一起熟悉测试流程。

2. 测试者指导受试者以每分钟登15次台阶的速度开始测试,一共测试2分钟。(等级一)

3. 记录受试者的心率和自感用力度。

4. 指导受试者将速度提升为每分钟登20次台阶,一共测试2分钟。(等级二)

5. 再次记录受试者的心率和自感用力度。

6. 继续以这种渐进的方式进行测试,直到受试者的心率值达到预期最大值(220−年龄)的80%。

数据分析和解释

■ 受试者最后所完成的等级即为测试得分。因此,如果受试者不得不在等级四中停止测试,那么等级三就是其得分。

■ 总的测试时间最长为10分钟(最高得分为等级五)。

■ 为预测有氧能力,测试者可在事先准备好的图形数据表上标出受试者的心率,在数据点间画出可视拟合线。将拟合线向上延长至纵轴的最大心率处,便可以从横轴上获得相应的有氧能力估计值[毫升/(千克·分)]。

统计信息

赛克斯和罗伯茨(Sykes & Roberts, 2004)发现,标准跑步机最大摄氧量能力测试和Chester台阶测试高度相关($r=0.92$)。

注意事项

如果受试者表现出过度疲劳或痛苦的迹象,或自感用力度大于15,测试者就应该停止测试。

20米往返跑测试

▶ **目的：** 确定受试者的心肺功能水平。

▶ **器材：** 彩色胶带或其他标记物、录音机或CD机。

测试步骤

1. 测试者设置路线，使用彩色胶带或其他标记物来指示起始线和20米线。

2. 告知受试者测试流程。受试者在路线上来回跑动，并在听到声音信号的同时触碰起始线或20米线（往返跑速度增加规则：起始速度为8.5千米/时，每分钟增加0.5千米/时）。

3. 启动录音机或CD机，指导受试者开始测试。

4. 在受试者不能跟上设定的速度时，停止测试。

数据分析和解释

录音机或CD机在最后阶段播报的速度或相对应的最大有氧速度，即为最大摄氧量指标。

统计信息

莱格尔等人（Leger et al., 1988）发现，20米往返跑测试在儿童（$r=0.89$）和成年人（$r=0.95$）中都具有一定的信度。

多阶段体能测试（20米往返跑、Yo-Yo测试）

▶ **目的：** 确定受试者的心肺功能水平。

▶ **器材：** 两个标记距离的锥桶、秒表、录音机或CD机。

测试步骤（Leger & Gadoury, 1989; Rams-bottom et al., 1988; Shvartz & Reibold, 1990）

1. 测试者在相隔20米的两端分别用一个锥桶做标记。

2. 指导受试者仔细听录音机或CD机发出的声音，并告知受试者以下测试注意事项。

   - 录音机或CD机发出哔哔声时，受试者应到达标记处。

   - 当下一次哔哔声响起时，受试者应到达另一端的标记处。

   - 因为两声哔哔声之间的时间间隔在逐渐缩短，所以受试者的跑步速度必须逐渐加快。

3. 启动录音机或CD机，并指导受试者开始测试。

4. 如果在哔哔声响起时受试者不能及时到达标记处，则测试者向其发出提醒；在受试者连续两次都不能及时到达标记处时，终止测试。

数据分析和解释

▨ 受试者的分数是在其终止测试时所完成的往返跑等级和次数。

▨ 根据录音机或CD机上给出的受试者测试分数，可以进行受试者最大摄氧量的计算，公式如下：最大摄氧量[毫升/（千克·分）]=3.46×{1×等级+[次数÷（等级×0.4325+7.0048）]}+12.2。

▨ 可以通过第128页的表8.4估算标准值。

▨ 第129页的表8.5给出了基于人数百分比（粗略估算）的体能等级。运动员在不同运动中的最大摄氧量如下。

   - 平均数：女性的最大摄氧量为35~43毫升/（千克·分），而男性的最大摄氧量为44~51毫升/（千克·分）。

   - 高于平均数：女性的最大摄氧量为44~48毫升/（千克·分），而男性的最大摄氧量为52~56毫升/（千克·分）。

统计信息

这个测试被发现能够准确地估算受试者的最大摄氧量（Brewer et al., 1988; Leger & Lambert, 1982）。

1.5 英里跑测试

▶ **目的：** 确定受试者的心肺功能水平。

▶ **器材：** 1.5 英里跑道或跑步机、秒表。

测试步骤

1. 测试者指导受试者沿着 1.5 英里的跑道，以最快速度奔跑。

2. 以分为单位记录时间。

数据分析和解释

■ 使用以下公式估算最大摄氧量 [毫升 /（千克·分）]:
最大摄氧量 =3.5+483÷ 时间。

■ 第 129 页的表 8.6 和表 8.7 显示了消防员聘用中 1.5 英里跑测试成绩的标准值。

统计信息

还没有关于此评估的信度和效度数据。

12 分钟跑测试

▶ **目的：** 确定受试者的心肺功能水平。这是另一种评估方式，不同于以完成固定距离的时间来评分的测试，该测试以固定时间内能完成的距离来评分。

▶ **器材：** 可测量的跑道或跑步机、秒表。

测试步骤（Hoffman, 2006）

1. 测试开始前测试者和受试者一起熟悉测试流程。测试者应告知受试者，测试期间如有必要可以选择走路或休息，但这会影响测试得分。

2. 测试者指导受试者在跑道上连续跑步 12 分钟，建议受试者在这 12 分钟内尽可能跑更远的距离。

3. 受试者开始测试时立即启动秒表，并在 12 分钟时停止计时。

数据分析和解释

■ 受试者在 12 分钟内跑过的距离即为其测试分数。

■ 使用以下公式估算最大摄氧量 [毫升 /（千克·分）]:
最大摄氧量 =0.0268×（以米为单位的距离）− 11.3。

统计信息

无可用数据。

表8.1

基于年龄和测试成绩（单位为分：秒）的女性1英里步行的百分比等级

百分位数	年龄/岁											
	6	7	8	9	10	11	12	13	14	15	16	≥17
100	8:36	8:04	8:00	6:11	6:26	7:07	6:22	5:42	5:00	5:51	5:58	6:20
95	10:06	9:30	9:10	8:21	8:07	8:06	7:35	7:21	7:20	7:25	7:26	7:22
90	10:29	10:05	9:45	9:07	8:49	8:40	8:00	7:49	7:43	7:52	7:55	7:58
85	11:20	10:36	10:02	9:30	9:19	9:02	8:23	8:13	7:59	8:08	8:23	8:15
80	11:37	10:55	10:20	10:03	9:38	9:22	8:52	8:29	8:20	8:24	8:39	8:34
75	12:00	11:17	10:55	10:22	10:08	9:44	9:15	8:49	8:36	8:40	8:50	8:52
70	12:12	11:25	11:20	10:45	10:19	10:04	9:36	9:09	8:50	8:55	9:11	9:15
65	12:20	11:45	11:38	10:58	10:42	10:24	10:05	9:30	9:09	9:09	9:25	9:33
60	12:31	12:20	11:53	11:13	10:52	10:42	10:26	9:50	9:27	9:23	9:48	9:51
55	12:45	12:39	12:10	11:32	11:00	11:00	10:44	10:07	9:51	9:37	10:09	10:08
50	13:12	12:56	12:30	11:52	11:22	11:17	11:05	10:23	10:06	9:58	10:31	10:22
45	13:56	13:21	12:46	12:13	11:40	11:36	11:23	10:57	10:25	10:18	10:58	10:48
40	14:14	13:44	13:07	12:24	11:58	12:00	11:47	11:20	10:51	10:40	11:15	11:05
35	14:45	14:04	13:31	12:48	12:08	12:21	12:01	11:40	11:10	11:00	11:44	11:20
30	15:09	14:32	13:56	13:19	12:30	12:42	12:24	12:00	11:36	11:20	12:08	12:00
25	15:27	14:55	14:21	13:44	13:00	13:09	12:46	12:29	11:52	11:48	12:42	12:11
20	16:10	15:12	14:53	14:07	13:29	13:44	13:35	13:01	12:18	12:19	13:23	12:40
15	16:45	16:00	15:19	14:57	14:00	14:16	14:12	14:10	12:56	13:33	14:16	13:03
10	17:36	16:35	15:45	15:40	14:30	14:44	14:39	14:49	14:10	14:13	16:03	14:01
5	19:00	17:27	16:55	16:58	15:43	16:07	16:00	16:10	15:44	15:17	18:00	15:14
0	21:40	22:19	20:40	24:00	24:00	21:02	24:54	20:45	20:04	24:07	21:00	28:50

（源自：The President's Challenge Physical Activity and Fitness Awards Program，a program of the President's Council on Physical Fitness and Sports，U.S. Department of Health and Human Services.）

表8.2

基于年龄和测试成绩（单位为分:秒）的男性1英里步行的百分比等级

百分位数	年龄/岁											
	6	7	8	9	10	11	12	13	14	15	16	≥17
100	6:18	7:41	6:30	6:50	6:24	6:29	6:03	5:40	4:30	4:42	4:49	4:46
95	8:54	8:31	8:00	7:48	7:10	6:56	6:43	6:25	6:01	5:50	5:40	5:35
90	9:41	5:56	8:28	8:14	7:39	7:17	6:57	6:39	6:13	6:07	5:56	5:57
85	10:15	9:22	8:48	8:31	7:57	7:32	7:11	6:50	6:26	6:20	6:08	6:06
80	10:32	9:43	9:00	8:47	8:08	7:45	7:25	7:00	6:33	6:29	6:18	6:14
75	10:53	10:02	9:23	9:04	8:19	8:00	7:41	7:11	6:45	6:38	6:25	6:23
70	11:17	10:20	9:38	9:12	8:37	8:14	7:56	7:20	6:59	6:48	6:33	6:32
65	11:41	10:34	9:56	9:30	8:59	8:27	8:05	7:29	7:09	6:57	6:44	6:40
60	12:00	10:55	10:15	9:47	9:11	8:45	8:14	7:41	7:19	7:06	6:50	6:50
55	12:20	11:19	10:39	10:07	9:29	9:01	8:25	7:55	7:29	7:16	6:58	6:57
50	12:36	11:40	11:05	10:30	9:48	9:20	8:40	8:06	7:44	7:30	7:10	7:04
45	13:00	11:56	11:27	10:46	10:10	9:46	8:58	8:17	7:59	7:39	7:20	7:14
40	13:39	12:17	11:55	11:03	10:32	10:07	9:11	8:35	8:13	7:52	7:35	7:24
35	14:11	12:50	12:08	11:20	10:58	10:25	9:40	8:54	8:30	8:08	7:53	7:35
30	14:48	13:23	12:30	11:44	11:14	10:54	10:00	9:10	8:48	8:29	8:09	7:52
25	15:12	13:49	12:54	12:08	11:40	11:25	10:22	9:23	9:10	8:49	8:37	8:06
20	15:34	14:16	13:23	12:33	12:15	12:00	10:52	10:02	9:35	9:05	8:56	8:25
15	16:30	15:00	14:10	12:59	13:07	12:29	11:30	10:39	10:18	9:34	9:22	8:56
10	17:25	16:12	14:57	13:52	13:50	13:08	12:11	11:43	11:22	10:10	10:17	9:23
5	18:12	17:43	16:08	15:01	14:47	14:35	13:14	12:47	12:11	11:25	11:49	10:15
0	22:05	21:20	22:40	19:40	23:00	23:32	23:05	24;12	18:10	21:44	20:15	16:49

（源自: The President's Challenge Physical Activity and Fitness Awards Program, a program of the President's Council on Physical Fitness and Sports，U.S. Department of Health and Human Services.）

表8.3

Rockport行走测试的标准值（单位为分：秒）

年龄：30~69岁		
等级	男性（n=151）	女性（n=150）
优秀	<10:12	<11:40
良好	10:13~11:42	11:41~13:08
高于平均数	11:43~13:13	13:09~14:36
低于平均数	13:14~14:44	14:37~16:04
合格	14:45~16:23	16:05~17:31
不合格	>16:24	>17:32
年龄：18~30岁		
百分位数	男性（n=400）	女性（n=426）
90	11:08	11:45
75	11:42	12:49
50	12:38	13:15
25	13:38	14:12
10	14:37	15:03

[源自：J. R. Morrow et al., 2005, *Measurement and evaluation in human performance*, 3rd ed. (Champaign, IL: Human Kinetics), 235.]

表8.4

心肺功能等级：最大摄氧量[单位为毫升/（千克·分）]

年龄/岁	不合格	合格	良好	优秀	特别优秀
女性					
20~29	≤35	36~39	40~43	44~49	≥50
30~39	≤33	34~36	37~40	41~45	≥46
40~49	≤31	32~34	35~38	39~44	≥45
50~59	≤24	25~28	29~30	31~34	≥35
60~69	≤25	26~28	29~31	32~35	≥36
70~79	≤23	24~26	27~29	30~35	≥36
男性					
20~29	≤41	42~45	46~50	51~55	≥56
30~39	≤40	41~43	44~47	48~53	≥54
40~49	≤37	38~41	42~45	46~52	≥53
50~59	≤34	35~37	38~42	43~49	≥50
60~69	≤30	31~34	35~38	39~45	≥46
70~79	≤27	28~30	31~35	36~41	≥42

[源自：The Cooper Institute, 1997, *The physical fitness specialist manual* (Dallas，TX: The Cooper Institute for Aerobics Research).]

表8.5

基于人数百分比的体能等级

类别	人数百分比
优秀	3
很好	8
良好	22
平均水平	34
合格	22
不合格	8
很差	3

表8.6

消防员聘用中1.5英里跑测试成绩（单位为分∶秒）的百分比等级

成绩	百分位数								
	90	80	70	60	50	40	30	20	10
时间	11∶31	12∶32	13∶14	13∶58	14∶40	15∶20	15∶55	16∶55	17∶00

[源自：R. J. Hoffman and T. R. Collingwood，2005, *Fit for duty*, 2nd ed. (Champaign, IL: Human Kinetics).]

表8.7

消防员聘用中1.5英里跑测试标准合格成绩（单位为分∶秒）

性别	年龄			
	20~29岁	30~39岁	40~49岁	50~59岁
女	15∶56	15∶57	16∶58	17∶54
男	12∶51	13∶36	14∶29	15∶26

[源自：J. Hoffman, 2006, *Norms for fitness, performance，and health* (Champaign, IL, Human Kinetics)，76.]

第9章

力量和爆发力测试

力量和爆发力可以从多个方面进行评估。尽管力量可能存在多种定义，但是最合适的定义可能是"一块肌肉或一个肌群以特定的速度在特定的动作中产生的最大的力"（Knuttgen & Kraemer, 1987）。爆发力指肌肉做功的速率，或等于产生的力除以产生该力所用的时间。因此，决定爆发力的一个重要因素是产生力所需的时间。增强爆发力只有两个途径：（1）加快动作速度；（2）以相同或更快的速度举起更大的重量。一次最大重复（one-repetition maximum，1RM）举重是反映一般性力量的指标，而非爆发力。原因在于，在此形式下举起的重量是最大的重量，虽然重量通常是尽可能快地举起，但时间因素对于力的产生来说并不重要。举重所花的

时间通常比产生爆发力需要的时间长很多。

尽管关于爆发力的最佳训练负荷还存在争议，但在对比训练负荷的基础上，人们最初普遍接受的观点是：较低负荷（尤其是采用一次最大重复的30%）配合较高速度，可以产生最大的爆发力（Häkkinen et al., 1985；Toji et al., 1997）。另据报道，最大爆发力输出发生在负荷为一次最大重复的10%（Stone et al., 2003）到70%（Baker et al., 2001）的范围内。尽管关于产生最大的爆发力的最佳负荷存在很大的不一致，但人们普遍认为，受试者仍需要以力量为基础，才能迅速地产生爆发力。在本章中，我们选择引用力量的早期定义，将爆发力视为一种更具爆发性的、与时间密切相关的力量。我们鼓励测试者

基于文末列出的参考文献及其他资源，根据环境和具体情况，更好地运用这些术语做出明智的决定。

在实施本章介绍的测试之前，测试者需要注意几个关键问题。测试顺序的详细规划及适度的热身运动都很有必要。适度的热身运动可以确保安全、有效地使用特定的测试或测试组合。在使用多个测试时，适当的测试顺序有助于确保测试的安全性和受试者的最佳运动表现。关于热身运动、具体测试顺序、测试目的及使用测试组合的具体示例，见第2章和第3章。

同步收缩测试

▶ **目的：** 确定受试者以协调的方式，同步收缩和稳定两侧下肢的主动肌和拮抗肌，并维持一定时间的能力。

▶ **器材：** 腰带，外径为2.5厘米、长度约为120厘米的橡胶弹力管，金属环，笔。

测试步骤（Lephart et al., 1988）

1. 测试者将橡胶弹力管固定到墙上距地面高度为150厘米的金属环上；用笔在地板上画出一个半圆，距离金属环240厘米；然后将腰带绑到受试者的腰上，将橡胶弹力管与腰带相连。

2. 指导受试者呈站立姿势，面对墙壁，脚尖站在半圆上；让受试者拉长橡胶弹力管至超过橡胶弹力管的回缩长度。

3. 指导受试者完成5次绕半圆（距离金属环240厘米）的移动，在此期间，橡胶弹力管会被过度地拉长以提供阻力。

4. 让受试者在每个方向上进行侧向迈步或滑步式移动，并尽可能以最短的时间完成5次，从半圆的右侧开始。

数据分析和解释

这是一个计时测试，所用时间越短，分数越高。

统计信息

▪ 这个测试的平均分数在不同项目的运动员之间存在显著差异（F=5.39，P=0.002）。在男性中，足球和棒球运动员的测试分数明显高于体操运动员。在女性中，篮球和排球运动员的测试分数明显高于体操运动员（F=7.54，P=0.001）（Lephart et al., 1991）。

▪ 根据测试结果，未发现同步收缩测试和任何下肢身体素质（比如腘绳肌和股四头肌的最大力矩值、关节松弛度、大腿围和膝关节活动范围）高度相关（Lephart et al., 1991）。

▪ 髌腱自体移植术和同种异体前交叉韧带重建术的受试者的同步收缩测试分数未发现显著差异（Lephart et al., 1993）。

下台阶测试

▶ **目的：** 评估受试者完成协调、可控的离心和静态稳定动作的能力。

▶ **器材：** 19厘米高的台阶、测力板。

测试步骤

1. 受试者双脚站立在台阶上，面对测力板。

2. 测试者指导受试者将双手放在髋关节上，单腿（测试侧腿）向前迈下台阶，落在测力板上。

3. 测试者告知受试者，一旦测试侧脚触碰到测力板，就通过跨步尽可能快地离开测力板。

数据分析和解释

■ 该测试可得出多种形式的数据，例如，前后位移和内外侧位移在内的压力数据。

■ 离开测力板后恢复稳定所需的时间也可以被评估。

统计信息

■ 有关此测试的信度数据，见第167页的表9.1。

■ 科尔比等人（Colby et al., 1999）对前交叉韧带重建术患者的下台阶测试得分进行比较后发现，患者用患侧测试后恢复稳定所需的时间明显比健侧更长（分别是 1527 ± 216 毫秒和 892 ± 498 毫秒），这可能是用于代偿的膝关节不稳定，导致动作模式改变的结果。

■ 在下台阶测试期间，经历前交叉韧带重建术患者的患侧与健侧相比，施加于测力板的垂直压力显著降低（$P < 0.01$）。这反映出患者可能想通过采用不同的落地技巧来降低胫骨向前的加速度（Gauffin & Troop, 1992；McNair & Marshall, 1994）。

Carioca 测试

▶ **目的：**评估受试者以协调的方式，双腿做交叉步，尽可能快地侧向移动的能力。

▶ **器材：**彩色胶带。

测试步骤

1. 测试者指导受试者以交叉步的动作形式侧向移动。
2. 受试者先从左向右移动12米，然后反向移动12米，从而在尽可能短的时间内一共移动24米。

数据分析和解释

这是一个计时测试，所用时间越短，分数越高。

统计信息

■ 拉法特等人（Lephart et al., 1992）没有发现Carioca测试和任何下肢身体素质之间高度相关。他们也发现，Carioca测试得分在能够重返赛场的受试者和不能重返赛场的受试者之间，有显著差异。那些能够重返赛场的受试者能够在8.45±1.93秒内完成，而不能重返赛场的受试者需要用17.31±14.33秒才能完成。

■ 第167页的表9.2列出了股四头肌和腘绳肌在等速测试下的最大扭矩，以及它们与Carioca测试的相关程度。

弓箭步测试

▶ **目的：** 弓箭步是运动和骨科康复的常见训练，因此将它用于功能性测试似乎很合理。弓箭步测试可用于测量下肢力量、平衡性和柔韧性（Foran，2000；Gray，2001）。本节对向前弓箭步和侧向弓箭步都进行了描述。

▶ **器材：** 卷尺。

测试步骤（Crill et al., 2004）

向前弓箭步

1. 测试者指导受试者先将惯用侧腿向前迈一步，另一侧腿向后伸展。

2. 受试者前腿膝关节屈曲并超过同侧脚后跟的位置，脚尖朝向应与弓箭步方向一致。

3. 测量后腿脚尖与前腿脚后跟之间的距离，将此距离作为测试分数。

向前弓箭步

侧向弓箭步

1. 测试者指导受试者将惯用侧腿向其外侧迈出。

2. 受试者保持迈出脚垂直于弓箭步方向，迈出腿膝关节屈曲，另一腿伸直。

3. 测量伸直腿脚后跟内侧到迈出腿脚后跟内侧的距离，并将其作为测试分数。

数据分析和解释

■ 客观数据的主要判定依据来自弓箭步距离。弓箭步测试还提供了相当多的主观信息。一次成功的弓箭步不仅要求受试者能够正确做出这个动作，还要求其可以在不失去平衡的情况下返回起始位置。如果受试者必须通过移动脚，或者必须通过手或其他身体部位接触地面才能保持稳定，则认为此次测试失败。此外，引导腿的髋关节过度内收和内旋可能表明臀肌乏力。出现其他有别于标准动作的情况可能是因为肌肉柔韧性差，比如腓肠肌、比目鱼肌、腘绳肌和臀大肌等。

侧向弓箭步

▪ 另一种形式的弓箭步测试是在测力板上进行的。在静止站立状态下，受试者单腿向前跨并返回起始位置，此过程中，动作特征可被测量（Mattacola et al., 2004），如距离、压力指数和冲击力等。一个人的弓箭步跨步距离越大，其控制下肢的能力越强。而且，一个人的弓箭步跨步距离越大，其接触测力板时产生的压力就越大。而接触测力板的时间越长则表示运动速度越慢，这可能说明受试者控制下肢的能力减弱。以受试者体重百分比表示的压力指数，量化了受试者跨弓箭步期间和踩踏测力板所施加的垂直压力。

统计信息

▪ 马特考拉等人（Mattacola et al., 2004）对经历了前交叉韧带重建术（采用骨-髌腱-骨移植法或半腱肌-股薄肌腱移植法）的患者群体（$n=18$）及对照组（$n=18$）进行了弓箭步测试。结果显示，对照组较前交叉韧带重建术组的得分高。两组在弓箭步跨步距离或接触时间方面的差异不明显，而在压力和冲击力方面存在明显差异。此外，存在显著的肢体主效应 [$F_{(1, 34)}=$ 7.300，$P=0.006$]，且在压力方面，存在显著的组别与肢体的交互效应 [$F_{(1, 34)}=8.541$，$P=0.006$]。对于经过前交叉韧带重建术的患者群体而言，与患侧腿（体重的23.7%）相比，健侧腿的压力指数（体重的29.4%）更大。这可能表明经过前交叉韧带重建术的腿，其肌肉的离心收缩控制力降低。在经过前交叉韧带重建术的患者群体中，健侧腿的冲击力（体重的88.6%/秒）大于患侧腿（体重的82.1%/秒），这也表明经过前交叉韧带重建术的腿，做的功更少。

▪ 类似地，奥凯尔等人（Alkjaer et al., 2002）评估了两组前交叉韧带有缺陷的群体和对照组的向前弓箭步测试结果，前交叉韧带缺陷组中需要手术的一组及不需要手术的一组与对照组相比，做向前弓箭步的所需时间更长（分别为1.27秒、1.08秒和0.99秒）。接触地面时间增加，表明在膝关节负荷状态下，受试者的动态控制能力下降，这可被认为是受试者运动表现水平下降的指征。

30秒膝关节屈曲测试

▶ **目的：** 评估受试者单腿站立时重复屈曲膝关节的能力，以及膝关节周围肌肉在离心和向心收缩之间快速变化的能力。

▶ **器材：** 彩色胶带。

测试步骤（Roos et al., 2001; Bremander et al., 2007）

1. 受试者站立在地板标记处的后方，双脚在一条直线上。

2. 测试者通过让受试者勾住自己的手指予以支撑。

3. 测试者指导受试者屈曲测试侧腿（后腿）膝关节（上身不通过髋关节屈曲向前倾），直到其看不见脚尖（膝关节屈曲约30度）。

4. 记录30秒内膝关节屈曲次数。

数据分析和解释

还没有关于这一测试的任何已知的统计数据。

统计信息

测试与重测信度：组内相关系数为0.92（Bremander et al., 2007）。并且能够根据不同年龄、性别或具有不同症状，区分半月板切除术后的患者或经X线片证实具有膝关节炎的患者。

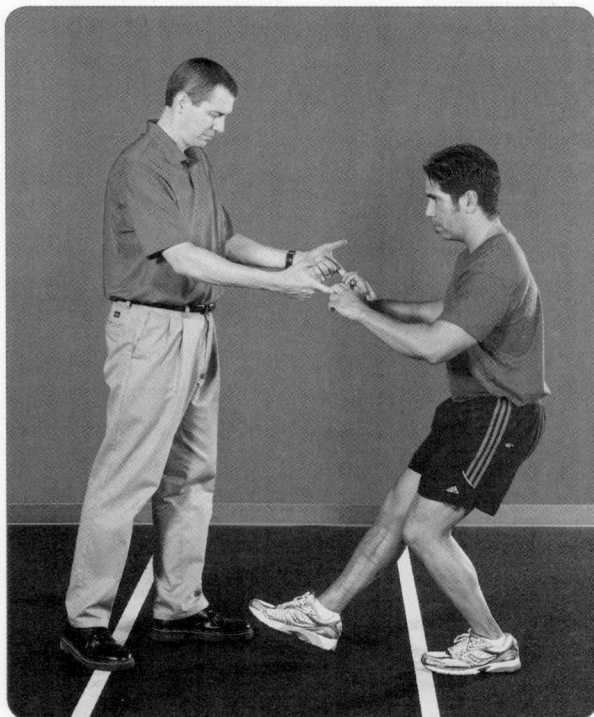

单腿循环跳测试

▶ **目的：** 评估受试者的下肢可以重复进行单腿跳的时间、高度、频率和其他参数。

▶ **器材：** 测力板、压力垫或跳跃测力计。

测试步骤

1. 测试者指导受试者跳得尽可能高，与测力板的接触时间尽可能短。
2. 指导受试者单腿跳，单腿落地。
3. 让受试者的双手放在髋关节上，以消除双手运动产生的动力。

数据分析和解释

此测试评估了多种参数，确定了跳跃高度、与测试板的接触时间和跳跃频率。

统计信息

■ 派特斯宁等人（Petschnig et al., 1998）让受试者将双手放在髋关节上，并比较不同时间的测试结果，发现组内相关系数为0.89。

■ 另一个版本的单腿循环跳测试里，普法伊费尔和班泽尔（Pfeifer & Banzer, 1999）让受试者用两条腿分别进行了20次单腿循环跳。他们指导受试者确保接触地面的时间尽可能短，跳得尽可能高，并允许受试者自己选择单腿循环跳的频率。他们在评估39位接受了关节镜辅助前交叉韧带重建术的受试者和20位对照组受试者时发现，实验组患侧腿的大量参数存在显著的交互效应。

单腿斜蹲测试（重复20秒或50次）

▶ **目的：** 慕尼克等人（Munich et al., 1997）介绍了单腿斜蹲测试。他们认为，在急性损伤和康复期，以这种方式进行负重测试，可能好于进行负荷更大的测试。他们还认为，此测试可能适用于进行了全膝关节置换术、前交叉韧带重建术和半月板修复的受试者，其在康复期的最初几天通常是部分负重的。

▶ **器材：** 综合训练器、测力板、距离限制器、秒表。

测试步骤

1. 测试者使用综合训练器最上面的凹口以获得最大阻力。
2. 受试者将惯用侧脚放在测力板上，记录下这个姿势供重复测试时使用。
3. 测试者指导受试者抬起另一侧腿。
4. 测试者监控髋关节和膝关节屈曲角度在最低位时达到90度。设置一个距离限制器，以便受试者下蹲时不会超过这一点。
5. 在20秒测试中，测试者指导受试者在20秒内尽可能快地下蹲，并记录受试者完成的下蹲次数作为测试分数。
6. 此测试的另一个版本是，让受试者尽可能快地完成50次下蹲，并以秒为单位记录完成时间，将完成时间作为测试分数。

数据分析和解释

两侧进行比较，以确定两侧下肢的对称性。

统计信息

这两个测试的信度已经得到了研究（每个测试日相隔一周）。50次重复斜蹲计时测试的组内相关系数为0.80，而20秒重复斜蹲计次测试的组内相关系数为0.89。

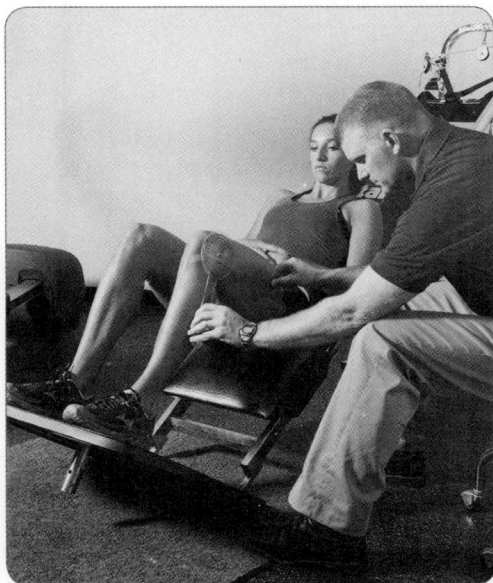

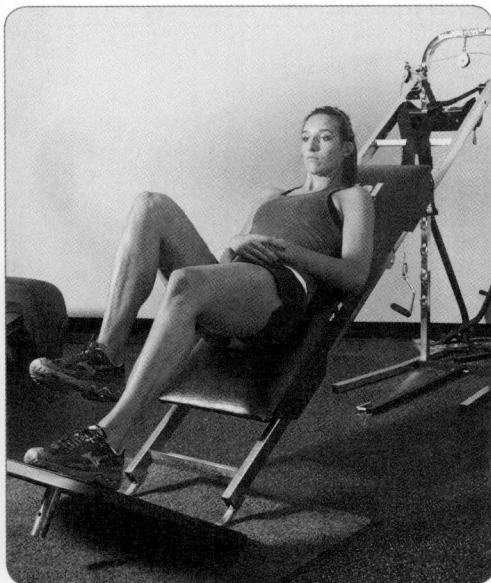

1RM 测试规定

1RM测试规定（Kraemer & Fry，1995）适用于以下3个测试：1RM后蹲、1RM腿举和1RM卧推。确定最大力量的步骤如下。

1. 测试者让受试者做5~10次测试练习以热身，热身时的负荷为预估的1RM的40%~60%。

2. 在1分钟休息时间内，测试者让受试者牵拉被测试的肌群。

3. 让受试者做3~5次测试练习，负荷达到预估的1RM的60%~80%。

4. 保守地增加重量，让受试者尝试使用预估的1RM的负荷。

5. 如果受试者测试成功，则指导其在尝试下一次增重之前休息3~5分钟。

6. 在受试者测试失败之前一直进行这个增重（通常在增重3~5次后能测出1RM）。

7. 记录受试者的1RM，将其作为受试者的最大力量。

1RM 后蹲

▶ **目的：** 确定受试者后蹲时的 1RM，以及躯干和下肢力量。

▶ **器材：** 标准深蹲架和举重腰带（偏好）；除了器材之外，还需要 2~3 名辅助人员。

测试步骤

1. 测试者指导受试者手心向下正握杠铃杆（握杆距离取决于杠铃杆的位置）。

2. 受试者走到杠铃杆下方，双脚平行。

3. 受试者将杠铃杆放在上背部或肩膀附近，保持平衡。

- 低杠位：杠铃杆横跨斜方肌中部和三角肌后部（双手握杠距离宽于肩）。

- 高杠位：杠铃杆置于颈部下方、三角肌后部之上（双手握杠距离略宽于肩）。

正确姿势的正面图

正确姿势的侧面图

错误姿势的正面图

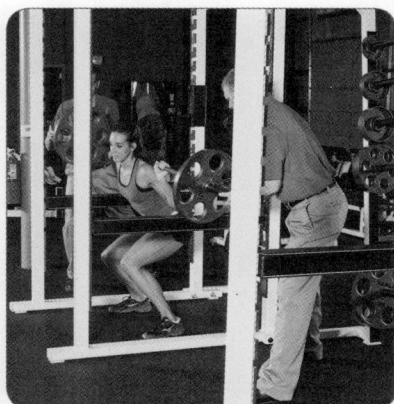

错误姿势的侧面图

4. 受试者抬高肘部，使用上背部和肩部肌肉为杠铃建立起一个"支架"。胸部向外挺起，两侧的肩胛骨内收、下压。

5. 两名辅助人员协助受试者举起杠铃，并逐渐将其移至规定位置。测试者指导受试者伸直髋关节和膝关节，将杠铃举起以离开杠铃架。

6. 受试者向后跨一步或两步，双脚分开与肩同宽（或比肩宽稍宽），脚尖稍微指向外侧。

7. 受试者的髋关节和膝关节缓慢屈曲，同时保持躯干和地板的角度相对不变，背部平直、胸部抬起、肘部抬高，但不能发生躯干弯曲或背部拱起的情况。

8. 受试者继续屈曲髋关节和膝关节，直到大腿和地面平行，同时辅助人员将双手放在杠铃两端的下方。

9. 受试者将髋关节和膝关节伸直至起始位置，辅助人员保持双手放在杠铃两端的下方，如同下降过程中一样。

10. 在重复动作完成后，受试者走向前，在辅助人员的帮助下，逐渐降低杠铃并将其放回到杠铃架上。

11. 根据规定（Kraemer & Fry, 1995），在确定1RM之前重复这个顺序（见第140页的介绍）。

12. 关于呼吸技巧。测试者应指导受试者深吸气以保持胸腔压力，防止躯干向前弯曲、弓背或昏倒。

13. 在1RM测试中，受试者在下蹲前应屏住呼吸，并在髋关节和膝关节伸直或即将伸直时呼气。受试者在两次下蹲之间应均匀吸气和呼气。

数据分析和解释

■ 第168~170页的表9.3~表9.6列出了不同人群的1RM下蹲的百分比等级或标准值。

■ 研究表明，平行下蹲（半蹲）1RM、短跑成绩和跳跃高度之间存在着很强的相关性（Wisloff et al., 2004）。

统计信息

组内相关系数为0.93（Stone & O'Bryant, 1987），0.94（Sewell & Lander, 1991），0.99（Giorgi et al., 1998），0.95（Hickson et al., 1994），0.92（Sanborn et al., 2000），0.99（McBride et al., 2002）。

1RM腿举

▶ **目的：** 确定腿举时的1RM。

▶ **器材：** 标准腿举器材；除了器材之外，还需要
1~2名辅助人员。

测试步骤

1. 测试者指导受试者将自己置于腿举器材的合适
位置上（双腿分开与肩同宽或稍宽于肩，双脚
稍微指向外侧）。

2. 受试者在避免膝关节过伸的情况下伸直双腿（1~
2名辅助人员协助）。

3. 受试者逐渐屈曲两侧髋关节、膝关节和踝关节，
直到其膝关节屈曲90度（除非已经确定要评估
其他角度下的情况）。

4. 受试者伸展双腿，直到两侧膝关节伸直，两侧
膝关节不要过伸或锁死。

5. 逐渐增重并重复这个流程，直到可以根据第140
页介绍的规定，确定1RM（Kraemer & Fry,
1995）。

数据分析和解释

第170页的表9.7列出了不同年龄和性别人
群1RM腿举的标准值。

统计信息

组内相关系数为0.89（Hoeger et al., 1990），
0.99（Kraemer et al., 2000），0.99（Rhea et
al., 2002）。

注意事项

单侧腿举与本测试类似，通过对比两侧的表
现可以评估受试者两侧下肢的1RM是否一致。

1RM 卧推

▶ **目的:** 确定受试者卧推时的1RM。

▶ **器材:** 标准卧推器材;除了器材之外,还需要
  1~2名辅助人员。

测试步骤

1. 测试者让受试者双手分开与肩同宽,并紧握杠
   铃杆,两侧大拇指位于肩膀外缘正上方。

2. 大多数情况下,要先让受试者做一套热身运动。

3. 在辅助人员的协助下,让受试者将杠铃从杠铃
   架上举起,再降低到受试者的胸部位置。

4. 在杠铃至少稳定1秒后,测试者给出"推"的
   命令,受试者应在这时将杠铃推举到双臂完全
   伸直的位置。

5. 在两次推举中间,允许受试者至少休息3分钟。

6. 逐渐增重并重复这一流程,直到可以根据第140
   页的规定,确定1RM(Kraemer & Fry, 1995)。

数据分析和解释

第171~174页的表9.8~表9.12,给出了不同
人群1RM卧推的百分比等级或标准值。

注意事项

■ 1RM测试的潜在缺陷是,在确定1RM的过程
  中,产生的受伤风险较高和用时较长(尤其是
  在确定一群人的1RM时)。虽然1RM测试可
  以安全地实施于所有年龄段的受试者,但有时
  最好还是估算其值。次最大力量测试可用来避免
  上述问题。研究显示,使用次最大力量来预测最
  大力量,相关系数大于0.90(Lander, 1984;
  Mayhew et al., 1992)。在不同练习甚至同一
  个练习中,针对1RM特定百分比的负荷,受试
  者能完成的重复次数可能会有变化(Hoeger et
  al., 1987, 1990)。测试者可通过以下公式用
  次最大力量测试结果预测1RM。

● 1RM = 0.033 × 重复次数 × 举起的重量 + 举
  起的重量(Epley, 1985)。

● 1RM = 100 × 举起的重量 ÷(101.3 −
  2.67123 × 重复次数)(Landers, 1985)。

● 1RM = 举起的重量(磅)÷(1.0278 −
  0.0278 × 重复次数)(Brzycki, 1993)。

■ 仓本昌弘和佩恩（Kuramoto & Payne, 1995）建立了中老年妇女通过次最大耐力测试结果来预估1RM的公式。受试者使用相当于自己体重45%的重量，并尽可能多地完成重复数。公式如下。

- 中年妇女（40~59岁）（r=0.94）：1RM=［1.06×举起的重量（千克）］+（0.58×重复次数）-（0.20×年龄）-3.41。
- 老年妇女（60~70岁）（r=0.90）：1RM=［0.92×举起的重量（千克）］+（0.79×重复次数）-3.73。

■ 测试者还可通过预先确定的1RM与测试期间允许的重复次数之间的关系来确定1RM。

1RM/%	允许的重复次数
100	1
95	2
93	3
90	4
87	5
85	6
83	7
80	8
77	9
75	10
70	11
67	12
65	15

（源自：Baechle and Earle, 1989; Brzycki 1993; Chapman et al.,1998; Epley 1985; Lander 1984; Mayhew et al.,1992; Morales & Sobonya 1996; Wathen 1994.）

单腿蹲测试

▶ **目的：** 通过单腿蹲来评估下肢的功能性力量、神经肌肉控制能力和动态柔韧性。观察受试者的正面，即评估额状面的动作质量。例如，是否存在膝关节过度内扣的情况。也可以从受试者的侧面观察，使用标准测角仪对髋关节、膝关节或踝关节的屈曲度进行评估。评估内容也可以包含受试者矢状面（前后）的动作幅度（尤其是躯干的动作幅度）。

▶ **器材：** 无。

测试步骤（Clark, 2000）

1. 测试者让受试者保持单腿站姿。
2. 最好让受试者在没有穿鞋的情况下进行测试，以便观察脚的生物力学机制。

3. 指导受试者在下蹲时使躯干和上半身尽量保持直立。
4. 指导受试者将双手放在两侧髋关节上。
5. 指导受试者屈曲髋关节、膝关节和踝关节，尽可能下蹲。

数据分析和解释

　　没有关于这一测试的任何客观数据。尽管在此测试中，主观评估非常重要，但是评估内容应包括下蹲时膝关节的屈曲度。测试者应注意观察可能由近端或远端肌肉缺陷导致的足部、膝关节或髋关节失衡，或受试者出现不受控制的运动。

统计信息

　　无。

额状面，没有代偿	额状面，存在代偿	矢状面，没有代偿	矢状面，存在代偿

交替单腿蹲测试

▶ **目的：** 确定受试者交替单腿蹲时的1RM。

▶ **器材：** 杠铃或哑铃、弹力带、深蹲架和垫子。

测试步骤（McCurdy & Langford, 2005）

1. 测试者指导受试者站在深蹲架内，并将非测试侧脚的跖趾部位支撑在身后的垫子上，以便使用测试侧腿进行测试。

2. 在测试前，让受试者尝试完成1次90度深蹲。

3. 为了标记深蹲深度，测试者可以拉一根弹力带穿过深蹲架；设置弹力带高度，并使受试者的腘绳肌可以接触弹力带，从而让髋关节和膝关节屈曲达到90度。

4. 为了确定正确的起始位置，指导受试者将测试侧腿放在深蹲架的中间，大约位于弹力带前1英寸的地方，并使测试侧腿和上身呈正常解剖姿势。

5. 指导受试者将测试侧腿的膝关节屈曲90度，另一侧髋部稍微过度后伸，以将脚背放在后方的垫子上。

6. 在受试者完成小负荷热身运动之后，增加重量，让受试者完成5~10次下蹲，受试者每次成功完成一套动作，休息3~5分钟。

7. 在重量增加了20%~30%后，让受试者尝试进行下蹲。

8. 如果尝试成功，再增加10%~20%的重量。

9. 如果尝试失败，移除最后一次重量的5%~10%，让受试者再进行尝试。

数据分析和解释

■ 只有受试者的腘绳肌触碰到弹力带才算是一次成功的测试。

■ 测试应对两侧腿都进行。

■ 测试者需要进行一些主观观察，以评估躯干和前腿是否存在过度位移和倾斜的情况。

■ 第174页的表9.13列出了男性和女性使用惯用侧腿和非惯用侧腿完成改良单腿蹲测试的标准值。

统计信息

■ 麦柯迪和兰福德（McCurdy & Langford, 2005）针对健康男性和女性进行了改良单腿蹲测试。他们发现，受试者惯用侧腿和非惯用侧腿的测试成绩之间没有显著差异。

■ 麦柯迪等人（McCurdy et al., 2004）发现，1RM单腿蹲的信度较高，测试信度在受过训练的男性受试者中为0.98，在未受过训练的男性受试者中为0.99，在受过训练的女性受试者中为0.99，在未受过训练的女性受试者中为0.97。

立定跳远测试

▶ **目的:** 评估下肢的功能性力量、神经肌肉控制和动态爆发力。

▶ **器材:** 钢卷尺。

测试步骤

1. 受试者站在起始线的后面,双脚分开合适的距离。

2. 受试者可以将双手放在不同的位置(髋部或背后),也可以在跳跃过程中自由摆动,但要确保在整个测试过程中双手摆动方式的一致性。

3. 在受试者完成适当的热身运动后,测试者让受试者完成1次最大限度的跳远。

4. 测试者允许受试者在跳远前进行一次预蹲动作。

5. 受试者跳远后停在落地位置,测试者标记跳跃距离。

6. 请注意,此次跳远为有效跳远的前提是:受试者在落地时保持平衡,不摔倒,没有多余的迈步。

7. 测量起始线到距离起始线最近的脚后跟的距离。

8. 让受试者完成3次尝试,每次尝试之间允许受试者进行充分的休息和恢复。

9. 记录3次尝试的平均距离。

数据分析和解释

■ 在此测试的推动阶段,下肢各关节的贡献率已被测定:髋关节为45.9%,膝关节为3.9%,踝关节为50.2%(Robertson & Fleming, 1987)。

■ 第175页的表9.14~表9.16列出了多种人群的立定跳远测试成绩或百分比等级。

■ 1RM下蹲测试成绩和立定跳远表现水平高度相关($r=0.805$,$n=32$),最大力量也与跳跃能力高度相关(Koch et al., 2003)。

统计信息

■ 组内相关系数为0.95,变化系数为2.4%(Markovic et al., 2004)。

■ 组内相关系数为0.98,每次跳跃测试间隔15分钟,在间隔期间,受试者静静地坐着而不进行任何运动(Koch et al., 2003)。

■ 测试与重测信度为0.91~0.96(Manske et al., 2003; Unger & Wooden, 2000; Markovic et al., 2004)。

注意事项

这个测试允许受试者自由地摆动双臂,而不是将手固定地放在髋部上。有关跳跃时上肢的贡献率,见垂直双腿跳测试部分的描述。

单腿跳远测试

▶ **目的：** 单腿跳远测试最开始是由丹尼尔（Daniel）等人提出的，用于评估膝关节功能。这是一个非常简单的测试，在一个仅 6 米长的区域就可以进行（Daniel et al., 1982）。这个膝关节功能性测试被纳入了国际膝关节评分委员会的膝关节测试方案中（Andersen, 1994; Daniel & Andersen, 1991）。单腿跳远测试也被用于评估单侧下肢的力量，以便进行两侧对比。

▶ **器材：** 钢卷尺。

测试步骤

1. 测试者让受试者呈站立姿势，鞋子前端位于起始线之后。

2. 受试者可以将双手放在不同的位置（髋部或背后），也可以自由放置，但要确保在整个测试过程中双手放置位置保持不变。

3. 测试者让受试者完成尽可能远的单腿跳远，受试者在落地时屈曲膝关节，以降低膝关节受伤风险。

4. 测试者标记受试者的脚后跟位置，测量跳跃距离。

数据分析和解释

▦ 请注意，此次跳跃为有效跳跃的前提是：受试者在落地时保持平衡，不摔倒，没有多余的迈步。

▦ 落地姿势至少保持 2 秒。在大多数情况下，使用单腿跳远测试是为了定量评估、比较患侧腿和健侧腿是否存在功能性限制（Petschnig et al., 1998）。

▦ 研究表明，无论是否为惯用侧，在经历前交叉韧带重建术之后，健侧腿的数据都可以作为对照组数据（Petschnig et al., 1998）。

▦ 对照组中健康男性的单腿跳远距离，与经历前交叉韧带重建术后第 13 周或第 54 周的患者的健侧腿的单腿跳远距离没有差别。这表明健侧腿数据可以被用作单腿跳远测试的参考数据（Petschnig et al., 1998）。

▦ 如果受试者的健侧腿在之前受过伤或经历过手术，则健侧腿数据仅能被谨慎地用作参考数据（Elliot, 1978）。

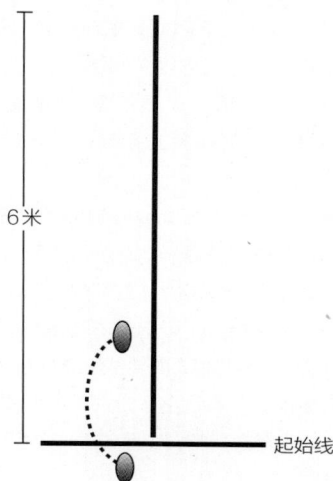

6 米

起始线

统计信息

▦ 根据伊藤等人（Itoh et al., 1998）的研究，42% 的前交叉韧带缺陷患者在进行单腿跳远时表现出下肢对称性异常。敏感性指的是在前交叉韧带损伤患者中，在特定测试里显示出下肢对称性数值异常的患者所占的百分比。膝纳尔等人（Tegner et al., 1986），以及诺伊斯等人（Noyes et al., 1991）都公布了单腿跳远的低敏感性数据，分别为 38% 和 58%。派特斯宁等人（Petschnig et al., 1998）评估了 55 位经历了前交叉韧带重建术的患者，他们认为单腿跳远测试的特异性为 98%，假阳性率仅为 2%。诺伊斯等人（Noyes et al., 1991）认为，如果两种测试中任意一种测试的结果超出正常范围，则测试的膝关节被评定为异常，那么单腿跳远和定时单腿跳测试结合起来可以将敏感性提高到 62%。诺伊斯等人（Noyes et al., 1991）建议，至少应该进行两种功能性测试来区分这种微妙的功能异常。伊藤等人（Itoh et al., 1998）将 8 字形单腿跳测试、上下跳测试、单腿侧跳测试与单脚跳远测试相结合，将敏感性提高到了 82%，这反映了前交叉韧带缺陷患者存在真正的功能性障碍。戴卡洛和泽尔（DeCarlo

& Sell，1997）认可这一重要发现，并称单腿跳远测试结果不应该单独使用，而应与在患者诊治期间收集的其他客观和主观数据一起使用。

■ 信度分析显示，组内相关系数为0.93（Bremander et al.，2007），皮尔逊相关系数为0.92，而全球评分的组内相关系数为0.48（Reid et al.，2007）。

■ 派特斯宁等人（Petschnig et al.，1998）认为单腿跳远测试似乎是一个有价值的筛查评估工具，特别是用来确定肢体对称指数的时候。为确定肢体对称指数，可用有伤肢体的平均值除以健侧肢体的平均值，并将结果乘100。在经历前交叉韧带重建术后的第13周，93%的患者存在肢体对称指数异常，在第52周时，只有28%的患者存在异常。因此，在第13周至第52周期间，大约72%的患者的单腿跳远测试成绩恢复到正常水平。巴伯等人（Barber et al.，1990）认为，肢体对称指数为90%的正常人约占正常人总数的81%，肢体对称指数为85%的正常人占正常人总数的93%，而肢体对称指数为80%的正常人占正常人总数的100%。

■ 恩斯特龙等人（Engstrom et al.，1993）评估了保守治疗前交叉韧带损伤患者的单腿跳远测试成绩，并且确定了患侧和健侧腿存在明显差异（$P<0.001$）。然而，单腿跳远测试成绩和关节松弛指数或轴移测试结果之间没有明显的相关性。使用等速测试和单腿跳远测试评估患侧和健侧，膝关节伸肌峰值扭矩与单腿跳远测试成绩之间有显著的相关性（$P<0.001$）。作者认为，单腿跳远测试可以作为反映伸膝肌力量的简单现场测试。

■ 巴伯等人（Barber et al.，1990）发现，受试者在单腿跳远测试中肢体对称指数异常，与其在短跑和跳跃/落地中的主观限制性之间存在统计学上的显著相关性（$P<0.01$）。此外，他们也发现了60度/秒的股四头肌百分比缺陷评分和单腿跳远测试中肢体对称指数异常，在统计学上也具有显著的相关性（$P<0.01$）。27名患者中有18名患者在等速测试中表现出得分异常，这18名患者中有12名患者在单腿跳远测试中的肢体对称指数显示异常。

■ 关谷等人（Sekiya et al.，1998）认为，单腿跳远指数和肌肉力量指数之间低相关，这表明单腿跳远测试受多种因素影响，如踝关节、髋关节、躯干和上肢肌力、本体感觉、旋转的不稳定性。

■ 第176~177页的表9.17列出了多个研究中单腿跳远测试的标准值和信度。

■ 班迪等人（Bandy et al.，1994）认为功能性单腿跳远测试是可靠的，可以用于对康复计划的进展情况及肢体承受外力的能力进行客观的评估。

■ 科尔比等人（Colby et al.，1999）赋予了单腿跳远测试一点小变化：让受试者跳到测力板上。他们发现前交叉韧带缺陷群体的患侧施加到测力板的垂直力（患侧为194±56牛，健侧为179±81牛）平均标准差明显更大，而在经历了前交叉韧带重建术的群体中，患侧的垂直力（患侧为170±41牛，健侧为186±27牛）平均标准差明显更小（$P=0.05$）。

■ 第178~179页的表9.18和表9.19列出了改良测力板上单腿跳远测试中多种测试参数的信度和标准差，以及单腿跳远测试成绩和多个条件的相关性。

注意事项

与健侧相比，前交叉韧带缺陷患者患侧的单脚跳远表现水平较低（$P<0.05$）（Gauffin et al.，1990）。患侧的这种表现水平低不一定与肌肉力量的减少有关。高芬等人（Gauffin et al.，1990）也发现了这些患者健侧的单腿跳远表现水平，和普通未受伤受试者参照群体的表现水平之间存在差异（$P<0.001$）。

垂直双腿跳测试

▶ **目的：** 评估受试者在垂直方向上的爆发力。

▶ **器材：** Vertec（或在没有Vertec的情况下，使用梯子、高墙、粉笔）。

测试步骤（Seminick, 1994; Chu, 1996）

1. 受试者呈站立姿势，双腿均匀承重，并分开与肩同宽。

2. 测试者让受试者伸手将Vertec最高可触标记推回（如果没有Vertec或类似的垂直跳跃测量设备，可以让受试者用靠近一侧墙的手握住一支粉笔，并在墙上做一个尽可能高的标记）。

3. 记录这个标记，作为零起点位置。

4. 在双腿跳过程中，非摸高手可以放在髋部或背后，也可以在跳跃时自由摆动，但要确保在整个测试过程中手摆动的一致性。

5. 指导受试者不要移动双脚，并且不要屈曲膝关节、髋关节和踝关节，双腿跳起并推回Vertec上的最高可触标记（或用粉笔在墙上尽可能高的位置做第二个标记）。

6. 请注意，测试不合格可能包括以下原因：在墙上做第一个标记时姿势不规范（如双脚未平放），或者垫一步后起跳。

7. 如果使用Vertec，那么受试者的分数就是零起点位置到最高可触标记之间的垂直距离。如果不使用Vertec，受试者的分数就是两个粉笔标记间的垂直距离。记录3次跳跃中最好的分数。

数据分析和解释

■ 双臂摆动或在跳起前下蹲，可以显著增加垂直双腿跳的高度（Harman et al., 1990; Luthanen & Komi, 1978; Shetty & Etnyre, 1989）。

■ 可以从下面的公式中得出受试者在这个测试中产生的爆发力（Fox & Matthews 1974）：

爆发力（瓦）=21.67×体重（千克）×垂直位移量（米）×0.5。

 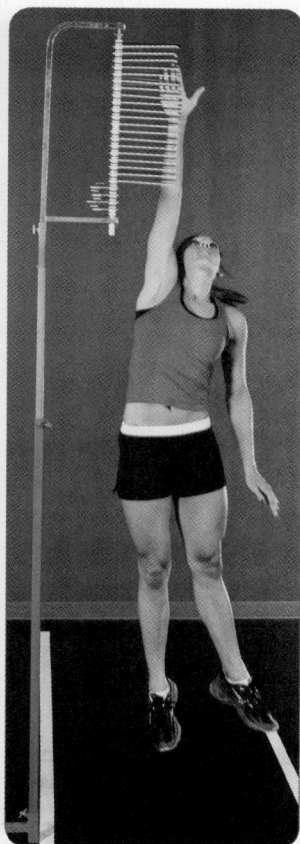

零起点位置　　　　　　　　垂直跳至最大高度

- 在站立垂直双腿跳的推动期，下肢肌肉的贡献率为：臀部40%、膝盖24.2%、踝部35.8%（Robertson & Fleming, 1987）。
- 第180~186页的表9.20~表9.27，列出了不同人群的垂直双腿跳测试的百分比等级和标准值。
- 腿部爆发力列线图提供了垂直双腿跳高度（厘米）和体重（千克）对应的腿部爆发力。斜线表示以500瓦为增量的腿部爆发力。

统计信息

- 测试与重测信度为0.93~0.99（Considine & Sullivan, 1973; Glencross, 1966）。
- 信度：组内相关系数为0.96，变化系数为3.0%（Markovic et al., 2004）。
- 组内相关系数为0.99~1.00（Pauole et al., 2000）。

- 相关系数高达0.93（Johnson, 1986）。
- 以4个田径项目得分为标准，效度为0.78（Johnson, 1986）。
- 马尔科维奇等人（Markovic et al., 2004）认为，评估身体活跃的大学年龄段男性的下肢爆发力时，下蹲后跳跃是最可靠和最有效的现场测试之一。
- 摆臂和自由蹬腿（单腿起跳）会显著影响垂直双腿跳的表现水平。因此，垂直双腿跳测试不能有效地评估腿部伸肌的功能（Young et al., 2001）。

注意事项

这项测试也可以单腿完成，测试者可对比两条腿的测试结果以确定肢体对称指数。

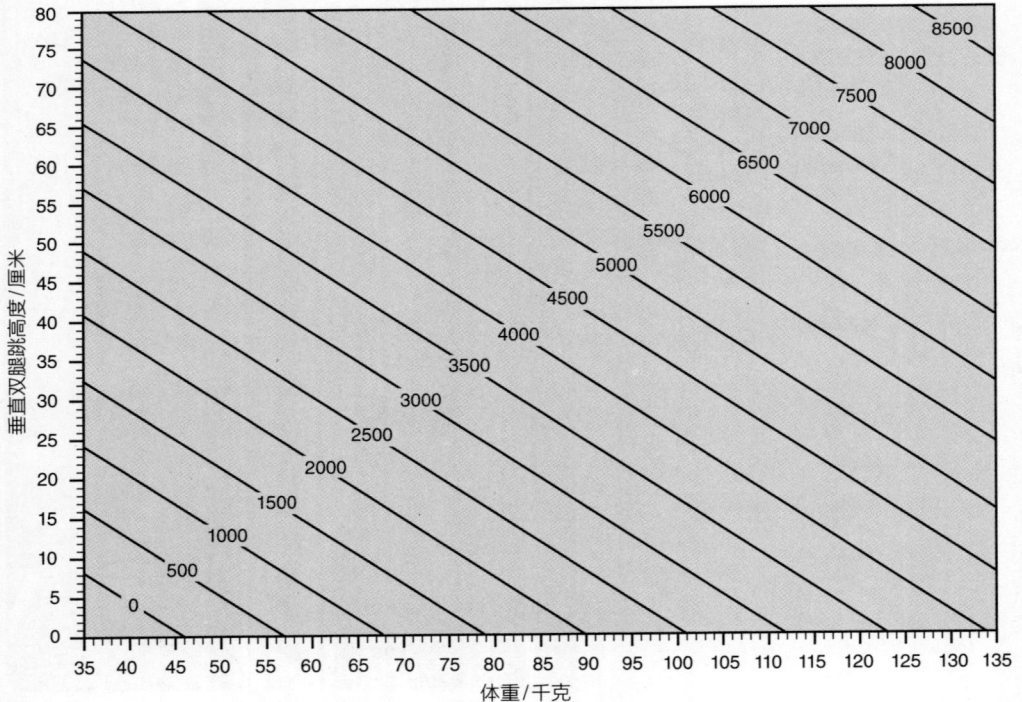

以塞耶斯方程为基础的腿部爆发力列线图（单位：瓦）

（源自：Kier et al., 2003 with permission from NSCA/Allen Press.）

三级双腿跳远测试

▶ **目的：**让受试者两侧下肢进行重复的爆发式跳跃运动，以评估其下肢重复力量的能力。

▶ **器材：**钢卷尺。

测试步骤

1. 受试者站在起始线的后面，双腿分开合适的距离。

2. 测试者指导受试者单腿抬起并屈膝，以单腿跳开始此测试。

3. 允许受试者在必要时摆动双臂（Markovic et al., 2004）。双手可放在髋部或背后，也可以自由放置，但要确保在整个测试过程中双手所放位置保持不变。

4. 在受试者完成适度的热身运动后，测试者让受试者完成1次最大限度的三级跳远（单腿跳开始，然后换对侧腿跨步，最后由双腿跳来完成这个测试）。

5. 在双腿跳之前，允许受试者进行一次手臂后摆，以便其落地时保持平衡，然后标记落地位置。

6. 测量起始线到距离起始线最近的脚后跟的距离。

7. 让受试者完成3次尝试，每次尝试之后允许受试者进行充分的休息和恢复。

8. 记录3次测试的平均距离。

数据分析和解释

■ 对受试者两侧均进行测试，然后比较结果，得到肢体对称指数。

■ 肢体对称指数可以通过以下方式确定：用患侧腿的平均跳跃距离除以健侧腿的平均跳跃距离，并将结果乘以100。

统计信息

组内相关系数为0.93，变化系数为2.9%（Markovic et al., 2004）；组内相关系数为0.97，平均值标准误差为11.17（Ross et al., 2002）；组内相关系数为0.95，平均值标准误差为17.1（Bolgla & Keskula, 1997）；组内相关系数为0.94（Bandy et al., 1994）。

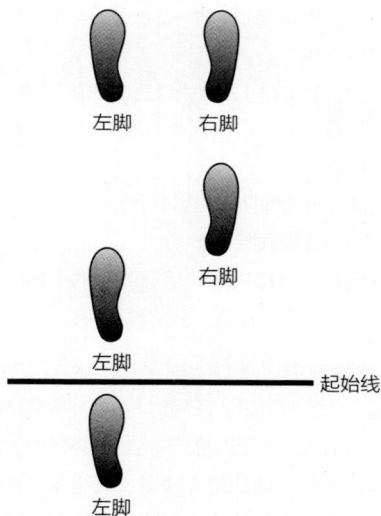

6米计时单腿跳测试

▶ **目的：** 评估受试者在一定距离内的爆发力、速度、平衡性和控制单侧下肢的能力，并着重关注单侧下肢的运动时间。两侧都进行此测试，可以计算肢体对称指数。

▶ **器材：** 彩色胶带、秒表。

测试步骤（Barber et al., 1990; Brosky et al., 1999）

1. 测试者将两条彩色胶带贴在地板上，相距6米，以指示起始线和终点线。
2. 受试者站在起始线的后面。
3. 受试者双手可以放在髋部或背后，也可以随意放置，但要确保在整个测试过程中双手所放位置保持不变。
4. 指导受试者完成1次6米计时单腿跳测试。
5. 鼓励受试者在6米内大步且有力地进行单腿爆发式跳跃。
6. 当受试者测试腿的脚后跟越过终点线时结束计时。
7. 测量的时间精确到0.01秒。
8. 为确定肢体对称指数，用患侧腿的平均时间除以健侧腿的平均时间，并将结果乘以100。

数据分析和解释

■ 这是一个计时测试，所用时间越少，得分越高。
■ 受试者必须对自己的肢体能力充满信心，这样不仅能够尽可能快地完成爆发式跳跃，而且单腿落地时能很大程度地进行离心缓冲，并紧接下一次跳跃动作。具有较高身体素质（力量、速度、爆发力、灵敏性等）水平的受试者，比具有较低身体素质水平的受试者所用时间更少。

■ 威尔克等人（Wilk et al., 1994）认为，6米计时单腿跳测试是最具敏感性的两个功能性测试之一，并且其测试结果是反映受试者身体功能最好的指标之一。

统计信息

第186页的表9.28列出了6米计时单腿跳测试在不同受试者和条件下的测试与重测信度等信息。

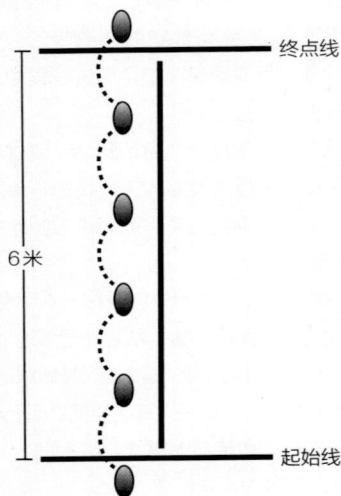

三级单腿跳远测试

▶ **目的：** 评估受试者在特定距离内的爆发力、速度、平衡性和控制单侧下肢的能力，特别注意单侧下肢可以完成的距离。

▶ **器材：** 彩色胶带。

测试步骤

1. 在受试者完成适度的热身运动后，测试者让受试者单腿保持平衡站在起跳线后面。

2. 指导受试者沿直线方向连续完成3次最远距离的单腿跳，也就是说，用单腿尽可能远地跳3次。

3. 受试者双手可以放在髋部或背后，也可以自由放置，但要确保在整个测试过程中双手放置的位置保持不变。

4. 进行3次测试，并记录跳远的平均距离。

数据分析和解释

■ 两侧下肢都进行此测试，对比数据以得出肢体对称指数。

■ 测出的总距离可以与一系列测试进行比较，尤其是与处于康复期的单侧下肢比较。

■ 与其他包含两侧对比的测试相同，这类评估可以用来确定身体中需要关注的潜在问题及有待改进的地方，以避免两侧不平衡。

统计信息

■ 派特斯宁等人（Petschnig et al., 1998）发现，经历前交叉韧带重建术后第13周（r=0.48）和第54周（r=0.55）患者的该测试结果与等速测试得分高度相关。此外，他们发现对照组的肢体对称指数为97.4，经历前交叉韧带重建术后第13周的测试组，肢体对称指数为73.0，第54周的测试组的肢体对称指数为88.4。

■ 信度：组内相关系数为0.97（Ross et al., 2002）。

■ 最近，里德等人（Reid et al., 2007）报告，这个测试的信度为0.88，皮尔逊相关系数为0.44，与下肢功能评分的相关系数为0.26。

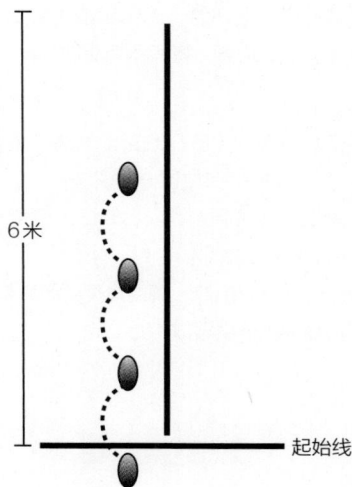

6米　　起始线

单腿交叉跳远测试

▶ **目的：** 评估受试者在特定距离内的爆发力、速度、平衡性和控制单侧下肢的能力，特别注意单侧下肢的运动距离和侧向移动的能力。可通过两侧下肢对比来评估肢体对称性。

▶ **器材：** 彩色胶带。

测试步骤（Daniel et al., 1988; Barber et al., 1990）

1. 测试者让受试者单腿站立，脚尖位于起始线之后。
2. 指导受试者连续完成3次单腿交叉跳。
3. 告知受试者最后一次单腿跳结束时，保持稳定的单腿站立姿势。
4. 不允许受试者在单腿跳之间停顿并进行调整。
5. 在受试者最后落地时，记录起始线到受试者站立腿脚后跟的距离，将其作为测试分数。

数据分析和解释

■ 双手姿势有多种（放在髋部或背后，也可以自由放置），但需保持位置一致。

■ 如果受试者失去平衡，或者非测试侧脚接触地面，则此次测试失败。

■ 为确定肢体对称指数，请用最低值除以最高值，然后用得到的结果乘以100。

■ 这个测试的修订版本由安德森和福尔曼（Andersen & Foreman, 1996）开发，并经克拉克等人（Clark et al., 2002）研究，即进行4次单腿跳而不是3次。他们认为，这个测试中施加到膝关节额状面（内外侧）的力应该相同，旋转力也应该相同，测试难度也应加大。

■ 第187页的表9.29列出了多项研究中单腿交叉跳远测试的成绩和信度。

■ 威尔克等人（Wilk et al., 1994）发现，等速测试和单腿交叉跳远测试之间具有相关性，见第188页的表9.30。

统计信息

第187页的表9.29和第188页的表9.30提供了这一测试的统计数据。

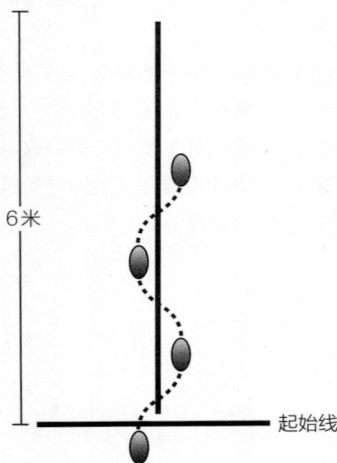

单腿跳停测试

▶ **目的：** 单腿跳停是双腿交换落地的跨步式跳跃。这种跳跃测试是测量下肢能力的一种方法。与向前推进身体的测试相比，这种测试可能能够更加准确地评估受试者达到原先功能水平的能力。

▶ **器材：** 彩色胶带、卷尺。

测试步骤（Juris et al., 1997）

1. 测试者让受试者单腿站立在起始线之后，和之前介绍的其他单腿跳远测试相同。

2. 让受试者先完成1次最大限度的单腿水平跳，和之前介绍过的单腿跳远测试相同。让受试者的非负重侧髋关节和膝关节屈曲，角度接近90度，并把双手放在两侧髋关节上。这是为了避免测试时腿和手臂发生摆动。

3. 让受试者进行3次最大限度的单腿跳远。

4. 受试者尽可能使跨步跳的起始姿势与单腿跳远相同。受试者首先使用最初站在地板上的腿，尽可能远地进行水平跳跃（向前推进身体），用对侧腿落地。受试者在整个起跳阶段应保持髋、膝关节屈曲姿势，只在落地时伸展腿部。受试者落地时应稳定不动并将双手保持在髋部1秒。

数据分析和解释

■ 分析时使用3次跳跃的平均值。

■ 单腿跳停测试包括最大限度的单腿跳远和控制跨步跳。

■ 用单侧肢体最大限度的单腿跳远距离除以受试者身高（以米为单位），再乘以100，以根据受试者身高对单腿跳远距离进行标准化。

■ 力产生的对称性可通过两条腿的最大跳跃距离除以最小跳跃距离，再乘以100估算。如果涉及患侧下肢，则用患侧的最大值除以健侧的最大值，再乘以100，从而对两侧肢体产生力的能力进行比较。

■ 单腿跳停比率通过单侧肢体的控制跨步跳距离除以对侧肢体的单腿跳远最大距离，再乘以100估算。这个比率可以反映下肢吸收力的能力。

■ 单腿跳停对称性通过每侧肢体中较大的单腿跳停比率除以较小的比率，再乘以100估算。这可以用于对两侧肢体吸收力的能力进行比较。

■ 与使用约束条件（例如，双手放在髋部）的单腿跳远相比，不使用约束条件的单腿跳远距离明显更远（$P<0.05$）。

■ 如果没有有效的动作约束，这些动态测试似乎不够精确。

■ 第188页的表9.32列出了正常和有症状的受试者的单腿跳停测试的预测值。

统计信息

■ 数据表明，这个测试方案可用于评估功能良好和有功能障碍的膝关节。在确定功能性能力方面，力的吸收可能比力的产生更加重要（Juris et al., 1997）。

■ 测试结果与测试者的交互作用间不存在显著差异。因此，这项测试可以由不同的测试者简易却精确地实施（Juris et al., 1997）。

注意事项

　　尤里斯等人（Juris et al., 1997）认为，该测试潜在的局限性在于允许受试者进行无限次尝试，以成功完成测试。

楼梯单腿跳测试

▶ **目的：** 评估受试者在特定的垂直和水平距离内，爆发力的产生、速度、平衡性和控制单侧下肢的能力，特别强调单侧下肢在特定距离内的运动速度。两侧下肢都进行此测试，对比结果可以评估肢体对称指数。

▶ **器材：** 有22个台阶的楼梯、秒表。

测试步骤

1. 测试者让受试者保持用测试侧下肢站立的姿势。非测试侧髋关节和膝关节屈曲，避免该侧下肢接触地面。

2. 让受试者先使用惯用侧腿逐级跳上22个台阶（每个台阶的高度为7英寸）后跳下，再使用非惯用侧腿完成此动作。

3. 考虑到稳定性或其他因素，请测试者选择是否允许受试者上肢接触墙壁或栏杆。

4. 以秒为单位记录受试者完成此测试的时间。

数据分析和解释

由于这是一个计时测试，得分越低，表示结果越好。

统计信息

■ 测试与重测信度：组内相关系数为0.94（Goh & Boyle, 1997）。

■ 瑞斯伯格和埃克兰（Riseberg & Ekeland, 1994）评估了35名进行了前交叉韧带重建术的患者以确定此测试的标准值，他们的平均术后时间为18个月。

■ 进行了前交叉韧带重建术的下肢的标准值：25.2 ± 11.3秒。未进行前交叉韧带重建术的下肢的标准值：22.7 ± 10.5秒。

功能性能力测试

后续4项测试已被文献介绍，一般作为评估运动表现水平的测试组合（Itoh et al., 1998）。这个测试组合包括涉及旋转动作的数字8单腿跳测试；衡量腘绳肌反应力量和膝关节前后方向动态稳定性，并涉及重复减速的上下单腿跳测试；涉及急停和扭转动作，用于评估下肢旋转稳定性的侧向单腿跳测试；测量下肢爆发力的一次单腿跳远测试（Itoh et al., 1989, 1998）。在功能性能力测试的每个部分，在对照组中，超过95%的受试表现出对称性，而在具有前交叉韧带缺陷的测试组中，表现出对称性异常的受试者的占比如下：数字8单腿跳测试中是68%，上下单腿跳测试中是58%，侧向单腿跳测试中是44%，一次单腿跳远测试中是42%（Itoh et al., 1998）。

第189页的表9.33和表9.34列出了功能性能力测试的标准值，以及正常的受试者和具有前交叉韧带缺陷的受试者之间的比较信息。

数字8单腿跳测试

▶ **目的:** 评估受试者在水平面内多个方向（尤其是8字方向）上，爆发力的产生、速度、平衡性和控制单侧下肢的能力，特别强调单侧下肢在特定距离内的运动速度。两侧下肢都进行此测试，对比结果可以评估肢体对称指数。

▶ **器材:** 两个秒表、彩色胶带、卷尺。

测试步骤

1. 和之前介绍的所有单腿跳远测试相同，测试者让受试者保持用测试侧下肢站立在起始线之后的姿势。非测试侧下肢一侧的髋关节和膝关节屈曲，以避免该侧脚与地面接触。

2. 指导受试者按8字路线，尽可能快地单腿跳过5米的距离。

3. 受试者双手可以放在髋部或背后，也可以自由放置，但要确保在整个测试过程中双手的位置保持不变。

4. 在测试患侧腿之前，先测试健侧腿。

5. 记录受试者单腿连续跳完两圈8字路线的时间，并将其精确到0.1秒。

数据分析和解释

见第189页的表9.33。

统计信息

■ 评分者间信度为0.99（Ortiz et al., 2005）。

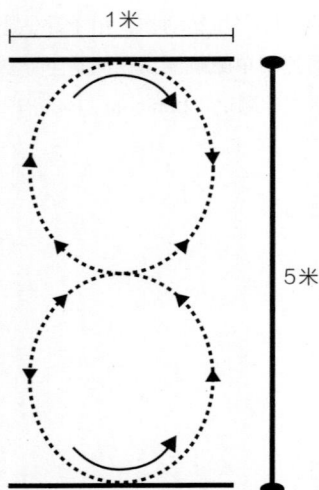

上下单腿跳测试

▶ **目的：** 评估受试者在特定的垂直和水平距离及特定的重复次数内，爆发力的产生、速度、平衡性和控制单侧下肢的能力，特别强调单侧下肢重复上下跳的速度。两侧下肢都进行此测试，对比结果可以评估肢体对称指数。

▶ **器材：** 两个秒表、彩色胶带、20厘米高的台阶。

测试步骤

1. 和之前介绍的所有单腿跳远测试相同，测试者让受试者用测试侧下肢站立在20厘米高的台阶之前。

2. 受试者尽可能快地重复上下跳10次，不向后转。

3. 受试者双手可以放在髋部或背后，也可以自由摆动，但要确保在整个测试过程中双手的位置保持不变。

4. 在测试患侧腿之前，先测试健侧腿。

5. 测试者记录受试者重复上下跳10次的时间，并将其精确到0.1秒。

数据分析和解释

见第189页的表9.33和表9.34。

统计信息

评分者间信度为0.96~0.99（Ortiz et al., 2005）。

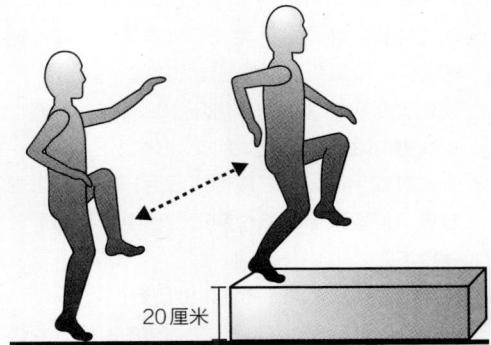

20厘米

侧向单腿跳测试

▶ **目的:** 评估受试者在特定的侧向和水平距离及特定的重复次数内,爆发力的产生、速度、平衡性和控制单侧下肢的能力,特别强调单侧下肢重复侧跳的速度。两侧下肢都进行此测试,对比结果可以评估肢体对称指数。

▶ **器材:** 两个秒表、彩色胶带。

测试步骤

1. 测试者让受试者用测试侧下肢站立在靠近起始线的位置,非测试侧髋关节和膝关节屈曲一定的角度,以避免该侧脚与地面接触。

2. 受试者尽可能快地重复进行10次侧向单腿跳,每次侧向跳跃距离至少为30厘米。

3. 受试者双手可以放在髋部或背后,也可以自由放置,但要确保在整个测试过程中双手的位置保持不变。

4. 在测试患侧腿之前,先测试健侧腿。

5. 记录受试者完成10次侧向单腿跳的时间,并将其精确到0.1秒。

数据分析和解释

见第189页的表9.33和表9.34。

统计信息

赖斯伯格和埃克兰德(Riseberg & Ekeland,1994)评估了35名进行了前交叉韧带重建术的患者以确定标准值,他们的平均术后时间为18个月。进行了前交叉韧带重建术的下肢的标准值: 13.9±5.2秒。未进行前交叉韧带重建术的下肢的标准值: 13.4±5.1秒。

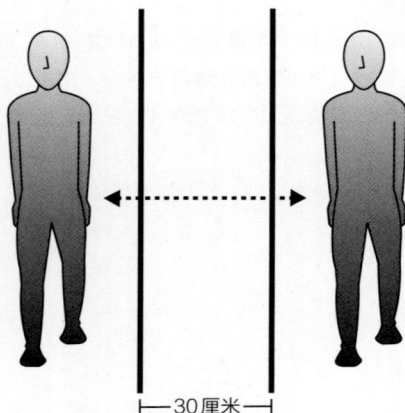

├—30厘米—┤

一次单腿跳远测试

▶ **目的：** 评估受试者在特定的水平距离及特定的重
复次数内，爆发力的产生、速度、平衡性和控制
单侧下肢的能力，特别强调单侧下肢重复跳的速
度。两侧下肢都进行此测试，对比结果可以评
估肢体对称指数。

▶ **器材：** 两个秒表、彩色胶带。

测试步骤

1. 测试者让受试者从彩色胶带标记的起始线开始，
   尽可能远地向前单腿跳。
2. 受试者双手可以放在髋部或背后，也可以自由
   放置，但要确保在整个测试过程中双手的位置
   保持不变。
3. 在测试患侧腿之前，先测试健侧腿。
4. 测量起始线到受试者脚后跟的最远距离。

数据分析和解释

见第 189 页的表 9.33 和表 9.34。

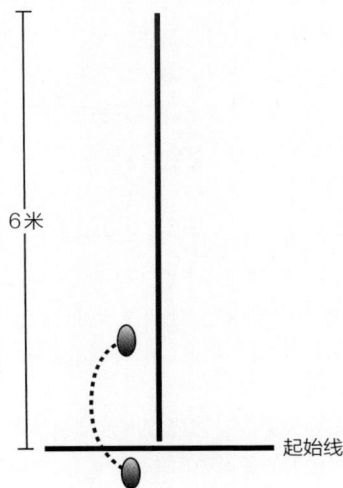

六边形双腿跳测试

▶ **目的：** 评估受试者在特定的垂直和水平距离及特定的重复次数内，爆发力的产生、速度、平衡性、灵敏性、控制两侧下肢和身体的能力，特别强调两侧下肢重复上下跳的速度。不需要进行两侧的对比测试，因为这是双腿跳测试而不是单腿跳测试（必须注意单腿跳和双腿跳的区别）。

▶ **器材：** 彩色胶带（贴出正六边形）、秒表。

测试步骤

1. 测试者让受试者站在六边形的中心并让其在整个测试过程中始终面向同一方向。

2. 在测试的开始阶段，让受试者进行双腿跳，快速跳过其前方的横线，再双腿跳回到六边形的中心。

3. 让受试者按顺时针方向完成双腿跳，直到连续跳过六边形的每条边3次，中间不能停顿。

4. 让受试者进行3次尝试，每次尝试之间休息1~2分钟。

5. 记录最短时间，并将其精确到0.1秒。

6. 可以选择另外一种计分方式：取3次尝试的平均成绩。这对受试者能力的评估更准确。

7. 请注意，如果受试者落地时踩线、失去平衡或跨步，则测试结果无效。

数据分析和解释

第190页的表9.35至表9.37列出了运动员六边形双腿跳测试的标准值、大学年龄阶段的男性和女性六边形双腿跳测试的标准值和测试成绩的百分比等级。

统计信息

组内相关系数为0.86~0.95（Pauole et al., 2000）。

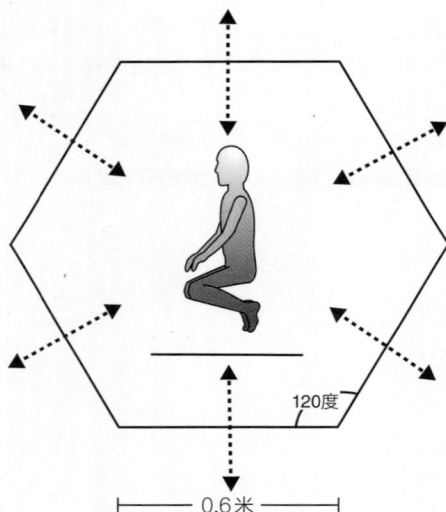

120度

├─── 0.6米 ───┤

改良六边形单腿跳测试

▶ **目的:** 评估受试者在重复进行前后或侧向运动时,爆发力的产生、速度、平衡性、灵敏性、控制单侧下肢和身体的能力,特别强调单侧下肢在不同方向上的运动速度。两侧下肢都进行此测试,对比结果可以评估肢体对称指数。

▶ **器材:** 卷尺、两个秒表、彩色胶带(贴出六边形,边长为60厘米,内角约为120度)。

测试步骤

1. 测试者让受试者用测试侧腿站在六边形内,另一侧髋关节和膝关节屈曲到一定程度,以避免该侧脚与地面接触。

2. 开始时,让受试者站在六边形的中心,整个测试过程中都面向同一方向。

3. 指导受试者用单腿连续地跳出和跳进六边形。

4. 让受试者按顺时针方向进行单腿跳,直到连续跳过六边形的每条边3次,中间不能停顿。

5. 允许受试者在每次尝试之间休息1~2分钟。

6. 让受试者进行3次尝试,记录最短时间,并将其精确到0.1秒。

7. 可以选择另外一种计分方式:取3次尝试的平均成绩。这对受试者能力的评估更准确。

8. 如果受试者在测试中没有跳过所有边线,则让其休息足够的时间后重新测试。

9. 请注意,如果受试者在落地时踩线、失去平衡、非测试侧脚接触地面或多跨了一步,则测试结果无效。

数据分析和解释

■ 标准值(平均时间 ± 标准差)为4.00 ± 0.44秒(运动员;测试者间测试)(n=23)。

■ 标准值(平均时间 ± 标准差)为4.70 ± 0.82秒(非运动员;测试者间测试)(n=24)。

■ 标准值(平均时间 ± 标准差)为4.06 ± 0.45秒(运动员;测试者内测试)。

■ 标准值(平均时间 ± 标准差)为4.78 ± 0.82秒(非运动员;测试者内测试)。

统计信息

■ 测试者间:组内相关系数为0.95,平均值标准误差为0.21(运动员);组内相关系数为0.99,平均值标准误差为0.20(非运动员)。

■ 测试者内:组内相关系数为0.66,平均值标准误差为0.47(运动员);组内相关系数为0.76,平均值标准误差为0.72(非运动员)。

疲劳后单腿跳测试

▶ **目的：** 由于受伤总是倾向于发生在运动的结束阶段，也就是参与者处于疲劳状态的时候（Dugan & Frontera, 2000; Feagin et al., 1987; Ostenberg & Roos, 2000）。因此提倡使用单腿跳测试，来提高评估前交叉韧带重建术后下肢功能性测试的敏感性（Augustsson et al., 2004）。确定受试者在疲劳状态下的单腿跳测试能力，不仅可以更准确地评估受试者的爆发力，还可以得出其在经历前交叉韧带重建术之后安全恢复至正常运动水平的可能性。

▶ **器材：** 秒表、彩色胶带。

测试步骤

1. 和之前介绍的所有单腿跳远测试相同，测试者让受试者用测试侧下肢站在起始线之后，非测试侧下肢的髋关节和膝关节屈曲到一定的角度，以避免该侧脚与地面接触。

2. 要求受试者从彩色胶带标记的起始线开始，尽可能远地向前单腿跳。

3. 受试者在整个测试过程中双手一直放在髋部。

4. 测量起始线到受试者测试侧下肢脚后跟之间的最远距离。

5. 在测试患侧腿之前，先测试健侧腿。

数据分析和解释

■ 奥古斯特森等人（Augustsson et al., 2004）认为，只有受试者能够在落地后保持原地不动（即不出现额外的平衡校正动作），这次单腿跳才算成功。受试者需要一直进行这个测试，直到在每一侧都成功完成3次单腿跳。

■ 作者比较了两个标准测试条件下的单腿跳测试表现水平，即非疲劳状态下和疲劳状态下。为达到疲劳状态，受试者先进行负荷为1RM的50%的单侧伸膝疲劳练习（使用伸膝训练器械），直到无法继续，然后立即进行测试。

■ 在奥古斯特森等人（Augustsson et al., 2004）的测试过程中，受试者用两侧下肢分别完成单腿跳测试，然后完成单侧伸膝疲劳练习，之后立即再进行单腿跳测试。先测试的腿是随机选择的（Augustsson et al., 2004）。

■ 奥古斯特森（Augustsson, 2004）研究的所有受试者都是男性（$n=19$），测试时，他们平均距完成前交叉韧带重建术有11个月的时间。他们在单腿跳测试中的双腿对称性值均处于正常范围（与健侧腿相比，双腿对称性值大于等于90%），而双腿对称性值的正常范围是朱里斯等人（Juris et al., 1997）研究得出的。所有的受试者都在伸膝训练器械上进行了1RM伸膝测试。

■ 尽管没有受试者在非疲劳状态下表现出异常的单腿跳对称性，但68%的受试者在疲劳状态下显示出了异常的单腿跳对称性。受试者在疲劳状态下进行的1RM伸膝测试显示，63%的受试者患侧腿的1RM力量得分低于健侧腿的1RM力量得分的90%（Augustsson et al., 2004）。

■ 患侧腿的股四头肌在进行了负荷为1RM的50%的疲劳练习之后，单腿跳尝试次数平均为5次（3~9次），健侧腿则为4次（3~7次），两侧未见显著差异（$P=0.08$）（Augustsson et al., 2004）。

统计信息

测试与重测信度：组内相关系数为0.96（Augustsson et al., 2004）。

表9.1

下台阶测试的信度

参数	非惯用侧（标准差）	惯用侧（标准差）
前后方向的力	0.739（0.743）	0.822（0.764）
内外侧方向的力	0.872（0.538）	0.557（0.744）
垂直方向的力	0.896（0.939）	0.933（0.947）
前后方向的压力中心	0.828（0.791）	0.866（0.959）
内外侧方向的压力中心	0.889（0.856）	0.911（0.850）

（源自：Colby et al., 1999.）

表9.2

关于Carioca测试的研究

参考文献	受试者	条件	结果
Lephart et al., 1992	41名受试者，具有单侧前交叉韧带缺陷	在60度/秒和270度/秒的角速度下，向心收缩股四头肌和腘绳肌最大扭矩	股四头肌最大扭矩（60度/秒）：0.30 腘绳肌最大扭矩（60度/秒）：0.22 股四头肌和腘绳肌最大扭矩比值（60度/秒）：0.09 股四头肌最大扭矩（270度/秒）：0.27 腘绳肌最大扭矩（270度/秒）：0.19

表9.3

高中和大学阶段的美式橄榄球运动员1RM下蹲的百分比等级

百分位数	高中阶段 （14~15岁）		高中阶段 （16~18岁）		美国大学生体育 协会三级联盟		美国大学生体育 协会一级联盟	
	磅	千克	磅	千克	磅	千克	磅	千克
90	385	175	465	211	470	214	500	227
80	344	156	425	193	425	193	455	207
70	325	148	405	184	405	184	430	195
60	305	139	365	166	385	175	405	184
50	295	134	335	152	365	166	395	180
40	275	125	315	143	365	166	375	170
30	255	116	295	134	335	152	355	161
20	236	107	275	125	315	143	330	150
10	205	93	250	114	283	129	300	136
平均数	294	134	348	158	375	170	395	180
平均差	73	33	88	40	75	34	77	35
样本数量/人	170		249		588		1074	

[源自：J. Hoffman, 2006, *Norms for fitness, performance, and health* (Champaign, IL, Human Kinetics), 36-37.]

表9.4

美国大学生体育协会一级联盟的女性运动员1RM下蹲的百分比等级

百分位数	篮球运动员		垒球运动员		游泳运动员		排球运动员	
	磅	千克	磅	千克	磅	千克	磅	千克
90	178	81	184	84	145	66	185	84
80	160	73	170	77	135	61	171	78
70	147	67	148	67	129	59	165	75
60	135	61	139	63	120	55	153	70
50	129	59	126	57	116	53	143	65
40	115	52	120	55	112	51	136	62
30	112	51	112	51	104	47	126	57
20	101	46	94	43	101	46	112	51
10	81	37	76	35	97	44	98	45
平均数	130	59	130	59	118	54	144	65
平均差	42	19	42	19	19	9	33	15
样本数量/人	86		97		35		62	

[源自：J. Hoffman, 2006, *Norms for fitness, performance, and health* (Champaign, IL, Human Kinetics), 37.]

表9.5

不同运动员群体1RM下蹲的标准值（单位为磅）

参考文献	人群	性别	标准值
篮球运动员			
Latin et al., 1994	美国大学生体育协会一级联盟运动员 护锋 前锋 中锋	男	334±81 332±79 356±84 304±70
美式橄榄球运动员			
Garstecki et al., 2004	美国大学生体育协会一级联盟运动员 四分卫 跑卫 外接手 进攻内锋 近端锋 防守内锋 线卫 防守后卫	男	510±90 440±99 513±73 453±88 552±75 510±81 543±77 530±81 458±88
Garstecki et al., 2004	美国大学生体育协会二级联盟运动员 四分卫 跑卫 外接手 进攻内锋 近端锋 防守内锋 线卫 防守后卫	男	449±90 394±88 473±88 383±77 488±79 447±64 482±79 460±84 389±84
英式足球运动员			
Wisloff et al., 1998	挪威优秀运动员	男	330±42
排球运动员			
Fry et al., 1991	美国大学生体育协会一级联盟运动员	女	180±26

表9.6

优秀举重运动员1RM后蹲和1RM前蹲的标准值

测试	体重									
	52千克	56千克	60千克	67.5千克	75千克	82.5千克	90千克	100千克	110千克	>110千克
后蹲	170~190	180~200	200~220	210~230	220~240	230~250	240~260	260~280	270~290	275~300
前蹲	150~165	155~170	170~190	180~200	200~220	210~230	220~240	240~260	245~265	252.5~262.5

（源自：Ajan and Baroga, 1988.）

表9.7

不同年龄和性别人群1RM腿举的标准值（举起重量/体重）

女性						
等级	<20岁	20~29岁	30~39岁	40~49岁	50~59岁	>59岁
特别优秀	≥1.71	≥1.68	≥1.47	≥1.37	≥1.25	≥1.18
优秀	1.60~1.70	1.51~1.67	1.34~1.46	1.24~1.36	1.11~1.24	1.05~1.17
良好	1.39~1.59	1.38~1.50	1.22~1.33	1.14~1.23	1.00~1.10	0.94~1.04
合格	1.23~1.38	1.23~1.37	1.10~1.21	1.03~1.13	0.89~0.99	0.86~0.93
不合格	≤1.22	≤1.22	≤1.09	≤1.02	≤0.88	≤0.85
男性						
等级	<20岁	20~29岁	30~39岁	40~49岁	50~59岁	>59岁
特别优秀	≥2.28	≥2.13	≥1.93	≥1.82	≥1.71	≥1.62
优秀	2.05~2.27	1.98~2.12	1.78~1.92	1.62~1.81	1.59~1.70	1.50~1.61
良好	1.91~2.04	1.84~1.97	1.66~1.77	1.58~1.68	1.47~1.58	1.39~1.49
合格	1.71~1.90	1.64~1.83	1.53~1.65	1.45~1.57	1.33~1.46	1.26~1.38
不合格	≤1.70	≤1.63	≤1.52	≤1.44	≤1.32	≤1.25

[源自：The Cooper Institute, 1997, *The Physical Fitness Specialist Certification Manual*, revised 1997 (Dallas, TX: The Cooper Institute for Aerobics Research).]

表9.8

不同年龄和性别人群1RM卧推的标准值（举起重量/体重）

女性						
等级	<20岁	20~29岁	30~39岁	40~49岁	50~59岁	>59岁
特别优秀	≥0.78	≥0.81	≥0.71	≥0.63	≥0.56	≥0.55
优秀	0.66~0.77	0.71~0.80	0.61~0.70	0.55~0.62	0.49~0.55	0.48~0.54
良好	0.59~0.65	0.60~0.70	0.54~0.60	0.51~0.54	0.44~0.48	0.43~0.47
合格	0.54~0.58	0.52~0.59	0.48~0.53	0.44~0.50	0.40~0.43	0.39~0.42
不合格	≤0.53	≤0.51	≤0.47	≤0.43	≤0.39	≤0.38
男性						
等级	<20岁	20~29岁	30~39岁	40~49岁	50~59岁	>59岁
特别优秀	≥1.34	≥1.32	≥1.12	≥1.00	≥0.90	≥0.82
优秀	1.20~1.33	1.15~1.31	0.99~1.11	0.89~0.99	0.80~0.89	0.72~0.81
良好	1.07~1.19	1.00~1.14	0.89~0.98	0.81~0.88	0.72~0.79	0.67~0.71
合格	0.90~1.06	0.89~0.99	0.79~0.88	0.73~0.80	0.64~0.71	0.58~0.66
不合格	≤0.89	≤0.88	≤0.78	≤0.72	≤0.63	≤0.57

[源自: The Cooper Institute, 1997, *The Physical Fitness Specialist Certification Manual*, revised 1997 (Dallas, TX: The Cooper Institute for Aerobics Research).]

表9.9

普通人群1RM卧推的百分比等级（举起重量/体重）

百分位数	20~29岁		30~39岁		40~49岁		50~59岁		>59岁	
	男性	女性	男性	女性	男性	女性	男性	女性	男性	女性
90	1.48	0.54	1.24	0.49	1.10	0.46	0.97	0.40	0.89	0.41
80	1.32	0.49	1.12	0.45	1.00	0.40	0.90	0.37	0.82	0.38
70	1.22	0.42	1.04	0.42	0.93	0.38	0.84	0.35	0.77	0.36
60	1.14	0.41	0.98	0.41	0.88	0.37	0.79	0.33	0.72	0.32
50	1.06	0.40	0.93	0.38	0.84	0.34	0.75	0.31	0.68	0.30
40	0.99	0.37	0.88	0.37	0.80	0.32	0.71	0.28	0.66	0.29
30	0.93	0.35	0.83	0.34	0.76	0.30	0.68	0.26	0.63	0.28
20	0.88	0.33	0.78	0.32	0.72	0.27	0.63	0.23	0.57	0.26
10	0.80	0.30	0.71	0.27	0.65	0.23	0.57	0.19	0.53	0.25

[源自: V. H. Heyward, 2006, *Advanced fitness assessment & exercise prescription*, 5th ed. (Champaign, IL: Human Kinetics), 123. Data from The Cooper Institute, Dallas, TX, 2005.]

表9.10

不同运动员群体1RM卧推的标准值（单位为磅）

参考文献	人群	性别	标准值
篮球运动员			
Latin et al., 1994	美国大学生体育协会一级联盟运动员 　护锋 　前锋 　中锋	男	227±42 222±40 229±48 229±37
美式橄榄球运动员			
Garstecki et al., 2004	美国大学生体育协会一级联盟运动员 　四分卫 　跑卫 　外接手 　进攻内锋 　近端锋 　防守内锋 　线卫 　防守后卫	男	363±59 359±48 385±53 332±59 383±62 378±37 396±53 352±53 312±37
Garstecki et al., 2004	美国大学生体育协会二级联盟运动员 　四分卫 　跑卫 　外接手 　进攻内锋 　近端锋 　防守内锋 　线卫 　防守后卫	男	321±57 284±51 323±44 271±44 352±55 317±35 356±46 321±48 277±40
橄榄球运动员			
Meir et al., 2001	澳大利亚和英格兰专业橄榄球运动员 　前锋 　后卫	男	271±26 251±37
英式足球运动员			
Wisloff et al., 1998	挪威优秀运动员	男	176±33
手球运动员			
Hoff & Almasbakk, 1995	挪威二级运动员	女	121±4
排球运动员			
Fry et al., 1991	美国大学生体育协会一级联盟运动员	女	103±18

表9.11

高中和大学阶段的美式橄榄球运动员1RM卧推的百分比等级

百分位数	高中阶段 （14~15岁）		高中阶段 （16~18岁）		美国大学生体育 协会三级联盟		美国大学生体育 协会一级联盟	
	磅	千克	磅	千克	磅	千克	磅	千克
90	243	110	275	125	365	166	370	168
80	210	95	250	114	325	148	345	157
70	195	89	235	107	307	140	325	148
60	185	84	225	102	295	134	315	143
50	170	77	215	98	280	127	300	136
40	165	75	205	93	273	124	285	130
30	155	70	195	89	255	116	270	123
20	145	66	175	80	245	111	255	116
10	125	57	160	73	225	102	240	109
平均值	179	81	214	97	287	130	301	137
标准差	45	20	44	20	57	26	53	24
样本数量／人	214		339		591		1189	

[源自：J. Hoffman, 2006, *Norms for fitness, performance, and health* (Champaign, IL, Human Kinetics), 36.]

表9.12

美国大学生体育协会一级联盟的女性运动员1RM卧推的百分比等级

百分位数	篮球运动员		垒球运动员		游泳运动员		排球运动员	
	磅	千克	磅	千克	磅	千克	磅	千克
90	124	56	117	53	116	53	113	51
80	119	54	108	49	109	50	108	49
70	115	52	104	47	106	48	104	47
60	112	51	99	45	101	46	100	45
50	106	48	95	43	97	44	98	45
40	102	46	90	41	94	43	96	44
30	96	44	85	39	93	42	90	41
20	88	40	80	36	88	40	85	39
10	82	37	69	31	78	35	79	36
平均值	105	48	94	43	98	45	97	44
标准差	18	8	18	8	15	7	14	6
n	120		105		42		67	

[源自：J. Hoffman, 2006, *Norms for fitness, performance, and health* (Champaign, IL, Human Kinetics), 37.]

表9.13

改良单腿蹲测试的成绩（单位为千克）

性别	惯用侧	非惯用侧	差异
男	107.0±21.4	106.0±21.4	0.9±4.3
女	45.3±12.5	45.0±12.4	0.3±2.8

（源自：*Journal of Sports Science and Medicine*, Vol 4, K.McCurdy and G. Langford, Comparison of unilateral squat strength between the dominant and non-dominant leg in men and women，153-159, 2005.）

表9.14

立定跳远测试的成绩

参考文献	人群	测试变量	成绩
Robertson & Fleming, 1987	女性（*n*=4） 男性（*n*=2）	平均距离	215.2±25.3厘米
		最大垂直力	（2.05±0.13）×体重
		最大水平力	（0.65±0.07）×体重
Markovic et al., 2004	身体活跃的大学年龄段男性（*n*=93）	平均距离	251.5±15.0厘米
Koch et al., 2003	男性运动员（*n*=8） （平均身高为179±3厘米）	平均距离	2.43±0.14米
	女性运动员（*n*=3） （平均身高为166±7厘米）	平均距离	2.28±0.16米
	男性非运动员（*n*=8） （平均身高为179±7厘米）	平均距离	2.33±0.16米
	女性非运动员（*n*=3） （平均身高为166±8厘米）	平均距离	1.61±0.28米

表9.15

优秀男性和女性运动员立定跳远测试的百分比等级

百分位数	男性		女性	
	英寸	厘米	英寸	厘米
90	148	375	124	315
80	133	339	115	293
70	122	309	110	279
60	116	294	104	264
50	110	279	98	249
40	104	264	92	234
30	98	249	86	219
20	92	234	80	204
10	86	219	74	189

[源自：J. Hoffman, 2006, *Norms for fitness, performance, and health* (Champaign，IL: Human Kinetics)，58.]

表9.16

15岁和16岁男性和女性运动员立定跳远测试的百分比等级

等级	男性		女性	
	英寸	厘米	英寸	厘米
优秀	79	201	65	166
高于平均值	73	186	61	156
平均值	69	176	57	146
低于平均值	65	165	53	135
不合格	<65	<165	<53	<135

[源自：J. Hoffman, 2006, *Norms for fitness, performance, and health* (Champaign，IL: Human Kinetics)，58.]

表9.17

多个研究中单腿跳远测试的标准值（单位为厘米）和信度

参考文献	受试者	测试变量	得分（平均值 ± 标准差） 距离（单位：厘米）（标准差）	信度（组内相关系数）
Ageberg et al., 1998	75名正常受试者			0.96
Bandy et al., 1994	18名正常受试者	惯用侧腿		0.93
Barber et al., 1990	93名正常受试者	高运动水平女性 惯用侧腿 非惯用侧腿	 121.5 ± 18.5 122.0 ± 21.0	
		中等运动水平女性 惯用侧腿 非惯用侧腿	 117.8 ± 21.3 113.7 ± 19.3	
		高运动水平男性 惯用侧腿 非惯用侧腿	 187.8 ± 25.5 189.6 ± 27.6	
		中等运动水平男性 惯用侧腿 非惯用侧腿	 149.6 ± 17.3 150.7 ± 16.2	
		男性英式足球运动员 惯用侧腿 非惯用侧腿	 204.0 ± 14.9 202.3 ± 8.8	
Bolgla et al., 1997	20名受试者：5名男性，15名女性	惯用侧腿		0.96
Booher et al., 1993	18名受试者：4名男性，14名女性	惯用侧腿		0.99
Brosky et al., 1999	15名单侧前交叉韧带重建的男性	非手术侧腿 手术侧腿	173.5 ± 21.1 173.1 ± 18.5	0.88~0.97 无精确信度
DeCarlo & Sell, 1997	889名健康受试者：578名男性，311名女性	男性 右侧 左侧 百分比差异	 153.9 ± 27.5 155.1 ± 28.5 99.7 ± 8.32	
		女性 右侧 左侧 百分比差异	 122.5 ± 19.5 119.9 ± 20.5 102.8 ± 9.25	
Greenberger & Paterno, 1994	20名正常受试者	惯用侧腿 非惯用侧腿		0.92 0.96
Greenberger & Paterno, 1995	20名正常受试者	惯用侧腿 非惯用侧腿	147.4 ± 26.11 143.4 ± 27.00	

续表

参考文献	受试者	测试变量	得分（平均值 ± 标准差）距离（单位：厘米）（标准差）	信度（组内相关系数）
Gauffin et al., 1990	15名慢性前交叉韧带撕裂的患者，分为使用支持矫正带组和不使用支持矫正带组，组成对照组	前交叉韧带缺陷 　患侧膝侧使用支持矫正带组 　患侧膝侧不使用支持矫正带组 健侧膝侧 对照组	158 ± 16 157 ± 16 164 ± 13 177 ± 13	
Hu et al., 1992	30名正常受试者	两侧腿		0.79~0.96 无精确信度
Itoh et al., 1998	50名单侧前交叉韧带缺陷患者：23名男性，27名女性	男性的惯用侧腿 女性的惯用侧腿 男性的非惯用侧腿 女性的非惯用侧腿	193 ± 0.19 149 ± 0.14 184 ± 0.18 142 ± 0.14	
Keays et al., 2001	31名使用腘绳肌自体移植进行单侧前交叉韧带重建的患者	术前 　患侧腿 　健侧腿 术后（6个月） 　患侧腿 　健侧腿	122.87 ± 37.53 149.63 ± 26.91 136.35 ± 28.87 155.09 ± 23.49	
Kramer et al., 1992	38名单侧前交叉韧带缺陷患者：22名男性，16名女性		126.5	男性患侧腿：0.85 男性健侧腿：0.77 女性患侧腿：0.94 女性健侧腿：0.90
Manske et al., 2003	28名正常受试者	惯用侧腿 非惯用侧腿	126.6 ± 21.6 127.8 ± 28.2	0.96 0.97
Negrete & Brophy, 2003	60名正常受试者			0.85
Ross et al., 2002	18名正常受试者			0.92
Vandermeulen et al., 2000	46名正常受试者			0.84~0.92

表9.18

改良测力板上单腿跳远测试的信度和标准差

参考文献	受试者	测试参数	信度（组内相关系数）和标准差
Colby et al., 1999	25名普通受试者 11名前交叉韧带重建的受试者 13名前交叉韧带缺陷的受试者	前后方向的力 　惯用侧腿 　非惯用侧腿	 0.958和0.988 0.925和0.988
		内外侧方向的力 　惯用侧腿 　非惯用侧腿	 0.872和0.951 0.875和0.966
		垂直方向的力 　惯用侧腿 　非惯用侧腿	 0.899和0.983 0.971和0.984
		前后方向的压力中心 　惯用侧腿 　非惯用侧腿	 0.682和0.062 0.752和0.754
		内外侧方向的压力中心 　惯用侧腿 　非惯用侧腿	 0.53和0.366 0.715和0.202

表9.19

单腿跳远测试成绩和多个条件的相关性

参考文献	受试者	条件	相关性
Barber et al., 1990	93名普通受试者		
Delitto et al., 1993	30名单侧前交叉韧带重建患者	60度/秒和120度/秒的角速度下，两侧股四头肌向心和离心收缩的最大扭矩和做功	向心运动时股四头肌的最大扭矩和做功（r为0.038~0.46） 离心运动时股四头肌的最大扭矩和做功（r为0.09~0.27）
Greenberger & Paterno, 1995	20名普通受试者	240度/秒的角速度下，股四头肌向心收缩的最大扭矩	惯用侧最大扭矩（r=0.782） 非惯用侧最大扭矩（r=0.649）
Sernert et al., 1999	527名单侧前交叉韧带重建患者	Lysholm活动量得分	Lysholm活动量得分（P=0.36）
Swarup et al., 1992	30名普通受试者	60度/秒和120度/秒的角速度下，两侧股四头肌向心和离心收缩的最大扭矩和做功	男性左腿的股四头肌向心收缩的最大扭矩在屈膝60和120度时发生，最大做功在屈膝120度时发生（r为0.72~0.89） 男性右腿的股四头肌向心收缩的最大扭矩在屈膝60度和120度时发生，最大做功在屈膝120度时发生（r为0.56~0.73） 女性的股四头肌向心收缩的最大扭矩在屈膝60度和120度时发生，最大做功在屈膝120度时发生（r为0.57~0.63）
Tegner et al., 1986		120度/秒的角速度下，两侧股四头肌向心收缩的最大扭矩	
Wiklander & Lysholm, 1987		180度/秒的角速度下，两侧股四头肌向心收缩的最大扭矩	
Wilk et al., 1994	50名前交叉韧带重建患者	180度/秒、300度/秒、450度/秒的角速度下，股四头肌向心收缩的最大扭矩	股四头肌向心收缩的最大扭矩（r为0.41~0.62） 股四头肌向心收缩的伸膝加速度（r为0.06~0.41） 股四头肌向心收缩的加速度（r为0.09~0.17）

表9.20

青少年垂直双腿跳测试的百分比等级

百分位数	7~8岁		9~10岁		11~12岁	
	英寸	厘米	英寸	厘米	英寸	厘米
90	9.6	24.4	11.5	29.2	16.5	41.9
80	9.3	23.6	11.0	27.9	14.3	36.3
70	8.7	22.1	10.4	26.4	12.3	31.2
60	8.1	20.6	9.9	25.1	11.8	30.0
50	8.0	20.3	9.5	24.1	10.5	26.7
40	7.7	19.6	9.0	22.9	10.0	25.4
30	7.5	19.1	8.6	21.8	9.6	24.4
20	7.1	18.0	7.8	19.8	8.8	22.4
10	6.9	17.5	7.0	17.8	6.8	17.3
平均值	8.1	20.6	9.3	23.6	11.2	28.4
标准差	1.0	2.5	1.7	4.3	3.5	8.9
样本数量/人	26		67		74	

百分位数	13~14岁男孩		13~14岁女孩		15~16岁男孩		15~16岁女孩		17~18岁男孩	
	英寸	厘米	英寸	厘米	英寸	厘米	英寸	厘米	英寸	厘米
90	21.0	53.3	17.0	43.2	27.0	68.6	18.5	47.0	28.2	71.6
80	20.0	50.8	16.0	40.6	24.0	61.0	17.5	44.5	26.0	66.0
70	19.0	48.3	16.0	40.6	22.5	57.2	16.9	42.9	25.0	63.5
60	18.4	46.7	15.0	38.1	22.0	55.9	16.0	40.6	23.8	60.5
50	17.0	43.2	14.5	36.8	20.5	52.1	15.5	39.4	22.0	55.9
40	16.0	40.6	14.0	35.6	20.0	50.8	14.9	37.8	20.2	51.3
30	15.0	38.1	14.0	35.6	20.0	20.8	14.1	35.8	19.4	49.3
20	13.8	35.1	13.5	34.3	17.0	43.2	13.2	33.5	18.6	47.2
10	12.3	31.2	13.0	33.0	17.0	43.2	10.0	25.4	18.0	45.7
平均值	16.8	42.7	14.6	37.1	20.9	53.1	15.2	38.6	22.6	57.4
标准差	3.4	8.6	1.5	3.8	3.4	8.6	2.7	6.9	3.8	9.7
样本数量/人	42		19		29		16		27	

[源自：J. Hoffman，2006，*Norms for fitness，performance，and health* (Champaign，IL，Human Kinetics)，59.]

表9.21

篮球运动员垂直双腿跳（无跨步）测试的百分比等级

百分位数	14岁运动员		15岁运动员		16岁运动员		17岁运动员	
	英寸	厘米	英寸	厘米	英寸	厘米	英寸	厘米
90	25.6	65.0	27.1	68.8	29.0	73.7	28.3	71.9
80	23.4	59.4	25.0	63.5	27.5	69.9	26.5	67.3
70	22.5	57.2	24.0	61.0	25.7	65.3	24.5	62.2
60	21.6	54.9	23.0	58.4	24.7	62.7	24.0	61.0
50	21.0	53.3	23.0	58.4	24.0	61.0	24.0	61.0
40	20.9	53.1	22.0	55.9	23.0	58.4	23.5	59.7
30	20.3	51.6	21.5	54.6	22.4	56.9	22.9	58.2
20	18.0	45.7	20.5	52.1	20.9	53.1	21.6	54.9
10	15.4	39.1	20.0	50.8	19.5	49.5	21.0	53.3
平均值	21.0	53.3	23.1	58.7	24.0	61.0	24.0	61.0
标准差	3.1	7.9	3.0	7.6	3.9	9.9	2.3	5.8
样本数量/人	21		87		58		22	

百分位数	美国大学生体育协会一级联盟男性运动员		美国大学生体育协会一级联盟女性运动员		美国职业篮球联赛运动员	
	英寸	厘米	英寸	厘米	英寸	厘米
90	30.5	77.5	21.6	54.9	31.2	79.2
80	30.0	76.2	20.1	51.1	29.5	74.9
70	28.5	72.4	19.7	50.0	28.4	72.1
60	28.0	71.1	18.5	47.0	27.5	69.9
50	27.5	69.9	18.0	45.7	27.0	68.6
40	26.8	68.1	17.5	44.5	26.2	66.5
30	26.0	66.0	16.5	41.9	24.6	62.5
20	25.5	64.8	15.9	40.4	23.6	59.9
10	24.5	62.2	14.5	36.8	22.4	56.9
平均值	27.7	70.4	18.0	45.7	26.7	67.8
标准差	2.4	6.1	2.5	6.4	3.3	8.4
样本数量/人	138		118		40	

[源自：J. Hoffman, 2006, *Norms for fitness, performance, and health* (Champaign, IL, Human Kinetics), 61.]

表9.22

排球运动员垂直双腿跳测试的百分比等级

年龄	性别	百分位数										
		100	90	80	70	60	50	40	30	20	10	0
9~11	男和女	16	15	14	12	11	10	9	7	4	2	0
12~14	男	20	18	17	16	14	13	11	9	5	2	0
	女	16	15	14	13	12	11	10	8	4	2	0
15~17	男	25	24	23	21	19	16	12	8	5	2	0
	女	17	16	15	14	13	11	8	7	3	2	0
18~34	男	26	25	24	23	19	16	13	9	8	2	0
	女	14	13	13	12	10	8	6	4	2	1	0

（源自：H.T. Friermood, 2004，Volleyball skills contest for olympic development. In *United States Volleyball Association, annual official volleyball rules and reference guide of the U. S. Volleyball Association*. Courtesy of USA Volleyball. ）

表9.23

美国大学生体育协会一级联盟的女性运动员垂直双腿跳（无跨步）测试的百分比等级

百分位数	排球运动员		垒球运动员		游泳运动员	
	英寸	厘米	英寸	厘米	英寸	厘米
90	20.0	50.8	18.5	47.0	19.9	50.5
80	18.9	48.0	17.0	43.2	18.0	45.7
70	18.0	45.7	16.0	40.6	17.4	44.2
60	17.2	44.5	15.0	38.1	16.1	40.9
50	17.0	43.2	14.5	36.8	15.0	38.1
40	16.7	42.4	14.0	35.6	14.5	36.8
30	16.5	41.9	13.0	33.0	13.0	33.0
20	16.0	40.6	12.0	30.5	12.5	31.8
10	15.5	39.4	11.0	27.9	11.6	29.5
平均值	17.3	43.9	14.6	37.1	15.3	38.9
标准差	2.1	5.3	2.9	7.4	3.0	7.6
样本数量/人	90		118		40	

[源自：J. Hoffman，2006，*Norms for fitness，performance，and health* (Champaign，IL，Human Kinetics)，62.]

表9.24

基于性别和年龄的加拿大人垂直双腿跳测试的标准值（平均值 ± 标准误差）

年龄	*n*	厘米	英寸
女性			
15~19	59	34 ± 1	13.4 ± .39
20~29	83	30 ± 1	11.8 ± .39
30~39	56	29 ± 1	11.4 ± .39
40~49	47	23 ± 1	9.1 ± .39
50~59	47	18 ± 1	7.1 ± .39
60~69	20	11 ± 1	4.3 ± .39
男性			
15~19	54	48 ± 1	18.9 ± .39
20~29	73	50 ± 1	19.7 ± .39
30~39	44	43 ± 1	16.9 ± .39
40~49	27	35 ± 1	13.8 ± .39
50~59	36	28 ± 1	11 ± .39
60~69	25	24 ± 1	9.5 ± .39

（源自：N. Payne et al.，2000，Canadian musculoskeletal fitness norms，*Canadian Journal of Applied Physiology* 25: 430-442.）

表9.25

加拿大男性和女性的垂直双腿跳测试的标准值（单位为厘米）

百分位数	年龄					
	15~19岁	20~29岁	30~39岁	40~49岁	50~59岁	60~69岁
女性						
91~100	≥42	≥41	≥38	≥33	≥27	≥21
81~90	40~41	38~40	36~37	31~32	25~26	19~20
71~80	38~39	36~37	34~35	29~30	23~24	17~18
61~70	36~37	34~35	32~33	27~28	21~22	15~16
51~60	34~35	31~33	30~31	25~26	19~20	13~14
41~50	32~33	29~30	28~29	23~24	16~18	11~12
31~40	30~31	27~28	26~27	21~22	13~15	9~10
21~30	28~29	25~26	24~25	18~20	10~12	7~8
11~20	26~27	20~24	20~23	15~17	6~9	4~6
0~10	≤25	≤19	≤19	≤14	≤5	≤3

百分位数	年龄					
	15~19岁	20~29岁	30~39岁	40~49岁	50~59岁	60~69岁
	男性					
91~100	≥58	≥61	≥55	≥52	≥48	≥35
81~90	56~57	58~60	52~54	43~51	41~47	33~34
71~80	54~55	56~57	49~51	39~42	37~40	31~32
61~70	51~53	54~55	46~48	36~38	34~36	29~30
51~60	48~50	51~53	43~45	34~35	31~33	27~28
41~50	46~47	48~50	40~42	32~33	28~30	25~26
31~40	44~45	45~47	37~39	30~31	25~27	23~24
21~30	42~43	42~44	31~36	26~29	18~24	18~22
11~20	39~41	39~41	24~30	22~25	11~17	13~17
0~10	≤38	≤38	≤23	≤21	≤10	≤12

（源自：N. Payne et al.，2000，Canadian musculoskeletal fitness norms，*Canadian Journal of Applied Physiology* 25: 430-442.）

表9.26

大学阶段的男性和女性受试者垂直双腿跳测试成绩（单位为厘米）的百分比等级（样本数量为152人）

百分位数	女性垂直双腿跳测试成绩	男性垂直双腿跳测试成绩
90	53.34	74.93
80	48.76	71.12
70	45.72	66.04
60	41.91	62.23
50	40.64	58.42
40	36.83	54.86
30	33.02	53.34
20	30.48	49.53
10	27.94	43.18

（源自：K. Pauole et al.，2000，Reliability and validity of the T-test as a measure of agility，leg power，and leg speed in college-aged men and women，*Journal of Strength and Conditioning Research* 14:443-450.）

表9.27

不同运动项目的运动员垂直双腿跳测试的标准值（单位为厘米）

参考文献	性别	人群	样本数量/人	标准值
篮球运动员				
Hoffman et al., 1991	男	美国大学生体育协会一级联盟运动员	9	64.3±7.9
Hoffman et al., 1996	男	美国大学生体育协会一级联盟运动员	29	67.3±6.0
Latin et al., 1994	男	美国大学生体育协会一级联盟运动员	437	中锋: 66.8±10.7 前锋: 71.4±10.4 防卫: 73.4±9.6
LaMonte et al., 1999	女	美国大学生体育协会一级联盟运动员	9 19 18	中锋: 43.5±4.5 前锋: 49.4±11.1 防卫: 49.4±6.2
Soares et al., 1986	男	巴西国家队运动员	21	中锋: 55.9±8.1 前锋: 66.8±8.3 防卫: 61.6±8.5
Smith & Thomas, 1991	女	加拿大国家队运动员		中锋: 42.0±3.0 前锋: 44.5±4.4 防卫: 48.9±4.9
Woolstenhulme et al., 2004	女	美国大学生体育协会一级联盟运动员	18	单腿起跳: 33.3±3.8 双腿起跳: 49.5±4.8
排球运动员				
Fry et al., 1991	女	美国大学生体育协会一级联盟运动员		48.0±4.2
Stockbrugger & Haennel, 2003	男	竞赛运动员	20	62.0±7
美式橄榄球运动员				
Garstecki et al., 2004	男	美国大学生体育协会一级联盟运动员	26 50 48 124 26 101 75 99	四分卫: 80.7±6.4 跑卫: 85.9±7.7 外接手: 87.4±7.0 进攻内锋: 68.8±6.2 近端锋: 79.6±7.2 防守内锋: 77.9±8.2 线卫: 83.2±7.8 防守后卫: 87.8±7.8
Garstecki et al., 2004	男	美国大学生体育协会二级联盟运动员	18 35 34 88 17 70 53 70	四分卫: 70.3±9.3 跑卫: 74.2±11.0 外接手: 77.8±12.1 进攻内锋: 60.4±8.6 近端锋: 70.1±8.7 防守内锋: 66.9±11.3 线卫: 72.4±10.8 防守后卫: 78.0±10.3

续表

参考文献	性别	人群	样本数量/人	标准值
摔跤运动员				
Callan et al., 2000	男	国家队运动员	8	60±10
Kraemer & Gotshalk, 2000	男	美国大学生体育协会一级联盟运动员		59.9±9.9
Stockbrugger & Haennel, 2003	男	竞赛运动员	20	52±8
举重运动员				
Fry et al., 2003	男	国家队运动员	6	60.8±3.9
英式足球运动员				
Kirkendall, 2000	女	美国优秀青少年和成年运动员*		U12: 40.3 U13: 40.8 U14: 42.8 U15: 44.9 U16: 45.6 U17: 49.6 U18: 43.1
Kirkendall, 2000	男	国家队运动员		U13: 47.2 U14: 53.8 U15: 61.0 U16: 65.2

*=允许单步助跑。

表9.28

6米计时单腿跳测试的信度

参考文献	受试者	条件	测试与重测信度	效度	相关性
Bandy et al., 1994	18名受试者，性别不详	2次尝试，3米而非6米	0.92	未显示	未显示
Bolgla & Keskula, 1997	20名受试者：5名男性，15名女性	3次尝试	0.66	未显示	未显示
Booher et al., 1993	18名受试者：4名男性，14名女性	1次尝试	0.77	未显示	未显示
Manske et al., 2003	28名受试者，性别不详	3次尝试	0.92（惯用侧）0.96（非惯用侧）	未显示	未显示
Reid et al., 2007	42名前交叉韧带重建患者	3次尝试	0.82	未显示	与自我评定量表的相关系数为0.42与下肢功能性评分的相关系数为0.28
Ross et al., 2002	18名男性受试者	3次尝试	0.92	未显示	未显示

表9.29

多项研究中单腿交叉跳远测试的成绩（单位为厘米）和信度

参考文献	受试者	测试变量	成绩	信度（组内相关系数）
Clark et al., 2002	12名受试者：4名男性，8名女性	最大限度的单腿跳距离（单腿跳4次）	601.1±117.6	0.94
Gaunt & Curd, 2001	201名高中年龄阶段运动员	最大限度的单腿跳距离（单腿跳3次）	女性（*n*=85）：381.7（67.8）男性（*n*=116）：505.5（101.4）	
		肢体对称指数	女性：91.0±0.7男性：93.0±0.6	
Goh & Boyle, 1997	10名受试者	单腿跳距离		0.85
Wilk et al., 1994	50名前交叉韧带重建患者：29名男性，21名女性	最大限度的单腿跳距离（单腿跳3次）	健侧腿：187.6±36.1患侧腿：161.9±39.7	
Reid et al., 2007	42名前交叉韧带重建患者：23名男性，19名女性	最大限度的单腿跳距离（单腿跳3次）	健侧腿：376.1±83.2女性术后22周患侧腿：336.9±87.9健侧腿：431.0±89.4男性术后22周患侧腿：377.2±88.3	0.84
Ross et al., 2002	18名男性受试者	最大限度的单腿跳距离		0.93

表9.30

等速测试与单腿交叉跳远测试的相关性

速度	最大伸膝	伸膝加速	伸膝减速
180	$P=0.0001$，$r=0.69$	$P=0.05$，$r=0.53$	$P=0.0001$，$r=0.51$
300	$P=0.001$，$r=0.64$	$P=0.05$，$r=0.54$	$P=0.05$，$r=0.49$
450	$P=0.001$，$r=0.53$	$P=0.30$，$r=0.16$	$P=0.17$，$r=0.23$

（源自：Wilk et al., 1994.）

表9.31

单腿跳停测试的成绩：正常受试者（$n=100$）和患者（$n=20$）

	单腿跳高度百分比/%*	单腿跳对称性/%	单腿跳停比率/%*	停止动作对称性/%
正常女性（$n=50$）	70.48 ± 10.88（65%）	93.98 ± 4.42	113.67 ± 9.54	93.57 ± 5.37
正常男性（$n=50$）	83.85 ± 7.57	94.26 ± 5.28	110.04 ± 8.15	93.11 ± 5.95
组合（$n=100$）	不适用	94.12 ± 4.84（90%）	111.86 ± 8.85（105%）	93.34 ± 5.66（90%）
有症状的女性（$n=9$）	54.04 ± 6.06[#]	82.72 ± 1.59	99.83 ± 15.19	77.91 ± 3.74
有症状的男性（$n=11$）	66.82 ± 14.59[#]	80.29 ± 11.77	91.99 ± 9.73	75.92 ± 13.15
组合（$n=20$）		81.00 ± 9.86[#]	94.29 ± 11.67[#]	76.50 ± 11.10[#]

显示的数值为平均值±标准差，括号中的数字是运动表现标准得分。
* 单腿跳高度百分比（单腿跳最大距离与身高的比率）与单腿跳停比率（控制跨步跳最大距离对单腿跳最大距离的比率）是参考正常人双侧单腿跳平均距离演算而来的。
[#] 代表与正常人群存在显著差异。
（源自：P. M. Juris et al., 1997, A dynamic test of lower extremity function following anterior cruciate ligament reconstruction and rehabilitation, *Journal of Orthopedic Sports Physical Therapy* 26:184-191.）

表9.32

单腿跳停测试的预测值

	单腿跳高度百分比/%	单腿跳对称性/%	单腿跳停比率/%	停止动作对称性/%
正常（特异性）	78	92	81	89
有症状（敏感性）	90	95	85	95

特异性=达标的正常受试者数量占正常受试者总数的百分比，敏感性=未达标的功能障碍受试者数量占功能障碍受试者总数的百分比。
（源自：P. M. Juris et al., 1997, A dynamic test of lower extremity function following anterior cruciate ligament reconstruction and rehabilitation, *Journal of Orthopedic Sports Physical Therapy* 26:184-191.）

表9.33

功能性能力测试的标准值

测试	标准值 男性*（n=23）	标准值 女性*（n=37）	测试者间信度#组内相关系数（平均值标准误差）		测试者内信度#组内相关系数（平均值标准误差）	
			运动员	非运动员	运动员	非运动员
数字8单腿跳测试（秒） 惯用侧腿 非惯用侧腿	 11.36±1.30 11.39±1.38	 12.47±0.89 12.64±0.88	（n=23） 0.99（0.32）	（n=23） 0.99（0.23）	（n=23） 0.85（0.91）	（n=23） 0.92（0.82）
上下单腿跳测试（秒） 惯用侧腿 非惯用侧腿	 7.60±1.13 7.62±1.06	 8.68±0.78 8.65±0.75	（n=22） 0.96（0.42）	（n=15） 0.99（0.36）	（n=22） 0.84（0.81）	（n=15） 0.92（0.96）
侧向单腿跳测试（秒） 惯用侧腿 非惯用侧腿	 7.36±1.51 7.40±1.56	 8.20±0.80 8.21±0.82	（n=24） 0.97（0.41）	（n=20） 0.99（0.27）	（n=24） 0.48（1.43）	（n=20） 0.88（0.95）
一次单腿跳远测试（米） 惯用侧腿 非惯用侧腿	 1.93±0.19 1.84±0.18	 1.49±0.14 1.42±0.14	0.97 （0.41）	0.99 （0.27）	0.48 （1.43）	0.88 （0.95）

所有测试都存在显著差异，不论性别（$P<0.05$）。

[*源自：Itoh et al., 1998. #源自：Ortiz et al., 2005.]。

表9.34

功能性能力测试的左右差异值：正常和具有前交叉韧带缺陷的受试者之间的比较

测试	正常受试者（n=60）	具有前交叉韧带缺陷的受试者（n=50）	敏感性/%	特异性/%
数字8单腿跳测试（秒）	0.35±0.23	1.45±1.12	68	98
上下单腿跳测试（秒）	0.30±0.21	1.67±2.41	58	97
侧向单腿跳测试（秒）	0.32±0.23	0.87±0.86	44	95
一次单腿跳远测试（米）	0.08±0.06	0.18±0.15	42	98

敏感性：测试检测出具有前交叉韧带缺陷的受试者中存在肢体对称性异常的受试者的百分比。

特异性：测试检测出正常受试者中不存在肢体对称性异常的受试者的百分比。

（源自：Itoh et al., 1998'Ortiz et al., 2005.）

表9.35

运动员六边形双腿跳测试的标准值（单位为秒）

运动	标准值
专业大学运动员（男性）	12.3
专业大学运动员（女性）	12.9
业余大学运动员（男性）	12.3
业余大学运动员（女性）	13.2

[源自：NSCA, 2008, Administration, scoring, and interpretation of selected tests, E. Harman, J. Garhammer, and C. Pandorf. *Essentials of strength training and conditioning*, 3 rd ed., T.R. Baechle and R.W. Earle (Champaign, IL: Human Kinetics), 278.]

表9.36

大学年龄阶段的男性和女性六边形双腿跳测试的标准值（单位为秒）

人群	样本数量/人	标准值
女性受试者		
业余运动员	52	13.21 ± 1.68
大学运动员	56	12.87 ± 1.48
男性受试者		
业余运动员	58	12.33 ± 1.47
大学运动员	47	12.29 ± 1.39

（源自：K. Pauole et al., 2000, Reliability and validity of the T-test as a measure of agility, leg power, and leg speed in college-aged men and women, *Journal of Strength Conditioning Research* 14: 443-450.）

表9.37

大学年龄阶段的男性和女性（$n=152$）的六边形双腿跳测试成绩（单位为秒）的百分比等级

百分位数	女性六边形双腿跳测试成绩	男性六边形双腿跳测试成绩
90	11.17	10.68
80	12.01	11.32
70	12.53	11.87
60	13.02	12.14
50	13.22	12.58
40	13.71	13.20
30	14.23	13.84
20	14.94	14.25
10	16.34	14.96

（源自：K. Pauole et al., 2000, Reliability and validity of the T-test as a measure of agility, leg power, and leg speed in college-aged men and women, *Journal of Strength Conditioning Research* 14: 443-450.）

第10章

速度、灵敏性和快速反应测试

本章介绍的测试，可以用于评估受试者准确且快速移动的能力。移动速度可以反映受试者达到高速率的能力（Baechle & Earle, 2000）。灵敏性可以反映受试者快速制动、改变方向和再次加速的能力。这些能力对于许多运动来说都非常重要，如橄榄球、篮球和英式足球。速度、灵敏性和反应速度总是密不可分的，

尤其是在体育运动之中。这些测试旨在评估受试者在一定的测试顺序中做出反应并迅速行动的能力。如Z形跑测试和下肢功能性测试，这些测试旨在多个运动平面内纳入速度、灵敏性和反应速度等内容。这些测试通常比针对这些类别的大多数传统测试需要的时间更长，且难度更大。

T形测试

▶ **目的：** 测试受试者在多个方向上的速度、灵敏性和身体控制能力。

▶ **器材：** 4个锥桶、秒表、卷尺。

测试步骤（Seminick, 1990; Fry et al., 1991）

1. 测试者指导受试者从锥桶A处向前冲刺10码（1码≈0.91米，余同），并用右手接触中心锥桶（锥桶B）的底部。

2. 让受试者以侧滑步向左移动5码，用左手接触锥桶C的底部。

3. 让受试者以侧滑步向右移动10码，用右手接触锥桶D的底部。

4. 让受试者再次以侧滑步向左移动5码，用左手接触锥桶B的底部。

5. 让受试者倒退跑至超过锥桶A的位置，停止计时。

6. 进行两次测试，记录最短的时间，精确到0.1秒。

7. 允许受试者在两次测试中间休息1~2分钟。

8. 如出现以下情况，则测试不合格：受试者没有接触到锥桶底部，在做侧滑步的时候交叠双腿或未保持始终面向前方。

数据分析和解释

第202~204页的表10.1~表10.6列出了不同人群T形测试的标准值、百分比等级和描述性数据。

统计信息

组内相关系数为0.94~0.98（Pauole et al., 2000）。

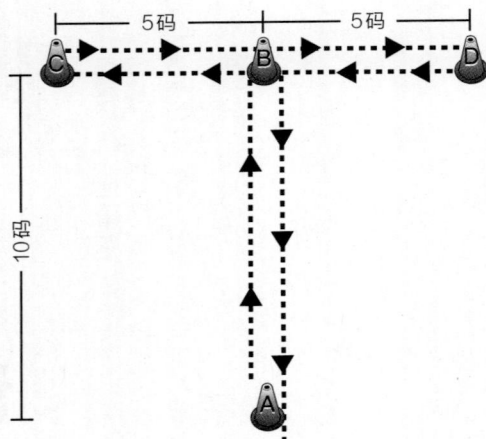

专业灵敏性（5–10–5）测试

▶ **目的：** 测试受试者在多个方向上的速度、灵敏性和身体控制能力。

▶ **器材：** 秒表、卷尺。

测试步骤（Harman et al., 2000）

1. 受试者的双脚分别位于起始线两侧。

2. 受试者听到"开始"指令即向右转身，并向前冲刺5码，用右手触摸边线。

3. 受试者向后转身，并冲刺10码，用左手触摸边线。

4. 受试者向后转身，并冲刺5码，通过起始/终点线，测试者停止计时。

5. 若受试者的指定手未触线，则视为不合格。

数据分析和解释

第204~206页的表10.7~表10.9列出了各运动群体专业灵敏性（5–10–5）测试的百分比等级和描述性数据。

统计信息

这一测试无效度和信度数据。

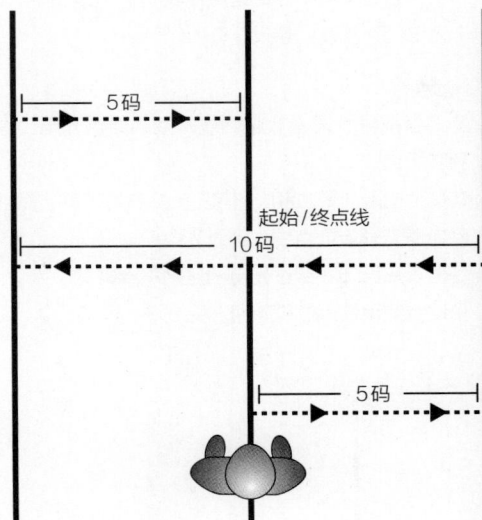

505 灵敏性测试

▶ **目的:** 测试受试者在多个方向上的速度、灵敏性和身体控制能力。

▶ **器材:** 彩色胶带（标记起始线和转折点线）、一个光电门、秒表、卷尺。

测试步骤

1. 测试者指导受试者从起始线开始，穿过光电门到转折点线。

2. 在这个位置，受试者应利用左脚或右脚转身，然后加速离开转折点线，穿过光电门。

3. 受试者在第二次穿过光电门之前不要减速。

4. 受试者使用惯用侧脚转身，完成3次测试。

5. 或者测试者要求受试者分别使用左脚和右脚转身，各进行3次测试，总共测试6次。

6. 让受试者在两次测试之间进行适当的休息。

7. 记录受试者从光电门到转折点线然后返回光电门，如此冲刺20米所用的时间，将其精确到0.1秒。

数据分析和解释

■ 最短用时即为最佳得分。

■ 第207页的表10.10列出了此测试的标准值。

统计信息

这一测试无效度和信度数据。

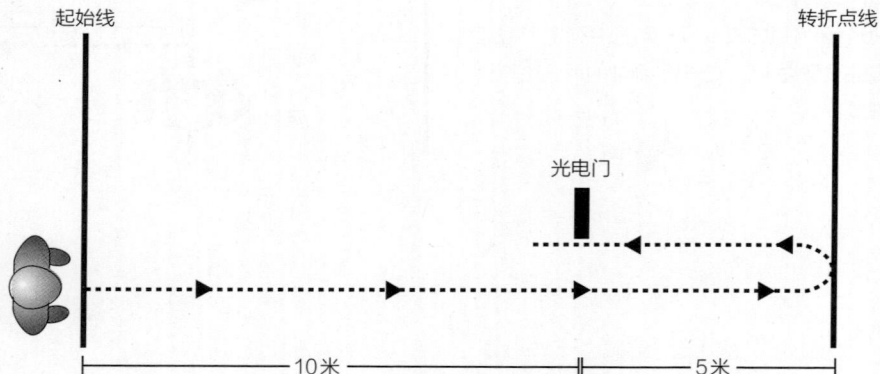

Edgren 侧向跨步测试

▶ **目的：** 测试受试者侧向移动时的速度、灵敏性和身体控制能力。

▶ **器材：** 彩色胶带（长3.6米的地面，每隔0.9米用彩色胶带标记）、秒表、卷尺。

测试步骤（Semenick, 2000）

1. 测试者让受试者双腿直立并横跨中间线。
2. 指导受试者向右做侧向跨步，直到右脚碰到或跨过最右侧的标记线。
3. 指导受试者向左做侧向跨步，直到左脚碰到或跨过最左侧的标记线。
4. 让受试者在10秒内尽可能快地在间隔最远的两条标记线之间来回移动。
5. 在整个测试过程中，确保受试者始终面向前方。

数据分析和解释

■ 每跨过0.9米（从中心线到第一条0.9米线，从第一条0.9米线到边线，从边线返回到第一条0.9米线）计为1分。

■ 受试者每次动作不合格会被扣1分，不合格的标准包括双脚交叠、未用正确的脚碰到或跨过标记线。

统计信息

这一测试无效度和信度数据。

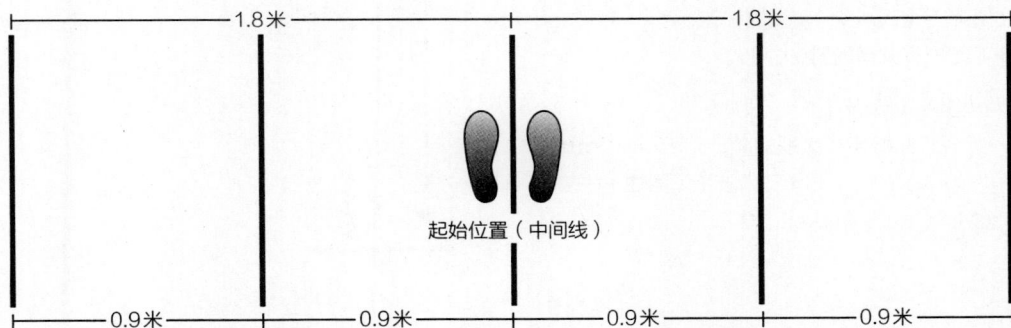

1.8米　　　　　　　　　1.8米

起始位置（中间线）

0.9米　　0.9米　　0.9米　　0.9米

三锥桶练习测试

▶ **目的：** 测试受试者在多方向上的速度、灵敏性和身体控制能力。

▶ **器材：** 3个锥桶、秒表、卷尺。

测试步骤

1. 测试者将3个锥桶按照右图所示的倒L形放置，每个锥桶的间距为5码。

2. 指导受试者从锥桶A后面的起始线向锥桶B冲刺，并触摸锥桶B。

3. 让受试者转身向锥桶A冲刺，然后转身向锥桶B冲刺，并绕过锥桶B向锥桶C冲刺。

4. 让受试者向左绕过锥桶C，再向锥桶B冲刺，并绕过锥桶B冲刺，通过锥桶A后面的起始线。

5. 允许受试者沿着测试路线做一次热身练习，确保其完全理解整个测试流程。

6. 记录时间并精确到0.01秒。

数据分析和解释

■ 美国职业橄榄球大联盟（national football league，NFL）记录了新选手（男性）的数据（Mc-Gee & Burkett, 2003）。

● 第1+2轮：7.23±0.41秒。

● 第6+7轮：7.46±0.46秒。

● 第207页的表10.11列出了美国职业橄榄球大联盟新秀营中，大学橄榄球运动员进行该测试的百分比等级。

统计信息

这一测试无已知信度和效度数据。

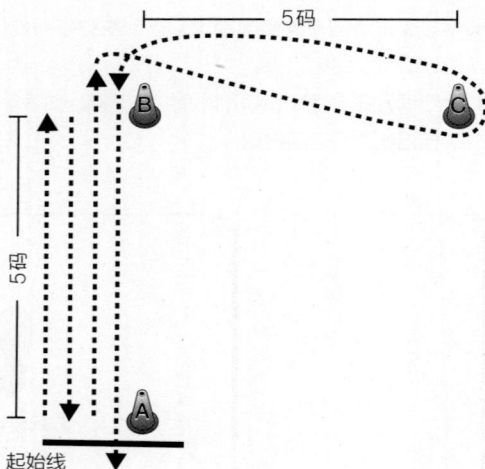

障碍滑雪测试

▶ **目的：** 测试受试者在多方向上的速度、灵敏性和
身体控制能力。

▶ **器材：** 6个高60厘米、宽80厘米的栏架，秒表，
卷尺。

过程

1. 测试者在12米的距离内放置6个栏架，相邻的
两个栏架之间的距离为2米。

2. 指导受试者以最快的速度，像完成障碍滑雪那样
在栏架之间跑过，受试者需要先向前跑至指定位

置，再向后跑回起始线。

3. 记录受试者从第一次跨过起始线到最后一次跨过
起始线所用的时间。

数据分析和解释

第208页的表10.12列出了11岁儿童（男孩
和女孩）在此测试中的标准值。

统计信息

组内相关系数为0.96（Alricsson et al., 2001）。

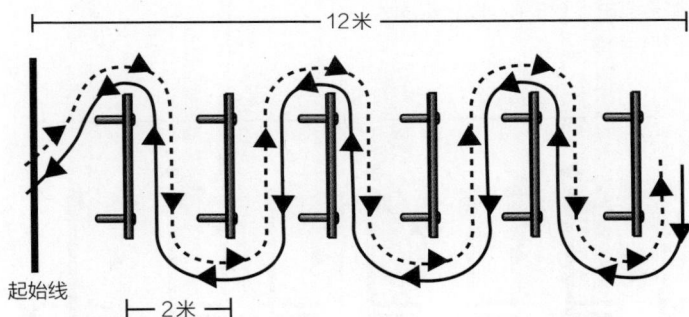

跨栏测试

▶ **目的：** 测试受试者在多方向上的速度、灵敏性和身体控制能力。

▶ **器材：** 6个高60厘米、宽80厘米栏架，秒表，卷尺。

测试步骤

1. 测试者在12米的距离内放置6个栏架，相邻两个栏架的距离为2米（这个步骤和障碍滑雪测试相同）。

2. 指导受试者跳过第一个栏架，从第二个栏架下方爬过，再跳过第三个栏架，以此类推，直到通过第六个也就是最后一个栏架，然后直接从最短路径冲刺回到起始线。

3. 记录受试者从第一次跨过起始线到最后一次跨过起始线所用的时间。

数据分析和解释

第208页的表10.13列出了11岁儿童（男孩和女孩）在此测试中的标准值。

统计信息

组内相关系数为0.90（Alricsson et al., 2001）。

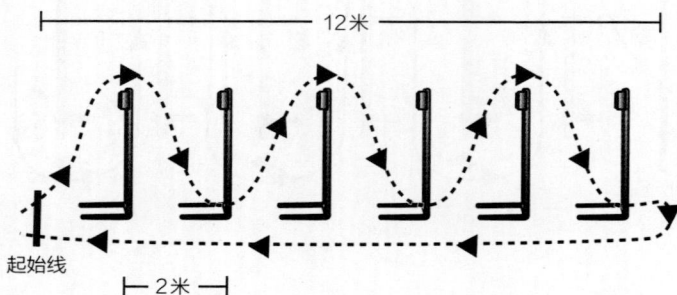

起始线
12米
2米

Illinois 灵敏性测试

▶ **目的：** 测试受试者在多个方向上的速度、灵敏性和身体控制能力。

▶ **器材：** 8个锥桶、秒表、卷尺。

测试步骤（Harman et al., 2000; Hoffman, 2006）

1. 测试者设置测试场地：长度为10米，宽度为5米（起点和终点的距离）。

2. 使用4个锥桶标记起点、终点和2个转折点。

3. 将另外4个锥桶放在中线上并两两间隔3.3米排列。

4. 指导受试者俯卧（头朝向起始线），双手放在双肩部旁边。

5. 受试者听到"开始"指令即迅速起身，按指定路线通过测试场地，跑向终点，在此过程中不能碰倒锥桶。

6. 测试者在发出"开始"指令时开始计时，并在受试者到达终点时停止计时。

数据分析和解释

第208页的表10.14给出了这一测试成绩的相应等级。

统计信息

这一测试无信度和效度数据。

向后移动灵敏性测试

▶ **目的:** 测试受试者向后移动时的速度、灵敏性和身体控制能力。

▶ **器材:** 秒表、卷尺、彩色胶带、网球拍、球网。

测试步骤 (Buckeridge et al., 2000)

1. 测试者让受试者用惯用侧手握网球拍。

2. 让受试者站在起始位置 (A点),面对球网。

3. 让受试者以扣杀球准备姿势握住球拍。

4. 用"开始"指令指导受试者向后移动至发球线,并用秒表计时。

5. 允许受试者使用侧向跨步或交叉步向后移动,在终点门 (B点) 做出1个扣杀球的动作。

6. 让受试者尝试3次,记录每次尝试的时间。

7. 将最短时间计为最终测试得分。

数据分析和解释

第208页的表10.15列出了高水平男女网球运动员完成这一测试的成绩。

统计信息

这一测试无信度和效度数据。

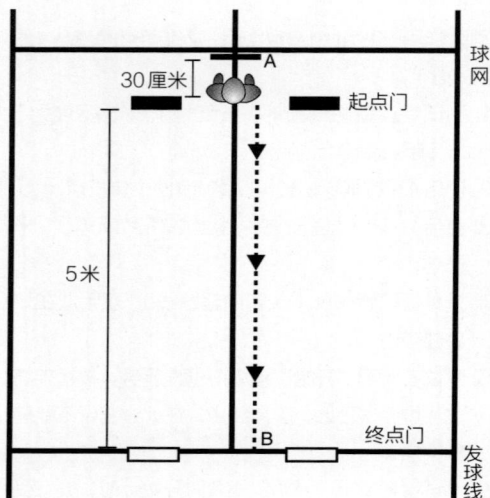

Z形跑测试

▶ **目的:** 在多个运动平面上,测试受试者的爆发力、速度、快速反应和身体控制能力。Z形跑测试也可以用于评估下肢控制能力,包括正确完成落地和切步动作的能力。

▶ **器材:** 卷尺、秒表、彩色胶带、5个锥桶。

测试步骤(Ortiz et al., 2005)

1. 测试者设置长4.85米、宽3米的测试场地,并设置好运动路线,用彩色胶带在地上做标记,并相应摆放锥桶。

2. 让受试者在起始线后呈准备姿势。

3. 让受试者在Z形路线上尽可能快地跑一圈。

4. 如果受试者在跑完一圈后,没有绕过所有锥桶,那么让其充分休息一定的时间,再进行一次测试。

5. 记录受试者跑完一圈的时间,并精确到0.1秒。

数据分析和解释

■ 标准值: 6.86±0.53秒(运动员,测试者间测试)(n=25)(Ortiz et al., 2005)。

■ 标准值: 7.67±0.66秒(非运动员,测试者间测试)(n=25)。

■ 标准值: 6.97±0.51秒(运动员,测试者内测试)。

■ 标准值: 7.70±0.61秒(非运动员,测试者内测试)。

统计信息

■ 测试者间:组内相关系数为0.97,平均值标准误差为0.18(运动员);组内相关系数为0.97,平均值标准误差为0.21(非运动员)(Ortiz et al., 2005)。

■ 测试者内:组内相关系数为0.92,平均值标准误差为0.27(运动员);组内相关系数为0.94,平均值标准误差为0.30(非运动员)(Ortiz et al., 2005)。

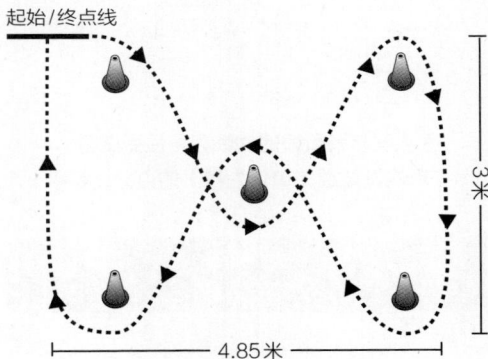

起始/终点线 3米 4.85米

表10.1

运动员T形测试的标准值（单位为秒）

人群	标准值
大学篮球运动员（男性）	8.9
大学篮球运动员（女性）	9.9
大学棒球运动员（男性）	9.2
大学网球运动员（男性）	9.4
大学网球运动员（女性）	11.1
大学竞赛运动员（男性）	10.0
大学竞赛运动员（女性）	10.8
大学业余运动员（男性）	10.5
业余运动员（女性）	12.5

这些数值均为平均值或中位数。
[源自: NSCA, 2008, Administration, scoring, and inter-pretation of selected tests, E. Harman, J. Garhammer, and C. Pandorf. *Essentials of strength training and conditioning*, 3rd ed., T.R. Baechle and R.W. Earle (Champaign, IL: Human Kinetics), 278.]

表10.2

大学年龄阶段的男性和女性受试者T形测试的标准值（单位为秒）

人群	样本数量/人	标准值
女性受试者		
业余运动员	52	12.52±0.90
大学运动员	56	10.94±0.60
男性受试者		
业余运动员	58	10.49±0.89
大学运动员	47	9.94±0.50

（源自: K. Pauole et al., 2000, Reliability and validity of the T-test as a measure of agility, leg power, and leg speed in college-aged men and women, *Journal of Strength Conditioning Research* 14: 443-450.）

表10.3

大学年龄阶段的女性和男性受试者T形测试成绩（单位为秒）的百分比等级（n=152）

百分位数	女性T形测试成绩	男性T形测试成绩
90	10.69	9.45
80	10.92	9.82
70	11.48	10.06
60	11.99	10.22
50	12.34	10.44
40	12.73	10.64
30	13.24	10.99
20	13.69	11.22
10	14.23	11.69

（源自: K. Pauole et al., 2000, Reliability and validity of the T-test as a measure of agility, leg power, and leg speed in college-aged men and women, *Journal of Strength Conditioning Research* 14: 443-450.）

表10.4

美国大学生体育协会三级联盟的美式橄榄球运动员 T 形测试成绩（单位为秒）的百分比等级

百分位数	队伍	防守后卫	防守内锋	线卫	进攻内锋	跑卫	外接手	四分卫/近端锋
90	8.39	8.17	8.44	8.36	9.24	8.33	8.33	8.51
80	8.57	8.39	8.77	8.78	9.50	8.62	8.49	8.62
70	8.72	8.57	8.98	8.95	9.65	8.73	8.54	8.75
60	8.90	8.68	9.48	9.00	9.69	8.89	8.64	8.85
50	9.01	8.87	9.59	9.07	9.88	8.95	8.80	9.10
40	9.15	8.94	9.69	9.16	10.03	9.05	8.89	9.20
30	9.38	9.05	9.91	9.24	10.28	9.13	9.09	9.23
20	9.60	9.12	10.05	9.35	10.49	9.23	9.26	9.33
10	10.01	9.41	10.30	9.58	10.81	9.69	9.49	9.43
平均值	9.11	8.81	9.45	9.05	9.93	8.95	8.85	8.99
标准差	0.64	0.46	0.72	0.49	0.63	0.46	0.41	0.35
样本数量/人	458	63	50	57	48	37	45	31

这些数据均为手持秒表测量所得。

[源自：J. Hoffman, 2006, *Norms for fitness, performance, and health* (Champaign, IL, Human Kinetics), 113.]

表10.5

高中阶段的英式足球优秀运动员 T 形测试成绩（单位为秒）的百分比等级

百分位数	队伍
90	9.90
80	10.01
70	10.08
60	10.13
50	10.18
40	10.37
30	10.53
20	10.67
10	10.90
平均值	10.30
标准差	0.42
样本数量/人	40

[源自：J. Hoffman, 2006, *Norms for fitness, performance, and health* (Champaign, IL, Human Kinetics), 113.]

表10.6

各类运动员群体T形测试的描述性数据（平均数 ± 标准差，单位为秒）

参考文献	人群	性别	平均数 ± 标准差
篮球运动员			
Latin et al., 1994	美国大学生体育协会一级联盟运动员 后卫 前锋 中锋	男	8.95 ± 0.53 8.74 ± 0.41 8.94 ± 0.38 9.28 ± 0.81
业余运动员			
Pauole et al., 2000	大学年龄阶段	女 男	12.52 ± 0.90 10.49 ± 0.89
英式足球运动员			
Vanderford et al., 2004	优秀青少年运动员 U14 U15 U16	男	 11.6 ± 0.1 11.0 ± 0.2 11.7 ± 0.1
排球运动员			
Fry et al., 1991	美国大学生体育协会一级联盟运动员	女	11.16 ± 0.38

[源自：J. Hoffman, 2006, *Norms for fitness, performance, and health* (Champaign, IL, Human Kinetics), 114-115.]

表10.7

美国大学生体育协会一级联盟的运动员专业灵敏性（5-10-5）测试成绩（单位为秒）的百分比等级

百分位数	女子排球运动员	女子篮球运动员	女子垒球运动员	男子篮球运动员	男子棒球运动员	男子美式橄榄球运动员
90	4.75	4.65	4.88	4.22	4.25	4.21
80	4.84	4.82	4.96	4.29	4.36	4.31
70	4.91	4.86	5.03	4.35	4.41	4.38
60	4.98	4.94	5.10	4.39	4.46	4.44
50	5.01	5.06	5.17	4.41	4.50	4.52
40	5.08	5.10	5.24	4.44	4.55	4.59
30	5.17	5.14	5.33	4.48	4.61	4.66
20	5.23	5.23	5.40	4.51	4.69	4.76
10	5.32	5.36	5.55	4.61	4.76	4.89
平均数	5.03	5.02	5.19	4.41	4.53	4.54
标准差	0.20	0.26	0.26	0.18	0.23	0.27
样本数量/人	81	128	118	97	165	869

这些数据均为电子计时装置测量所得。

[源自：J. Hoffman, 2006, *Norms for fitness, performance, and health* (Champaign, IL, Human Kinetics), 113.]

表10.8

参加美国职业橄榄球大联盟新秀营的大学橄榄球运动员
专业灵敏性（5-10-5）测试成绩（单位为秒）的百分比等级

百分位数	防守内锋	线卫	防守后卫	进攻内锋	四分卫	跑卫	近端锋	外接手
90	4.22	4.07	3.89	4.45	4.07	4.02	4.18	3.97
80	4.32	4.13	3.96	4.53	4.12	4.14	4.21	4.03
70	4.38	4.16	4.05	4.57	4.16	4.18	4.26	4.07
60	4.41	4.21	4.07	4.61	4.20	4.22	4.31	4.10
50	4.46	4.24	4.12	4.69	4.25	4.25	4.35	4.15
40	4.52	4.28	4.18	4.77	4.33	4.31	4.39	4.20
30	4.58	4.31	4.19	4.83	4.36	4.34	4.42	4.24
20	4.68	4.41	4.21	4.93	4.38	4.38	4.46	4.26
10	4.75	4.53	4.27	5.06	4.41	4.49	4.56	4.33
平均数	4.48	4.26	4.11	4.74	4.26	4.26	4.35	4.15
标准差	0.22	0.17	0.15	0.39	0.15	0.16	0.13	0.15
样本数量/人	89	38	76	125	38	58	39	85

数据来自1999年的美国职业橄榄球大联盟新秀营。

[源自：J. Hoffman, 2006, *Norms for fitness, performance, and health* (Champaign, IL, Human Kinetics), 114.]

表10.9

各类运动员群体专业灵敏性（5-10-5）测试的描述性数据（平均值 ± 标准差，单位为秒）

参考文献	人群	性别	平均值 ± 标准差
美式橄榄球运动员			
Wroble & Moxley, 2001	高中运动员	男	5.02 ± 0.24
Sawyer et al., 2002	美国大学生体育协会一级联盟运动员 　进攻内锋、防守内锋 　外接手、防守后卫 　跑卫、近端锋、线卫	男	4.53 ± 0.22 4.35 ± 0.11 4.35 ± 0.12 4.6 ± 0.2
Stuempfle et al., 2003	美国大学生体育协会二级联盟运动员 　进攻内锋 　防守内锋 　四分卫 　防守后卫	男	4.6 ± 0.2 4.8 ± 0.2 4.8 ± 0.2 4.5 ± 0.2 4.6 ± 0.2
McGee & Burkett, 2003	美国橄榄球联盟新秀营运动员 　第1+2轮 　第6+7轮	男	4.38 ± 0.29 4.45 ± 0.29
英式足球运动员			
无发表数据	美国大学生体育协会三级联盟运动员	女 男	4.88 ± 0.18 4.43 ± 0.17
排球运动员			
无发表数据	美国大学生体育协会三级联盟运动员	女	4.75 ± 0.19

[源自：J. Hoffman, 2006, *Norms for fitness, performance, and health* (Champaign, IL, Human Kinetics), 114-115.]

表10.10

澳大利亚运动员505灵敏性测试的标准值（单位为秒）

运动	队伍	样本数量/人	右脚成绩		左脚成绩	
			平均值	标准差	平均值	标准差
篮球	女性 澳大利亚首都地区	7	2.59	0.16	2.56	0.18
	男性 澳大利亚首都地区	13	2.20	0.09	2.21	0.11
曲棍球	女性 澳大利亚首都地区	10	2.51	0.12	2.48	0.10
	男性 澳大利亚首都地区	15	2.28	0.14	2.27	0.06
网球	女性 澳大利亚体育学院/维多利亚体育学院	12	2.38	0.08	2.43	0.09
	男性 澳大利亚体育学院/维多利亚体育学院	11	2.25	0.06	2.24	0.07

[源自：Australian Sports Commission, 2000, Protocols for the physiological assessment of team sport players, L. Ellis et al. *Physiological tests for elite athletes*, C.J.Gore (Champaign, IL: Human Kinetics), 135.]

表10.11

参加美国职业橄榄球大联盟新秀营的大学橄榄球运动员三锥桶练习测试成绩（单位为秒）的百分比等级

百分位数	防守内锋	线卫	防守后卫	进攻内锋	四分卫	跑卫	近端锋	外接手
90	7.22	7.05	6.87	7.66	7.06	7.17	7.12	6.85
80	7.45	7.16	6.97	7.82	7.13	7.29	7.16	7.01
70	7.52	7.30	7.07	7.98	7.19	7.32	7.27	7.10
60	7.64	7.38	7.09	8.07	7.31	7.36	7.38	7.19
50	7.71	7.49	7.14	8.15	7.36	7.47	7.42	7.28
40	7.78	7.54	7.22	8.28	7.40	7.53	7.48	7.35
30	7.89	7.61	7.29	8.38	7.54	7.60	7.57	7.41
20	8.07	7.70	7.39	8.51	7.59	7.71	7.71	7.49
10	8.47	7.84	7.47	8.66	7.70	7.82	8.04	7.58
平均值	7.75	7.46	7.17	8.18	7.29	7.48	7.47	7.26
标准差	0.43	0.30	0.22	0.43	0.57	0.27	0.34	0.30
样本数量/人	88	57	102	139	38	58	41	86

数据来自1999年的美国橄榄球联盟新秀营。

[源自：J. Hoffman, 2006, *Norms for fitness, performance, and health* (Champaign, IL, Human Kinetics), 114.]

表10.12

11岁儿童障碍滑雪测试的标准值（单位为秒）

	平均值 （最小值~最大值）	标准差	变化 系数
男孩 （n=8）	12.28 （12.0~12.60）	0.28	2.29
女孩 （n=3）	11.90 （11.6~12.2）	0.28	2.3

（源自：Alricsson et al., 2001.）

表10.13

11岁儿童跨栏测试的标准值（单位为秒）

	平均值 （最小值~最大值）	标准差	变化 系数
男孩 （n=8）	11.25 （10.73~11.85）	0.52	4.48
女孩 （n=3）	12.60 （11.93~13.6）	0.78	5.97

源自：Alricsson et al., 2001.）

表10.14

Illinois灵敏性测试成绩（单位为秒）的等级

等级	男性	女性
优秀	<15.2	<17.0
良好	16.1~15.2	17.9~17.0
一般	18.1~16.2	21.7~18.0
合格	18.3~18.2	23.0~21.8
不合格	>18.3	>23.0

无出版数据。

表10.15

高水平男女网球运动员向后移动灵敏性测试的成绩（单位为秒）

群体	样本 数量 /人	时间
澳大利亚体育学院奖学金女性持有者	9	
平均值		1.43
标准差		0.12
范围		1.26~1.63
澳大利亚体育学院奖学金男性持有者	3	
平均值		1.34
标准差		0.12
范围		1.21~1.44
维多利亚体育学院奖学金女性持有者	5	
平均值		1.49
标准差		0.07
范围		1.42~1.58
维多利亚体育学院奖学金男性持有者	8	
平均值		1.40
标准差		0.11
范围		1.25~1.55

[源自：Australian Sports Commission, 2000, Protocols for the physiological assessment of high-performance tennis players, A. Buckeridge et al. *Physiological tests for elite athletes*, C.J. Gore (Champaign, IL: Human Kinetics), 394.]

局部身体参数测试程序和实验报告

本书第3部分介绍了局部身体参数测试：躯干测试（见第11章）、上肢测试（见第12章）及下肢无氧功率测试（见第13章）。

多年来，相关的文献呈现了较多有关下肢无氧功率测试的研究，这些研究是很多学者通过不同方法完成的。最近，关于躯干测试的研究日益增多，且更加重视"核心"训练，这是因为有证据表明：腰椎–骨盆–髋关节复合体无力会导致常见的功能障碍和病症，例如前交叉韧带撕裂、髌骨关节痛综合征、足踝扭伤和下背痛。

尽管少有文献呈现有关上肢测试的研究，但其与个体在运动、锻炼和工作等活动中的功能性能力的确存在一定的相关性。

和本书第2部分的内容相似，我们将介绍每个测试的目的、步骤，以及已有的研究发现。第3部分也以从简单到复杂的组织形式，介绍局部身体参数类型和相关测试。我们再次鼓励测试者阅读每项测试的内容，并为每个受试者慎重选择合适的测试。

第 11 章

躯干测试

在一生中的某个阶段，60%~80%的人都会受到下背痛的影响（Greene et al., 2002）。导致下背痛的因素很多，其中就有椎管狭窄和脊柱不稳（Visuri et al., 2005；Jager et al., 2003）。脊柱不稳的潜在促成因素包括患者缺乏动态肌肉控制能力（Richardson et al., 1999；Jager et al., 2003；McGill, 1998）。许多运动员的腰椎和下肢损伤也可归因于肌肉缺陷，如肌无力（Biering-Sorensen, 1984；Beckman & Buchanan, 1995；Nadler et al., 2000）和肌肉耐力不足（Biering-Sorensen, 1984；McGill, 1998；Udermann et al., 2003）。研究显示，在下背痛的预防上，躯干耐力比力量的作用更大（Alaranta et al., 1995；McGill et al., 2003）。躯干伸肌耐力尤其能够帮

助研究者预测下背痛是否会在30~60岁的成年人身上发生（Biering-Sorensen, 1984）。麦吉尔等人（McGill et al., 2003）也论证了患有下背痛的受试者的背部伸肌耐力低于屈肌耐力。因此测试者在评估躯干耐力时应重点考虑这种肌肉不平衡性，并对其进行批判性的分析（McGill et al., 1999）。对肌肉不平衡性的监控和纠正，也许可以避免受试者今后在工作和赛场上的肌肉骨骼损伤。

躯干肌肉活动发生在下肢运动前（Hodges & Richardson, 1997）。在这种"前馈"机制中，预先激活躯干肌肉组织被认为会加强脊柱稳定性，为功能性运动提供基础（Hodges & Richardson, 1997），然而内部肌群（腹横肌、多裂肌等）的

具体作用，特别是多裂肌，最近受到了质疑（Mac-Donald et al., 2006）。对这方面的进一步研究可能需要更加谨慎，但似乎已经有足够的证据表示，有必要评估躯干肌肉耐力和不同肌群之间的平衡性。

颈痛是另一种常见病症，会让个体在身体和经济上付出沉重的代价（Cote et al., 1998；Holmstrom et al., 1992）。有关人士已经论证，由颈椎过度屈伸所致急性颈部损伤和渐发性颈痛的患者，其颈部屈肌力量低于颈部无明显症状的受试者。患颈痛的受试者，前后肌肉呈现出渐进的不平衡性，与伸肌相比，颈部屈肌相对更加无力。朱尔等人（Jull et al., 2004）认为，由颈椎过度屈伸所致急性颈部损伤和渐发性颈痛的患者，其颈部屈肌的协同作用会出现改变。

有过颈痛病症的患者普遍存在颈深屈肌无力的问题，颈深屈肌无力也是常见的头部和颈部疼痛的发病机制或促成因素（Placzek et al., 1999；Watson & Trott, 1993）。

研究显示，肌肉功能障碍的代价很高，基于对此高代价的理解，测试者有责任使用适当的测试，来确定患者是否存在此类功能障碍。本章介绍了适用于评估此类功能障碍的测试。本章从颈深屈肌耐力评估开始，再到躯干上、下部分动态稳定性评估和躯干肌肉耐力评估，最后以上举能力评估结束。本章对每个测试都做了详细介绍，并列出了已有的相关统计信息。对于本章介绍的所有测试，我们建议测试者参考第2章和第3章讨论的内容，制订测试计划。

颈深屈肌耐力评估

颈深屈肌测试 ▶

▶ **目的:** 评估各颈深屈肌(见第233页的表11.1)和胸锁乳突肌的肌肉协同功能。

▶ **器材:** 治疗床、秒表、可擦除记号笔。

测试步骤

1. 测试者让受试者仰卧,双膝屈曲90度,双手放在胸部下方。

2. 让受试者最大限度地收下巴,然后抬起头部和颈部,直到头部距离治疗床表面约2.5厘米,同时下巴保持向内收。

3. 在受试者保持上述姿势的同时,在受试者的颈部跨过两个相近的皮褶画一条竖线,并将左手放在受试者枕骨下方的治疗床上。

4. 当线条开始分离,或受试者的头部接触到测试者的左手时,测试者进行口头提醒("收拢下巴"或"保持抬头")。

5. 如果线条完全分离,或受试者头部接触测试者手的时间超过1秒,则终止测试。

6. 记录测试开始到终止的时间,并将结果精确到秒。

数据分析和解释

■ 平均耐力。

• 无颈痛症状的女性($n=38$)平均坚持时间为14.5秒(标准差为4.3),无颈痛症状的男性($n=55$)平均坚持时间为18.2秒(标准差为3.3)(Grimmer,1994)。

• 无颈痛症状的男性和女性($n=20$)的坚持时间为37.1~44秒(标准差为25.6~36.7),有颈痛症状的男性和女性($n=20$)的坚持时间为20.9~25.5秒(标准差为11~12.5)(Harris et al.,2005)。

• 患机械性颈痛的男性和女性($n=22$)的平均坚持时间为5秒(标准差为4)。

统计信息

■ 评分者内信度。

• 组内相关系数(3,1)为0.82~0.91,平均值标准误差为8.0~11.0,方差变异系数为17.6~31(无颈痛症状的受试者)(Harris et al.,2005)。

• 组内相关系数:女性(无颈痛症状)为0.92;男性(无颈痛症状)为0.93(Grimmer,1994)。

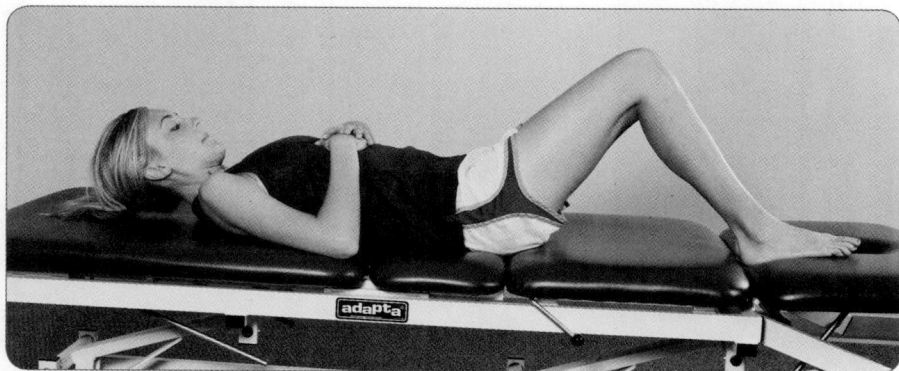

■ 评分者间信度。

- 组内相关系数（2，1）为0.67~0.81，平均值标准误差为12.6~15.3，方差变异系数为25.0~36.1（无颈痛症状的受试者）（Harris et al., 2005）。
- 组内相关系数（2，1）为0.67，平均值标准误差为11.5，方差变异系数为27.2（有颈痛症状的受试者）（Harris et al., 2005）。
- 组内相关系数（2，1）为0.57（0.14~0.81），平均值标准误差为2.3（n=22）（有机械性颈痛的受试者）（Cleland et al., 2006）。

注意事项

上页图中所示的测试姿势可以最大限度地激活颈深屈肌（Vitti et al., 1973）。此外，还有一个类似的测试（颅颈屈曲测试）。受试者以相同的姿势开始测试，在颅颈屈曲的范围内进行5次逐步增压（Falla et al., 2003；Jull, 2000），最开始将压力设置为20毫米汞柱，然后逐步增压（以2毫米汞柱为增量）至30毫米汞柱，每个阶段停留5秒，每两个阶段间休息10秒。测试者根据压力装置的反馈，指导受试者进行下一阶段的测试。测试者将压力装置放在受试者的颈后，以监测颈长肌收缩引起的颈椎曲度的逐渐降低（Mayoux-Benhamou et al., 1994, 1997）。已有研究检测了患急性颈部损伤（Jull, 2000）及颈源性头痛（Jull et al., 1999）的受试者在该测试中的表现。检测结果表明，患者在测试中达到和保持阶段性渐进位置的能力，低于对照组的受试者。这也表明了患者的颈深屈肌具有功能障碍。在一项对比对照组、渐发性颈痛患者及急性颈部损伤患者的研究中，研究人员也获得了类似的结果，这表明颈部屈肌协同作用功能紊乱常见于渐发性颈痛患者及急性颈部损伤患者（Jull et al., 2004）。

躯干下半部分动态稳定性评估

节段性多裂肌测试 ▶

▶ **目的：** 评估多裂肌在腰椎不同节段提供局部控制的能力，同时对两侧进行比较。关于多裂肌起点、止点、动作和神经支配的信息，见第233页的表11.2。

▶ **器材：** 治疗床。

测试步骤（Keely, 2001）

1. 测试者让受试者仰卧在治疗床上，两侧髋关节和膝关节屈曲，双脚平放在治疗床上。
2. 测试者直接站在受试者的测试侧。
3. 在测试期间，让受试者收缩腹横肌，并在姿势改变时处于放松状态。
4. 测试者用靠近受试者足侧的手屈曲受试者下肢，并用另一只手触诊L5~S1是否有间隔。

5. 用"保持，不要让我移动你"的指令指导受试者，同时向其股骨远端提供轻微、渐进的侧压力，对其腰椎施加旋转力。
6. 对受试者两侧腰椎各个节段都进行测试。
7. 测试者对位置更高的腰椎节段进行评估之前应进一步屈曲受试者的下肢。

数据分析和解释

■ 对左右两侧及各节段进行比较。
■ 该测试旨在评估受试者对抗旋转力的肌肉力量，即位于腰椎节段的多裂肌力量。
■ 评估近头部的更高节段时，需要增大躯干的屈曲度。

统计信息

这一测试无信度和效度数据。

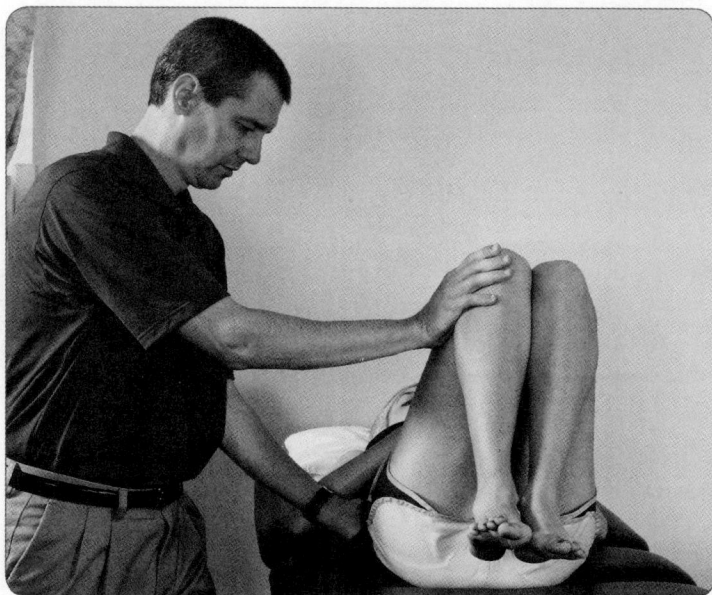

躯干上卷测试

▶ **目的：** 评估躯干上卷时，髂腰肌和腹肌这两块主动肌之间的相互作用。

▶ **器材：** 治疗床。

测试步骤（Janda，1983）

1. 测试者让受试者处于仰卧状态，两侧髋关节和膝关节屈曲，双脚平放在治疗床上。

2. 让受试者尝试坐起来。

3. 请注意，如果髂腰肌占主导地位，那么躯干仅会发生轻微的弯曲，这是因为大部分屈曲都发生在髋关节。

4. 让受试者坐起的同时主动进行踝关节跖屈，从而消除髂腰肌的影响。

5. 让受试者从颈椎开始逐渐屈曲脊柱，直到屈曲腰椎后停止。

数据分析和解释

■ 只要髂腰肌参与运动，受试者的双脚就会抬离治疗床。

■ 正常情况下，受试者应在双脚抬起之前，使胸椎和腰椎离开治疗床，完成躯干上卷动作。

■ 比较好的测试表现是受试者无须将脚抬离治疗床，就可以完成躯干上卷。

统计信息

这一测试无信度和效度数据。

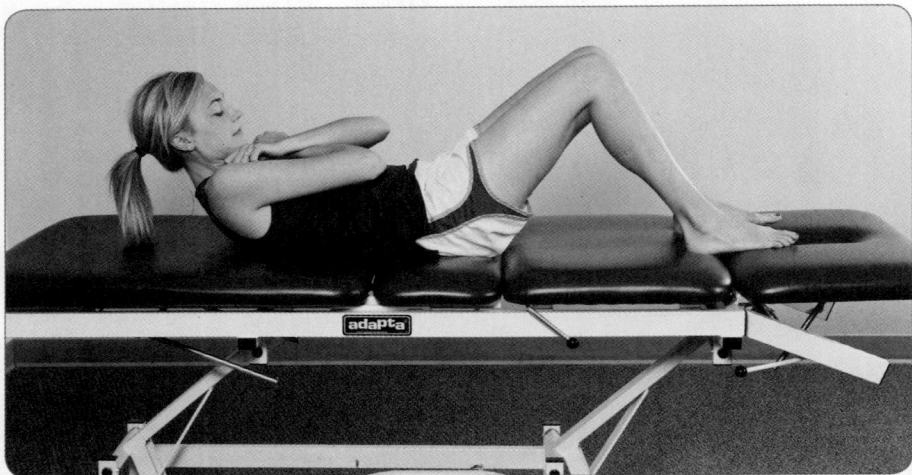

双腿下降测试

▶ **目的：** 评估腹部肌肉进行功能性离心收缩和控制腰椎－骨盆－髋关节复合体的能力，以及评估受试者控制骨盆倾斜运动的能力。

▶ **器材：** 治疗床、标准测角仪、血压计（选用）。

测试步骤

1. 测试者让受试者仰卧，双腿举高至与上半身垂直。

2. 观察受试者，确保受试者的髂前上棘与耻骨联合处于同一平面。

3. 触诊受试者骨盆和下腰背区域，以监测骨盆的倾斜程度。

4. 指导受试者在骨盆后倾时完成腹部收缩，让腰椎在整个测试过程中保持平直，同时防止不必要的骨盆前倾。

5. 受试者在保持膝关节伸直的同时，将双腿慢慢地向治疗床下降，测试者监测其骨盆前倾情况。

6. 也可以用血压计进行这项测试。

- 让受试者以相同的姿势开始，将血压计袖带放在腰椎第 4 节到第 5 节的位置。

- 将袖带充气至压力达 40 毫米汞柱，并抬高受试者双腿，直到骨盆后倾。

- 让受试者进行测试步骤所述的测试流程。

- 当血压计显示压力下降 10 毫米汞柱时，测量受试者的髋关节角度（Richardson et al.,1999）。

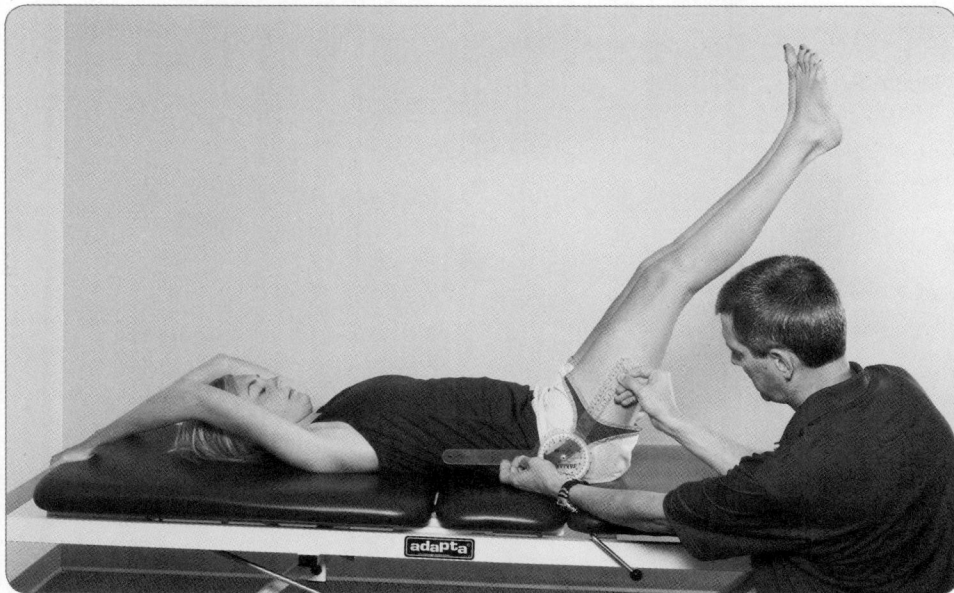

数据分析和解释

■ 当确定受试者骨盆前倾时，测试者测量其双腿在垂直位置时与双腿下降至一定位置时的角度。

■ 根据评分标准（见第233页的表11.3）确定肌肉级别。

■ 第234页的表11.4列出了通过血压计监测骨盆前倾的受试者的双腿下降测试的平均值和标准差（以度为单位）。

统计信息

■ 一个测试与重测信度极高的研究（组内相关系数为0.98）发现，男性和女性在双腿下降测试中的表现水平存在显著差异。该测试的样本为100名健康志愿者，其中有50名男性、50名女性，年龄为18~29岁（Krause et al., 2005）。

■ 尽管在这个测试中，受试者在双腿抬起和下降的过程中，腹部肌肉显示出大量的肌电活动（Andersson et al., 1998; Bankoff & Furlani, 1984; Flint, 1965; Guimaraes et al., 1991; Gilleard & Brown, 1994; Shields & Heiss,

1997; Wickenden et al., 1992），但该测试还是被视作一个主观测试，且测试者间的效度和信度很低（Cutter & Kevorkian, 1999; Schmidt & Blanpied, 1987; Schmidt et al., 1987; Smith et al., 1996）。

■ 双腿下降测试的评分系统已经受到了质疑，这是因为年轻健康的受试者在测试中出现了不可避免的骨盆前倾。受试者双腿平均下降3.6度就会出现骨盆前倾。

■ 信度：组内相关系数（2，1）为0.63，平均值标准误差为±6.0度（使用血压计测得）（Lanning et al., 2006）。

■ 拉德拉等人（Ladeira et al., 2005）发现，双腿下降测试的信度非常高（r=0.932），但是用该测试评估腹部力量的效度很低（−0.446~−0.338）。他们认为，这个测试或许适用于评估受试者针对脊椎稳定性的骨盆前、后倾的动作控制能力，但是不适用于评估肌肉力量。

腹部阶段测试

▶ **目的：** 以多阶段测试评估躯干的腹部控制能力。

▶ **器材：** 治疗床、重2.5千克和5千克的杠铃片。

测试步骤

1. 测试者让受试者在每个阶段都从仰卧且双膝屈曲姿势开始测试。

2. 让受试者自然分开双脚（不需要搭档或绳带固定）。

3. 受试者连续完成该测试的7个阶段。

- 阶段1：双掌移向膝关节——双臂伸直，双手靠近大腿，身体一直向前移动，直到手指移至髌骨上方。

- 阶段2：双肘移向膝关节——双臂伸直，双手靠近大腿，身体一直向前移动，直到双肘移至髌骨上方。

- 阶段3：前臂移向大腿——双臂交叠，与腹部接触，双手握住对侧肘部，身体一直向前移动，直到前臂触及大腿中部。

- 阶段4：双肘移向大腿中部——双臂交叠，与腹部接触，双手握住对侧肩部，身体一直向前移动，直到双肘触及大腿中部。

- 阶段5：胸部移向大腿——双臂放在头后，双手握住对侧肩部，身体一直向前移动，直到胸部几乎触及大腿。

- 阶段6：胸部移向大腿（负重2.5千克）——双臂屈曲放在头后，双手握住2.5千克的杠铃片，身体一直向前移动，直到胸部几乎触及大腿。

- 阶段7：胸部移向大腿（负重5千克）——双臂屈曲放在头后，双手握住5千克的杠铃片，身体一直向前移动，直到胸部几乎触及大腿。

4. 允许受试者在每个阶段进行3次尝试。

数据分析和解释

■ 受试者的等级对应受试者最后能成功完成的阶段。

阶段	等级	阶段	等级
0	特别差	4	良好
1	不合格	5	很好
2	一般（合格）	6	优秀
3	平均值	7	精英

■ 若出现以下情况，则该次尝试被认定为失败：受试者任意一只脚部分或完全抬离治疗床、手臂或头部突然向前甩出、双臂离开指定位置、髋关节离开治疗床、膝关节不能保持屈曲90度，或者受试者不能完成指定的仰卧起坐动作。

■ 第234页的表11.5列出了足球运动员进行腹部阶段测试的标准值。

统计信息

这一测试无信度和效度数据。

仰卧起坐耐力测试

▶ **目的:** 通过一项时长为1分钟的动态躯干前屈活动来评估腹部耐力。

▶ **器材:** 治疗床、计数器(选用)。

测试步骤

1. 测试者让受试者处于仰卧状态,双肩和头部均平放在治疗床上。

2. 让受试者屈曲其髋关节约45度,屈曲其膝关节约90度。

3. 让受试者在胸前将双臂交叠。

4. 在测试开始时,指导受试者向胸部弯曲颈部,并使上躯干向两侧大腿方向卷曲,直到上躯干离开治疗床。

5. 让受试者平躺回治疗床。

6. 在整个测试过程中,确保受试者双脚、臀部和下躯干平放在治疗床上,双臂保持静止。

7. 指导受试者在1分钟内按要求重复尽可能多的次数。

8. 记录受试者在1分钟内的正确重复次数。如果受试者未能完成要求动作(姿势不到位),如不能保持初始姿势或臀部抬离治疗床,则不计入重复次数。

数据分析和解释

第234页的表11.6列出了这一测试的百分比等级。

统计信息

这一测试无信度和效度数据。

躯干肌肉耐力评估

躯干侧屈肌耐力测试（侧桥）

▶ **目的：** 确定躯干侧屈肌的耐力，并进行两侧比较，以及与本章所述的其他躯干肌肉的耐力进行对比，得出对应的比值。

▶ **器材：** 治疗床、秒表。

测试步骤

1. 测试者让受试者侧躺在治疗床上，用右侧肘部支撑起身体。
2. 让受试者伸直双腿，将上方的脚放在下方脚的前面，以支撑身体。
3. 让受试者抬起髋关节。
4. 受试者抬高髋关节时，整个身体成一条直线。
5. 让受试者屈曲非支撑臂并放在对侧肩上。
6. 以秒为单位，记录受试者从摆好测试姿势，到髋关节回到治疗床上的时间。

数据分析和解释

按以下标准评级。

正常（5）	受试者的骨盆能够抬离治疗床，并且脊柱能够保持伸直20~30秒
良好（4）	受试者的骨盆能够抬离治疗床，但是脊柱只能保持伸直15~20秒
一般（3）	受试者的骨盆能够抬离治疗床，但是脊柱只能保持伸直10~15秒
不合格（2）	受试者的骨盆能够抬离治疗床，但是脊柱只能保持伸直1~10秒
失败（1）	受试者的骨盆无法抬离治疗床

统计信息

■ 测试与重测信度（右侧桥）：5天连续测试的组内相关系数为0.96。
■ 测试与重测信度（左侧桥）：5天连续测试的组内相关系数为0.99。
■ 平均年龄（正常）为21岁（男性：$n=92$。女性：$n=137$）（McGill et al., 1999）。

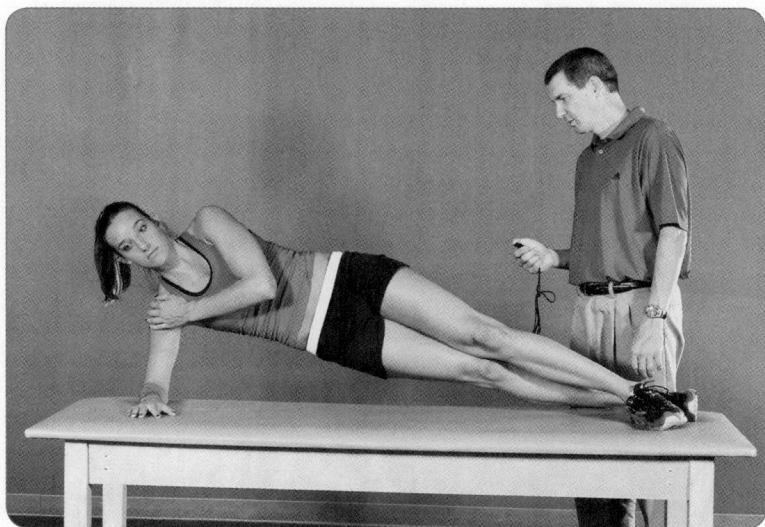

躯干伸肌耐力测试

▶ **目的：** 确定躯干伸肌耐力，同时将其与本章提到的其他躯干肌肉耐力进行对比，得出对应的比值。腰痛的出现与躯干耐力不足有关。

▶ **器材：** 治疗床、秒表、两条腰带、椅子。

测试步骤

1. 测试者让受试者处于俯卧状态，用腰带将受试者的踝关节、膝关节和髋关节固定在治疗床上。
2. 让受试者的上半身伸出治疗床的边缘，用双手在椅子上支撑身体（姿势1）。
3. 指导受试者在胸前交叠双臂，双手放在对侧肩部，将上半身抬离椅子，直到上半身与治疗床大致平行（姿势2）。
4. 指导受试者尽可能长时间地保持姿势2。
5. 以秒为单位，记录受试者保持姿势2的时间。

数据分析和解释

第235~236页的表11.7~表11.10，列出了不同躯干肌群之间的耐力比值、耐力比值近似值和不同研究中的耐力测试标准值。

统计信息

■ 测试与重测信度：5天连续测试的组内相关系数为0.99。

■ 平均年龄（正常）为21岁（男性：n=92。女性：n=137）（McGill et al., 1999）。

■ 此测试有另一种替代方案，即测试者（只要其体重大于受试者）坐在受试者腿上来提供固定，以替代使用腰带。与原版本相比，此版本被认为具有更高的信度，为0.90（Reiman et al., 2008）。

■ 此测试还有一种替代方案：使用罗马椅。受试者为大学生时，这个替代测试被证实具有可靠性，其组内相关系数为0.91~0.96，$P<0.05$（Udermann et al., 2003）。

注意事项

■ 虽然右侧和左侧竖脊肌神经肌肉的不平衡与腰痛的发生之间存在显著的相关性，但等长测试下最大躯干伸肌力量（非耐力）与腰痛的发生无关（Renkawitz et al., 2006）。

■ 有腰痛症状的受试者的竖脊肌耐力下降，且竖脊肌会逐渐表现出一些无氧性特征（Ashmen et al., 1996；Biering-Sorenson, 1989；Bullock-Saxton, 1994；Gracovetsky & Farfan, 1986）。

■ 躯干伸肌耐力和腰痛的相关性，比躯干屈肌耐力和腰痛的相关性更强（Alaranta et al., 1994 & 1995）。

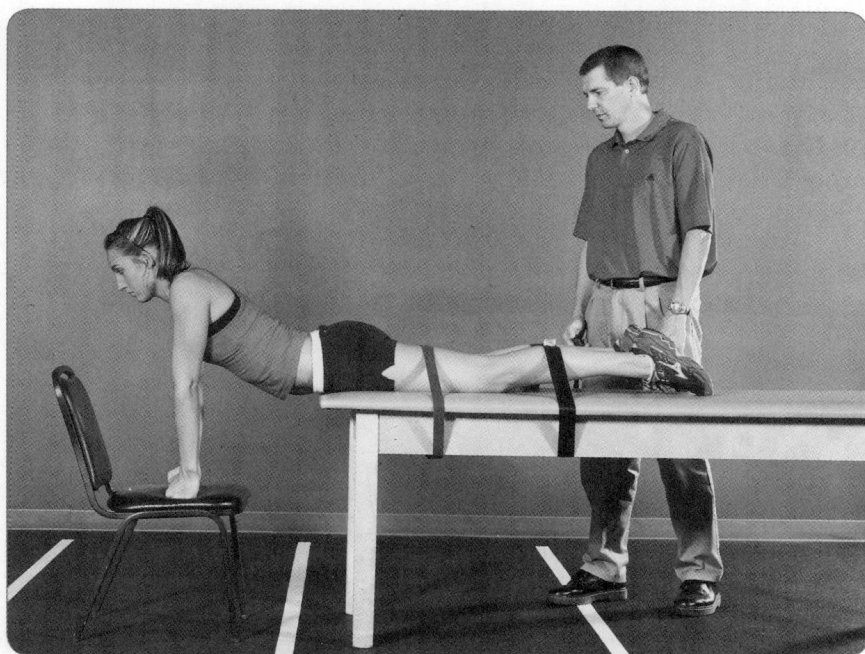

姿势 1

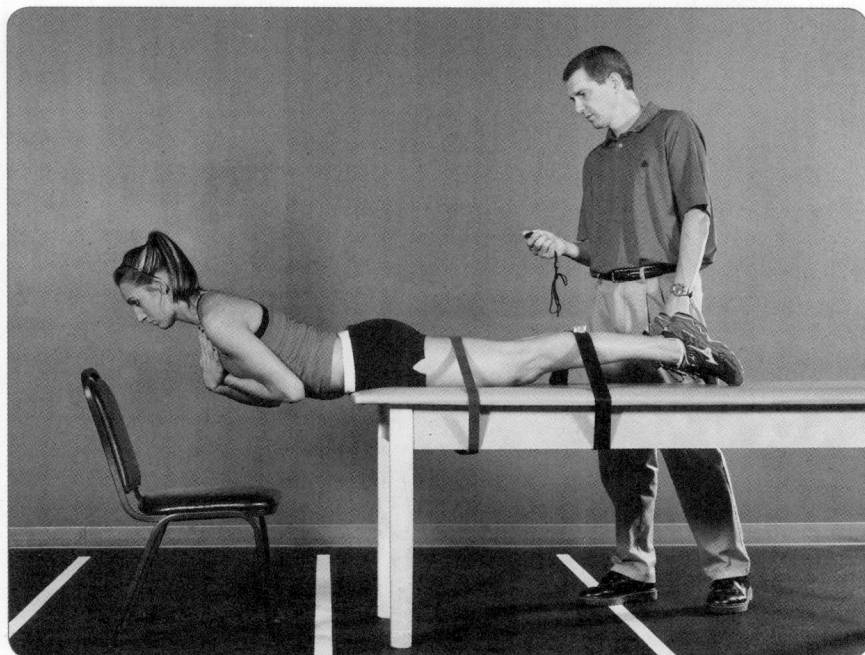

姿势 2

腹部肌肉耐力测试

▶ **目的:** 确定腹部肌肉的耐力,同时将其与本章提到的其他躯干肌肉耐力进行对比,得出对应的比值。

▶ **器材:** 治疗床、楔形架、秒表、腰带。

测试步骤

1. 测试者让受试者坐在治疗床上,上身依靠住楔形架,与治疗床表面形成60度的夹角。
2. 用腰带将受试者双脚固定在治疗床上。
3. 受试者的双臂在胸前交叠,双手手指触碰对侧肩部(姿势1)。
4. 移除楔形架并指导受试者保持身体姿势不动(姿势2)。
5. 以秒为单位,记录从移除楔形架到受试者上身与水平面的夹角小于60度的时间。

数据分析和解释

第235~236页的表11.7~表11.10,列出了不同躯干肌群之间的耐力比值、耐力比值近似值和不同研究中的耐力测试标准值。

统计信息

■ 测试与重测信度:5天连续测试的组内相关系数为0.93。
■ 平均年龄(正常)为21岁(男性: $n=92$。女性: $n=137$)(McGill et al., 1999)。

■ 此测试有另一种替代方案,即测试者(只要其体重大于受试者)代替腰带固定受试者的双脚,以此来稳定受试者的身体。与原版本相比,其信度为0.84(Reiman et al., 2008)。

注意事项

■ 腹部肌肉耐力还可以有另一种测试方法(Chen et al., 2003),该测试方法和麦吉尔(McGill, 1999)采用的方法相同,但是起始姿势为上身与治疗床形成45度夹角,两侧肩胛骨离开治疗床表面,这种测试的时间效率更高,并且与夹角为60度的起始姿势相比,变化因素更少(Chen et al., 2003)。45度屈肌训练被认为是一种简单、便捷且有代表性的躯干屈肌训练方式;对于健康女性群体($n=28$,平均年龄: 23.8岁)而言,它也是一个替代60度屈肌训练的更好选择(Chen et al., 2003)。

■ 受试者的躯干伸肌、屈肌和侧屈肌之间的耐力平衡性测试,能够更好地区分有背痛症状或功能障碍的受试者和无背痛症状或功能障碍的受试者(McGill et al., 1999)。这是因为背痛症状或功能障碍不一定是躯干伸肌或屈肌等肌群引起的,而是可能与各躯干肌群之间的耐力比值相关。已有研究证实,神经肌肉失衡与腰痛有关,而不是单纯的肌肉力量缺陷导致了腰痛(Renkawitz et al., 2006);因此,我们有理由认为,肌肉耐力失衡也会呈现出此类关联性。

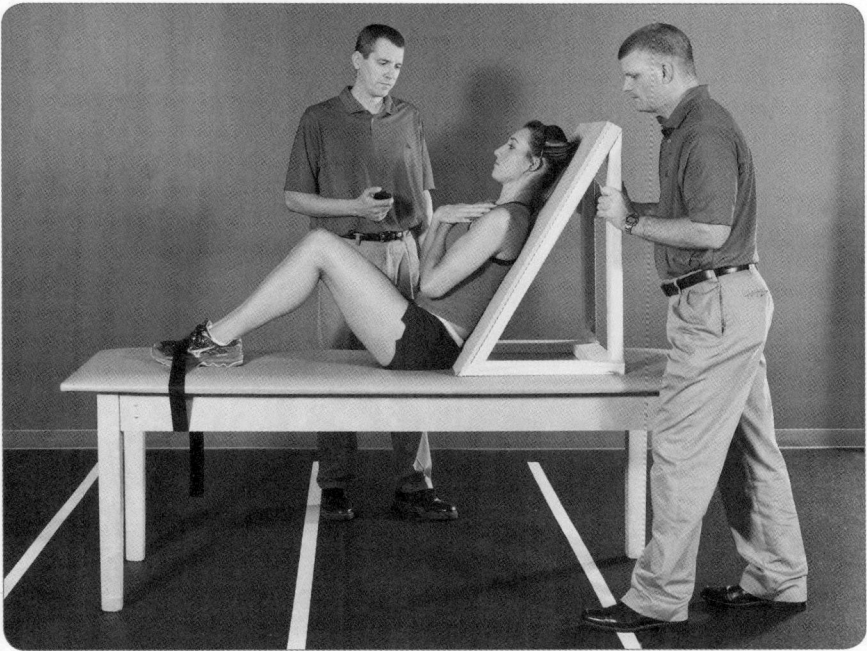

姿势1

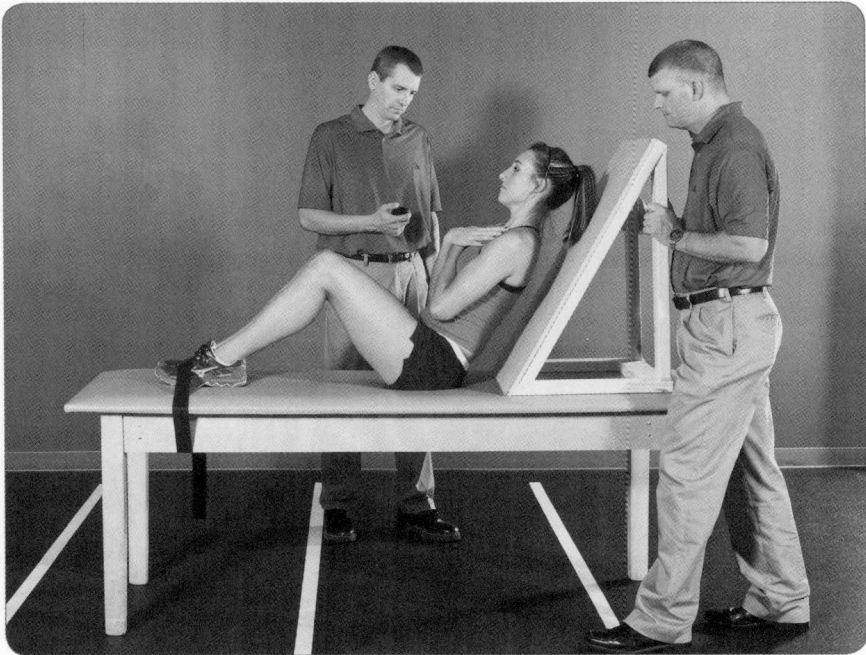

姿势2

腹部动态耐力测试

▶ **目的：** 以指定的重复频率评估受试者呈仰卧姿势时的腹肌动态耐力。

▶ **器材：** 秒表、治疗床、胶带、录制好的每分钟25次节拍的音频。

测试步骤

1. 在测试开始时，测试者让受试者仰卧且双膝屈曲，两侧膝关节屈曲90度，并且收拢下颌。

2. 对于40岁及以上的受试者，测试者将胶带贴在距离其中指指尖8厘米处；而对于不到40岁的受试者，测试者将胶带贴在距离其中指指尖12厘米处。

3. 指导受试者将躯干蜷缩，按照音频播放出的节拍，触及与自身年龄相对应的胶带。

4. 在测试过程中，测试者可以为受试者纠正一次技巧或速度，但不要告知受试者重复次数。

5. 记录受试者完成的重复次数。

数据分析和解释

■ 标准值：31±24次（腹部动态耐力测试，最大重复次数为75次）（Moreland et al., 1997）。

■ 女性重复次数为19次，男性重复次数为27次（Alaranta et al., 1994）。

统计信息

■ 组内相关系数（2, 1）为0.89，平均值标准误差为8次；39名正常受试者的平均年龄为35岁（Moreland et al., 1997）。另一个研究得出的组内相关系数为0.91（Alaranta et al., 1994）。

■ 第237页的表11.11列出了多种受试者群体腹部动态耐力测试的平均值和组内相关系数。

■ 在89名女性受试者和94名男性受试者中，腹部动态耐力测试得分和残疾指数得分呈显著的负相关（$P < 0.001$）（腹部动态耐力测试得分越高，残疾指数得分越低；反之残疾指数得分越高）（Rissanen et al., 1994）。

注意事项

重复的反弓背测试（Alaranta et al., 1994）与腹部动态耐力测试不同，这是因为在前者中，受试者双踝由测试者固定，受试者用双手向两侧膝关节移动时，可以用双手的大鱼际接触髌骨。

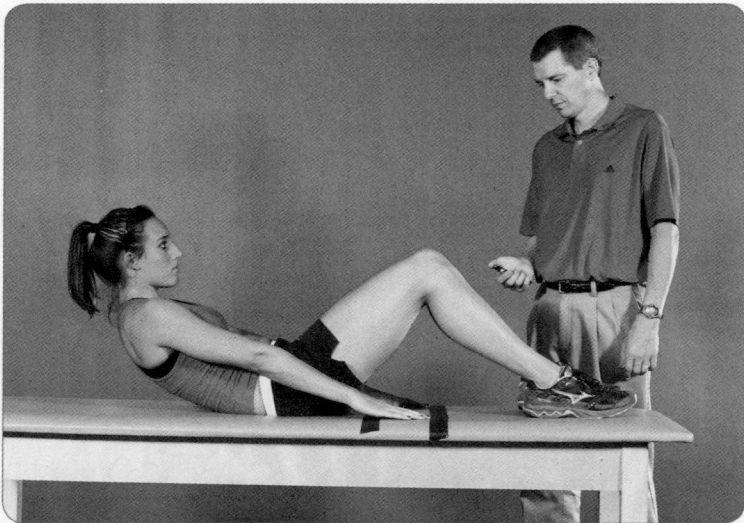

躯干伸肌动态耐力测试

▶ **目的：** 以指定的重复频率评估受试者呈俯卧姿势时的躯干伸肌动态耐力。

▶ **器材：** 楔形泡沫垫、秒表、两条腰带、治疗床、录制好的每分钟25次节拍的音频。

测试步骤

1. 测试者让受试者俯卧在倾斜角度为30度的楔形泡沫垫上，髂前上棘位于垫子的边缘。

2. 使用两条腰带固定受试者的骨盆和下肢，一条绑在髋关节处，另一条绑在小腿中部。

3. 让受试者将双臂放在躯干两侧，双手放在大腿两侧。

4. 让受试者保持脊柱挺直，并将躯干后伸至中立位，然后降低躯干用鼻子接触治疗床。

5. 指导受试者按照音频播放出来的节拍完成此动作。

6. 在测试过程中，测试者可以为受试者纠正一次动作或速度，但不要告知受试者重复次数。

7. 记录受试者完成的重复次数。

数据分析和解释

■ 标准值为46±18次（上限为最大重复次数）（Moreland et al., 1997）。

■ 女性重复次数为24次，男性重复次数为28次（Alaranta et al., 1994）。

统计信息

■ 组内相关系数（2, 1）为0.78，平均值标准误差为9次；39名正常受试者的平均年龄为35岁（Moreland et al., 1997）。另一个研究得出的组内相关系数为0.83（Alaranta et al., 1994）。

■ 第238页的表11.12列出了各受试者群体伸肌动态耐力测试的平均值及组内相关系数。

■ 在89名女性受试者和95名男性受试者中，躯干伸肌动态耐力测试得分和残疾指数得分呈显著的负相关（$P < 0.001$）。躯干伸肌动态耐力测试得分越高，残疾指数得分越低；反之残疾指数得分越高（Rissanen et al., 1994）。

注意事项

重复的弓背测试（Alaranta et al., 1994）与躯干伸肌动态耐力测试不同，这是因为在前者中，受试者双踝由测试者固定。在测试开始时，受试者呈俯卧姿势，躯干悬于治疗床边缘外并向下弯曲至与水平面形成45度夹角，然后将躯干逐渐向上抬升至水平位置，再回到45度的位置。

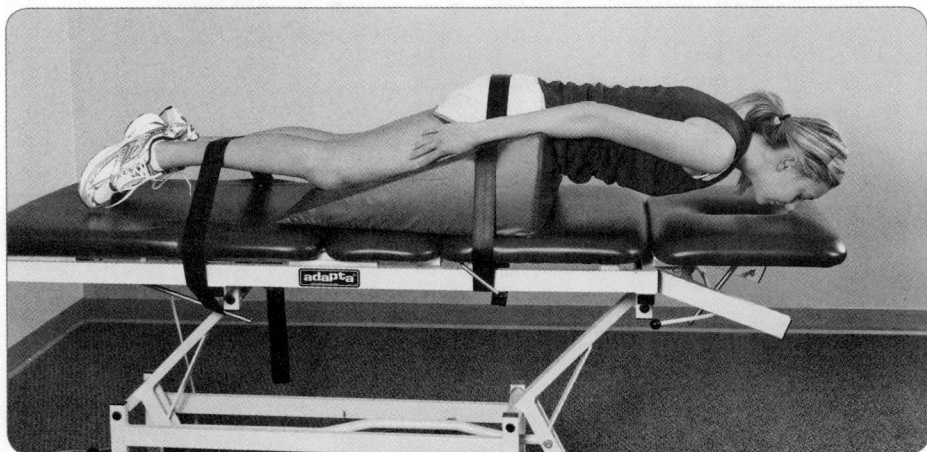

俯桥（平板支撑）测试

▶ **目的：** 评估受试者呈俯卧姿势时的躯干静态耐力和控制能力。

▶ **器材：** 治疗床、秒表。

测试步骤

1. 测试者让受试者呈俯卧状态，用双肘支撑身体；受试者双肘分开与肩同宽，双脚向内并拢支撑，但互不接触。

2. 指导受试者将骨盆抬离治疗床，只让前臂和脚尖接触治疗床。

3. 让受试者将肩关节、髋关节和踝关节保持在一条直线上。

4. 让受试者保持测试姿势，直到因疲劳或疼痛而坚持不住为止。

5. 记录受试者保持测试姿势的时间。

数据分析和解释

■ 无背痛症状的受试者，平均坚持时间为72.5 ± 32.6秒。

■ 有背痛症状的受试者，平均坚持时间为28.3 ± 26.8秒。

■ 第239页的表11.13列出了有症状和无症状受试者俯桥（平板支撑）测试的标准值。

统计信息

测试与重测的皮尔逊相关系数为0.78（Schellenberg et al., 2007）。

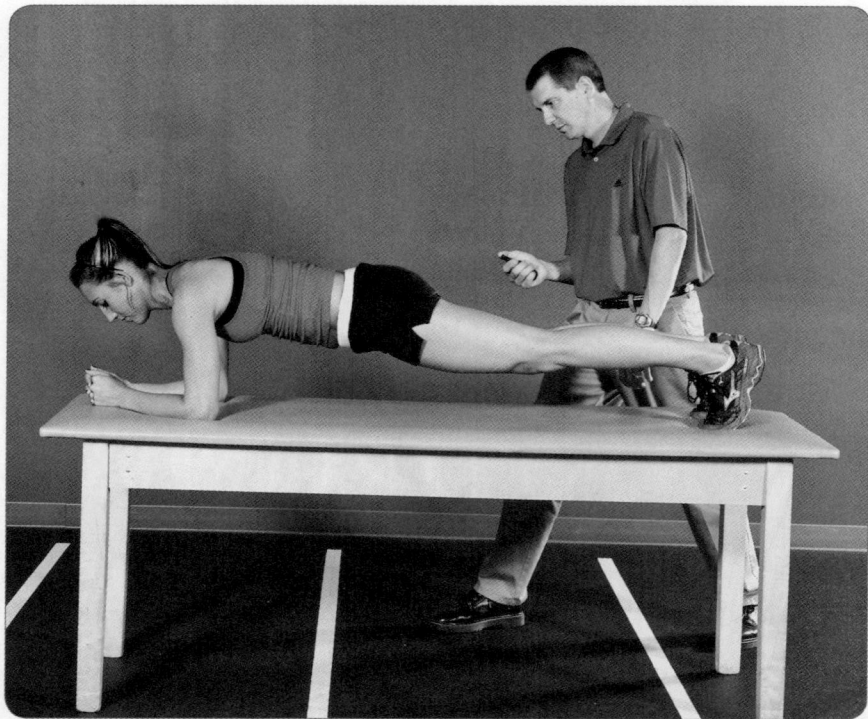

仰桥测试

▶ **目的：** 评估受试者呈仰卧姿势时的躯干静态耐力和控制能力。

▶ **器材：** 治疗床、秒表。

测试步骤

1. 测试者让受试者呈仰卧状态，两侧膝关节屈曲90度，双脚窄距支撑，但不相互接触，双手放在耳朵旁边。

2. 指导受试者将骨盆抬离治疗床，以便使肩关节、髋关节和膝关节保持在一条直线上。

3. 让受试者保持测试姿势，直到因疲劳或疼痛而坚持不住为止。

4. 如果受试者保持测试姿势的时间达到2分钟，则让其伸展惯用侧腿的膝关节，以减少一个支撑点。

5. 如果惯用侧腿先前存在损伤，则让受试者伸直非惯用侧腿。

6. 记录受试者保持测试姿势的时间。

数据分析和解释

■ 无背痛症状的受试者，平均坚持时间为170.4 ± 42.5秒。

■ 有背痛症状的受试者，平均坚持时间为76.7 ± 48.9秒。

■ 第239页的表11.14列出了有症状和无症状受试者仰桥测试的标准值。

统计信息

测试与重测的皮尔逊相关系数为0.84（Schellenberg et al., 2007）。

注意事项

伸展惯用侧腿可以通过向核心增加压力及反向平衡负重来提升难度，从而缩短测试姿势的保持时间。

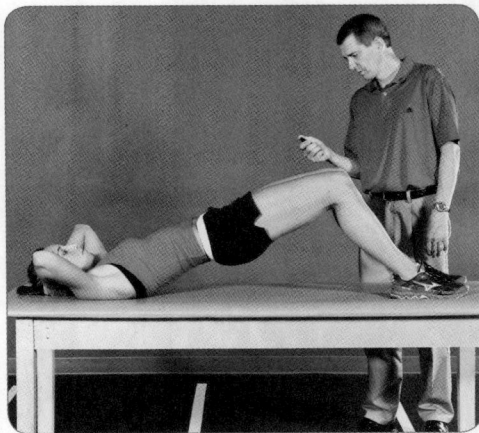

双腿

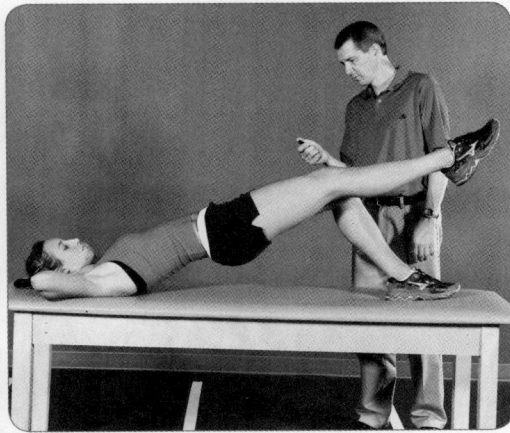

单腿

躯干肌肉耐力和上举能力评估

负重前伸测试

▶ **目的：** 评估受试者在站立姿势下负重前伸时的躯干控制和平衡能力。

▶ **器材：** 直杆（长度大于肩宽）、直尺、重物。

测试步骤

1. 受试者呈站立姿势，双手握住直杆，直杆上悬挂相当于体重5%的重物（不超过4.5千克），双手分开与肩同宽，高度与肩部相同；两侧肘部向前伸展，与肩部同高。

2. 测试者让受试者尽可能向前伸展双臂，但脚后跟不要抬离地面。

3. 以厘米为单位记录前伸距离。

数据分析和解释

无研究提供该测试的标准值。

■ 平均值（标准差）为50.62（13.09）~53.37（13.27）厘米，*n*=52（患者因非特异性腰痛导致功能障碍，且持续时间超过3个月，包括25名男性和27名女性，其平均年龄为43.19岁）（Smeets et al.，2006）。

■ 平均值 ± 标准差（*n*=103，患有腰痛的成年人）：53.78±19.28厘米（Novy et al.，2002）。

统计信息

组内相关系数（1，1）为0.74（0.59~0.84）（Smeets et al.，2006）。

连续惯性上举评估

▶ **目的：**评估受试者以尽可能快的速度进行重复上举的能力。这个评估有助于确定受试者是否已经恢复且准备好完成任何需要重复上举的任务。

▶ **器材：**75厘米高的治疗床、要举起的箱子、不同重量的负荷。

测试步骤（Smeets et al., 2006）

1. 测试者让受试者站在要举起的箱子的正后方。
2. 在进行测试前，告知受试者上举的正确姿势和原理。
3. 指导受试者将一定重量的箱子从地面抬到75厘米高的治疗床上，并在20秒内重复4次。
4. 记录受试者完整举起的次数。

数据分析和解释

■ 在最初的研究中，女性举起的起始重量（包括箱子重量）为3.6千克，男性为5.85千克。每完成一轮举重循环后，女性举起的重量增加2.25千克，男性增加4.5千克。

■ 出现以下情况则停止测试：受试者在20秒内无法将箱子举起4次，受试者因疲劳或疼痛而要求停止测试，受试者的心率超过最大心率的85%，箱子重量达到受试者安全举起的最大重量（体重的60%），或测试者认为再继续进行测试将不再安全。

■ 平均值（标准差）为4.10（2.61）~4.27（2.80）。样本为50名因非特异性腰痛导致功能障碍，且持续时间超过3个月的患者，其平均年龄为43.19岁，包括25名男性和25名女性。

统计信息

组内相关系数（1, 1）为0.92（0.87~0.96）。

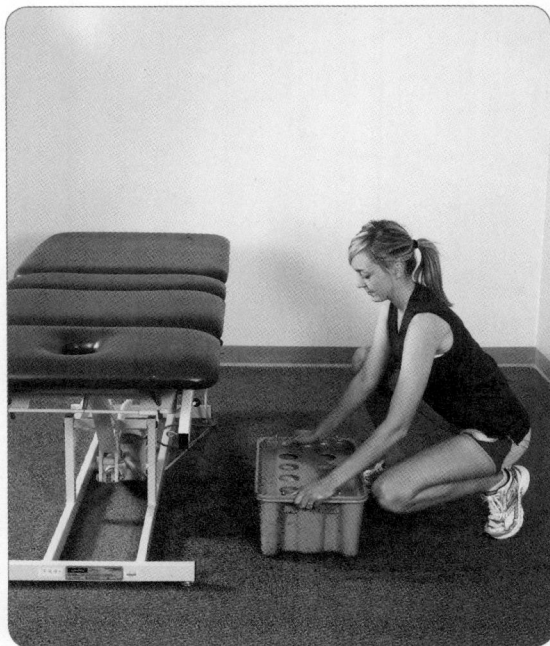

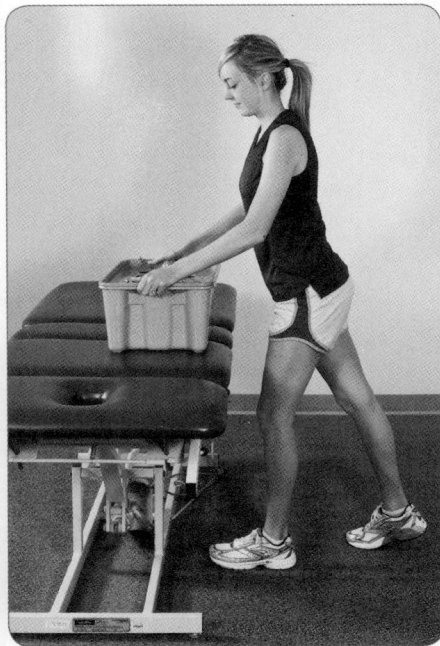

重复抬箱测试

▶ **目的：** 评估受试者在10分钟内，重复将特定重物从地面抬到特定高度的平台的能力。这种评估有助于确定受试者是否已经恢复且准备好完成任何需要重复上举的任务。

▶ **器材：** 重量为20.5千克的箱子、两个1.3米高的平台、秒表或电子计时装置；除这些器材之外，还需要2~4名助理或技术人员及一名记分员。

测试步骤

1. 测试者让受试者站在要举起的箱子的正后方。

2. 在进行测试前，告知受试者上举的正确姿势和原理。

3. 指导受试者将20.5千克重的箱子从地面抬到1.3米高的平台上，并持续重复此动作10分钟。

4. 让受试者在两个平台之间来回移动（间隔2.4米），每次都将箱子从地面抬到平台上。

5. 每次抬起后，助理或技术人员将箱子抬下来放回地面，并将其放在受试者下一次要抬起的位置上（受试者需要将箱子抬上平台，但不需要将箱子抬下来）。

6. 测试者指导受试者在10分钟内尽可能多地将箱子抬上平台。

7. 记录受试者在10分钟内将箱子成功从地面抬到平台上的次数。

数据分析和解释

无研究提供这一测试标准值。

统计信息

▪ 组内相关系数为0.94（4次尝试）（Pandorf et al., 2003）。

▪ 组内相关系数为0.93（3次尝试）、0.97（2次尝试）（Sharp et al., 1993）。

▪ 组内相关系数为0.97（Knapik & Gerber, 1996）。

表11.1

颈深屈肌

肌肉	肌肉起点	肌肉止点	动作	神经支配
头前直肌	C1横突	枕骨	头前屈	C1~C2
头外侧直肌	C1横突	枕骨	头前屈	C1~C2
头长肌	C3~C6横突	枕骨	头前屈	C1~C3
颈长肌	C3~C5横突、C5~T3椎体、T1~T3椎体	C1前弓、C2~C4椎体、C5~C6横突	颈前屈	C2~C6

表11.2

多裂肌

肌肉	肌肉起点	肌肉止点	动作	神经支配
多裂肌	在每节椎骨上，通过来自棘突的共同肌腱产生的几条分束	向下分叉，连接到腰椎横突、髂嵴、骶骨上；一些较深的纤维附着在小关节囊上	旋转及后伸脊柱，对抗腹部肌肉，起到前屈躯干的作用；稳定椎体	脊神经后支

表11.3

双腿下降测试的肌肉级别

角度（Cutter & Kevorkian, 1999; Kendall, 1993）	肌肉级别（词义等级）	肌肉级别（数字等级）	肌肉级别（Reese, 1999）
0度	不合格	2	在骨盆倾斜前能够与治疗床形成45~75度的角
15度	较一般	3	能够与治疗床形成46~90度的角
30度	一般	3+	
45度	较好	4-	
60度	良好	4	能够与治疗床形成16~45度的角
75度	很好	4+	
90度	正常	5	能够与治疗床形成0~15度的角

表11.4

双腿下降测试的平均值和标准差（单位为度）*

运动	性别	样本数量/人	平均值	标准差
足球	女	19	50	11
	男	35	48	11
越野赛	女	14	48	10
	男	12	44	9
场地曲棍球	女	15	50	10
排球	女	10	59	7
平均	女	58	52	5
	男	47	46	3
总平均		105	50	10

*测试中使用了血压计。

表11.5

足球运动员腹部阶段测试的标准值（单位为次）

运动	性别	样本数量/人	平均值	标准差	范围
足球	女	23	4	1.1	1~5
足球	男	37	3	1.3	1~6

[源自：Australian Sports Commission, 2000, Protocols for the physiological assessment of team sport players, L. Ellis et al. *Physiological tests for elite athletes*, C.J. Gore (Champaign, IL: Human Kinetics), 144.]

表11.6

仰卧起坐耐力测试成绩（单位为个）的百分比等级

百分位数	20~29岁		30~39岁	
	男性	女性	男性	女性
99	>55	>51	>51	>42
90	52	49	48	40
80	47	44	43	35
70	45	41	41	32
60	42	38	39	29
50	40	35	36	27
40	38	32	35	25
30	35	30	32	22
20	33	27	30	20
10	30	23	26	15
01	<27	<18	<23	<11

[源自：NSCA, 2000, Administration, scoring, and interpretation of selected tests, E. Harman, J. Garhammer, and C. Pandorf. *Essentials of strength training and conditioning*, 2nd ed., T.R. Baechle and R.W. Earle (Champaign，IL: Human Kinetics), 311.]

表11.7

躯干肌群之间的耐力比值

评估	男性	女性	全部
屈肌/伸肌	0.84	0.72	0.77
右侧屈肌/左侧屈肌	0.96	0.96	0.96
右侧屈肌/伸肌	0.58	0.40	0.48
左侧屈肌/伸肌	0.61	0.42	0.50

平均年龄为21岁（92名男性，137名女性）。

表11.8

躯干肌群之间的耐力比值近似值

评估	近似值
屈肌/伸肌	0.75（或3/4）
右侧屈肌/左侧屈肌	1.0（1/1）
右侧屈肌/伸肌	0.50（或1/2）
左侧屈肌/伸肌	0.50（或1/2）

平均年龄为21岁（92名男性，137名女性）。

表11.9

耐力测试的标准值（单位为秒）

评估	平均值 ± 标准差（McGill et al., 1999）	比值	平均值 ± 标准差（Chan, 2005）	比值	平均值 ± 标准差（Reiman et al., 2006）	比值
躯干后伸	171±60	1.0	114.28±34.62	1.0	113.86±45.59	1.0
躯干前屈	147±90	0.90	176.56±88.58	1.54	186±77.26	1.63
躯干左侧屈	85±36	0.47	94.53±32.97	0.83	59.77±20.14	0.53
躯干右侧屈	81±36	0.50	98.13±41.38	0.86	57.37±20.38	0.50

表11.10

不同研究中的耐力测试标准值（单位为秒）

参考文献	躯干伸展	躯干侧屈
McGill et al., 1999 　大学年龄阶段 　　正常受试者：男性（*n*=31） 　　女性（*n*=44）	 146±51 189±60	 97±35（左） 94±34（右） 77±35（左） 72±31（右）
Chan 2005 　正常受试者：男子赛艇（*n*=42）	 114.28±34.62	 94.53±32.97（左） 98.13±41.38（右）
Reiman et al., 2006 　高中阶段举重运动员 　　正常受试者：男性（*n*=21） 　　女性（*n*=17）	 108.94±40.75 113.99±54.05	 64.75±20.62（左）[*] 62.73±17.00（右）[*] 49.11±19.06（左） 46.34±22.01（右）
Leetun et al., 2004 　正常受试者：男性（*n*=69） 　　　　　　　女性（*n*=79） 　运动员 　　男子篮球运动员（*n*=44） 　　男子越野赛运动员（*n*=17） 　　女子篮球运动员（*n*=60） 　　女子越野赛运动员（*n*=18） 　未受伤受试者（*n*=99） 　受伤受试者（*n*=41）	 130.4±40.0 123.4±48.4 131.4±42.0 122.9±38.7 115.7±43.5 151.4±52.5 128.3±43.6 121.6±48.9	 84.3±32.5 58.9±26.0 82.7±30.6 87.6±37.1 57.8±24.7 60.9±30.5 72.0±32.4 64.7±28.8

[*] 男性与女性的两侧侧屈测试值差异显著（*P*<0.05）。

表11.11

各群体腹部动态耐力测试的平均值和组内相关系数

人群	样本数量/人	平均值/次	组内相关系数（平均值标准误差）
性别			
女	24[*] 233[#]	20[#]	0.94（6）[*]
男	15[*] 242[#]	27[#]	0.82（10）[*]
职业类型			
办公室或久坐工作型	15[*]		0.88（9）[*]
轻度或中度体力工作型	13[*]		0.92（7）[*]
重度体力工作型	11[*]		0.93（7）[*]
白领	181[#]	29[#]	
蓝领	294[#]	21[#]	
年龄/岁			
35~39	123[#]	28[#]	
40~44	136[#]	24[#]	
45~49	107[#]	23[#]	
50~54	109[#]	19[#]	
蓝领女性/岁			
35~39		24±12[#]	
40~44		18±12[#]	
45~49		17±14[#]	
50~54		9±10[#]	
蓝领男性/岁			
35~39		29±13[#]	
40~44		22±11[#]	
45~49		19±11[#]	
50~54		17±13[#]	
白领女性/岁			
35~39		30±16[#]	
40~44		19±13[#]	
45~49		22±15[#]	
50~54		20±13[#]	
白领男性/岁			
35~39		35±13[#]	
40~44		34±12[#]	
45~49		33±15[#]	
50~54		36±16[#]	

（[*]源自：Alarantaet al.，1994. [#]源自：Moreland et al.，1997.）

表11.12

各群体躯干伸肌动态耐力测试的平均值及组内相关系数

人群	样本数量/人	平均值/次	组内相关系数（平均值标准误差）
性别			
女	24[*]		0.73（10）[*]
	233[#]	25[#]	
男	15[*]		0.82（9）[*]
	242[#]	28[#]	
职业类型			
办公室或久坐工作型	15[*]		0.84（8）[*]
轻度或中度体力工作型	13[*]		0.73（12）[*]
重度体力工作型	11[*]		0.74（7）[*]
白领	181[#]	30[#]	
蓝领	294[#]	24[#]	
年龄/岁			
35~39	123[#]	27[#]	
40~44	136[#]	26[#]	
45~49	107[#]	28[#]	
50~54	109[#]	25[#]	
蓝领女性/岁			
35~39		28±13[#]	
40~44		25±14[#]	
45~49		25±15[#]	
50~54		18±14[#]	
蓝领男性/岁			
35~39		26±11[#]	
40~44		23±12[#]	
45~49		24±13[#]	
50~54		21±11[#]	
白领女性/岁			
35~39		27±11[#]	
40~44		20±11[#]	
45~49		31±16[#]	
50~54		26±14[#]	
白领男性/岁			
35~39		34±14[#]	
40~44		36±14[#]	
45~49		34±16[#]	
50~54		35±17[#]	

（[*]源自：Alarantaet al., 1994. [#]源自：Moreland et al., 1997.）

表 11.13

有症状和无症状受试者俯桥
（平板支撑）测试的标准值（单位为秒）

	平均值 ± 标准差
无症状受试者	
女性	51.2 ± 19.9
男性	92.9 ± 29.3
疲劳	72.3 ± 33.0
疼痛	79.1 ± 33.2
有症状受试者	
女性	24.3 ± 27.5
男性	33.4 ± 26.0
疲劳	30.6 ± 26.0
疼痛	15.4 ± 10.4

（源自：Schellenberg et al.，2007.）

表 11.14

有症状和无症状受试者
仰桥测试的标准值（单位为秒）

	平均值 ± 标准差
无症状受试者	
女性	152.0 ± 30.2
男性	188.0 ± 45.7
疲劳	179.3 ± 50.7
疼痛	155.6 ± 20.6
有症状受试者	
女性	75.7 ± 44.8
男性	77.9 ± 55.4
疲劳	73.5 ± 47.0
疼痛	80.3 ± 52.3

（源自：Schellenberg et al.，2007.）

第12章

上肢测试

正如我们已经讨论过的与下肢相关的问题，受试者需要利用上肢肌肉力量、爆发力和耐力来完成一些动作的情况很常见。许多运动技能都需要通过上肢和躯干肌肉产生或传递爆发力（Stockbrugger & Haennel, 2001），诸如棒球运动中的投掷动作、网球运动中的上手发球动作、拳击运动中击打对手的动作，以及橄榄球运动中的截球动作，都需要强大有力的上肢。虽然针对上肢的功能性测试少于下肢，但本章介绍的上肢测试都非常实用。这些测试包括负重和不负重测试，以及涉及上肢、躯干和下肢的综合测试。

曲臂悬垂测试

▶ **目的：** 评估前臂和上臂屈肌耐力。

▶ **器材：** 单杠（高度略高于受试者的身高）、秒表。

测试步骤（Ellenbecker et al., 2000）

1. 测试者让受试者正手握杆。

2. 测试者将受试者举到受试者的下颌超过杆（但不触及杆），以此位置作为起点。受试者双肘屈曲，胸部靠近杆。

3. 松开受试者，用秒表开始计时。受试者尝试尽可能长时间地将下颌保持在杆的上方，并且没有过多的身体晃动。

4. 当受试者下颌低于杆时结束测试。

数据分析和解释

第255页和第256页的表12.1和表12.2列出了男孩和女孩曲臂悬垂测试成绩的百分比等级。

统计信息

无可用信息。

引体向上测试

▶ **目的：** 评估前臂和上臂屈肌耐力。

▶ **器材：** 单杠、秒表。

测试步骤

1. 测试者让受试者正手握杆。

2. 让受试者双臂伸直悬挂在单杠上，以此作为起始姿势（姿势1）。

3. 让受试者将身体向上拉，直到下颌超过杆（姿势2）。

4. 让受试者在每次重复时回到双臂完全伸展的位置。

5. 指导受试者在测试过程中尽量不要做多余动作，其中包括身体的摆动。

6. 如有必要，测试者可以伸展手臂放在受试者的大腿前方，以防其身体过度摆动。

数据分析和解释

可以将受试者在预先规定的时间内（根据测试者的偏好）完成引体向上的总次数或在疲劳前完成引体向上的总次数作为分数。

统计信息

这一测试无信度和效度数据。

姿势1

姿势2

变式引体向上测试 ▶

▶ **目的：** 评估无法完成引体向上测试的受试者的前臂和上臂屈肌耐力。

▶ **器材：** 单杠、秒表、弹力带。

测试步骤（Ellenbecker et al., 2000）

1. 测试者让受试者仰卧在地面上。

2. 将杆置于受试者肩部正上方比其伸直手臂所能达到的高度高3~5厘米的位置。

3. 悬挂弹力带，使其平行于地板且在杆下方约20厘米处。

4. 告知受试者，在引体向上的过程中，只有脚后跟能与地面接触，双腿应该保持伸直。

5. 让受试者正手握杆，此时双臂完全伸展（姿势1）。

6. 当受试者的下颌超过弹力带时，计为1次（姿势2）。

7. 检查受试者是否只用双臂完成此动作，身体是否始终保持伸直。

8. 受试者不应发生任何摆动。

9. 让受试者完成尽可能多的次数，直到力竭。

数据分析和解释

可以将受试者在预先规定的时间内（根据测试者的偏好）完成变式引体向上的总次数或在疲劳前完成变式引体向上的总次数作为分数。

统计信息

这一测试无信度和效度数据。

姿势1

姿势2

俯卧撑测试

▶ **目的：** 评估上肢肌肉力量和耐力。

▶ **器材：** 无。

测试步骤（Roetert & Ellenbecker, 1994）

1. 测试者让受试者从俯卧位开始，双手分开与肩同宽，将下身重量完全放在脚趾上。

2. 指导受试者在保持头部、肩膀、背部、髋关节、膝关节和双脚在一条直线上的同时，伸直手臂。

3. 受试者身体下降至上臂与地面平行，然后由此位置完全伸直双臂回到高位，且身体呈一条直线，这样计为一次完整的俯卧撑。

数据分析和解释

将1分钟内完成的俯卧撑次数作为分数。第256页的表12.3列出了不同人群俯卧撑测试成绩的等级。

统计信息

这一测试无信度和效度数据。

Underkoffler 垒球投掷测试

▶ **目的：** 确定肌肉力量和爆发力。

▶ **器材：** 较大的场地或投掷区域、垒球，若场地上没有标记则还需要卷尺。

测试步骤（Collins and Hedges, 1978）

1. 测试者让受试者进行热身投球运动，直到其感觉能够投出最远距离为止。

2. 在热身投球运动之后，让受试者连续进行强度分别为25%、50%、75%和100%的4次热身投球。

3. 让受试者尽力进行3次尝试。

4. 测量从受试者脚部位置到球第一次反弹位置的距离，结果精确到0.5英寸。

数据分析和解释

测得从受试者脚部位置到球第一次反弹位置的距离，将其作为分数。

统计信息

这一测试无信度和效度数据。

药球投掷测试

▶ **目的：** 确定上肢力量和爆发力。

▶ **器材：** 重量为6磅的药球、卷尺。

测试步骤

1. 指导受试者站在起始线后一步的位置。

2. 让受试者手持药球。

3. 让受试者向前迈一步，站在起始线后投掷药球。

4. 受试者可以选择常用的胸前投掷方式，或选择以下替代方式。

   - 模拟网球中正手或反手击球的投掷方式。

   - 过头投掷——受试者面向前方，手持药球站在起始线的后面，向前迈一步，尽可能远地从头顶上方将药球抛出。

   - 向后投掷——受试者背对起始线，将药球从肩上向后抛出。

5. 将起始线到药球落地点的距离作为分数。

数据分析和解释

■ 第257~260页的表12.4~表12.8列出了该测试成绩及其与选定变量的相关性等。

■ 当将这些投掷用于网球测试时，可以模拟正手和反手击球动作。池田等人（Ikeda et al., 2007）还介绍了药球的侧投方式。池田等人在评估可能会影响药球侧投得分的其他因素时发现，这项测试可能适用于评估男性的躯干旋转力量，但不适用于评估女性的躯干旋转力量（见表12.5）。

■ 奥斯普朗等人（Aussprung et al., 1995）认为，大学年龄阶段的男性橄榄球运动员投掷重量为11磅的药球时，平均投掷距离为19~22英尺（1英尺≈0.3米，余同）；而投掷5磅重的药球时，平均投掷距离则为26~29英尺。这些距离明显大于其他运动项目的女性大学生运动员——对于5磅重的药球，她们的平均投掷距离仅为9~12英尺。该研究用到的投掷测试是受试者坐在地面上完成的。

■ 萨洛尼亚等人（Salonia et al., 2004）评估了60名女子体操运动员的药球投掷测试成绩，第260页的表12.8列出了平均投掷距离。

统计信息

这一测试与男性的等长最大躯干旋转扭矩之间呈显著相关，而在女性中未发现此相关性（见表12.5）。此外，艾伦贝克和罗伯特（Ellenbecker & Roetert, 2004）发现，优秀的网球运动员的对称等速躯干旋转力量和等速躯干旋转力量，与使用6磅重的药球的躯干旋转投掷测试结果相关（r为0.787~0.836，$P<0.01$）（见表12.6）。艾伦贝克和罗伯特（Ellenbecker & Roetert, 2004）也在表12.7中列出了各类网球运动员的药球投掷测试成绩的等级。

向后过头药球投掷测试

▶ **目的:** 确定上肢力量和爆发力。

▶ **器材:** 药球、彩色胶带、卷尺。

测试步骤(Salonia et al., 2004)

1. 测试者让受试者背对起始线站立,双脚分开与肩同宽,脚后跟放在起始线上。

2. 让受试者手拿药球,将双臂向身体前方伸直,与肩同高。

3. 允许受试者进行反向运动。受试者两侧髋关节和膝关节屈曲,同时躯干前屈,并将药球降至腰部或髋关节高度以下。

4. 让受试者在反向运动后将髋关节前推,并伸直膝关节和躯干。

5. 让受试者抬起手臂,将药球举到与肩部同高,然后把药球抛到头后。

6. 指导受试者保持双臂伸展。

7. 监控以下内容。

   - 在反向运动期间,受试者膝关节至多屈曲90度。
   - 肩关节至少屈曲45度。
   - 投掷结束时,受试者的脚可以像跳跃动作那样离开地面,以尽量减少垂直的地面反作用力可能造成的任何减速。
   - 受试者投掷时应尽可能保持手臂伸直,同时以摇摆的动作将药球向头后投掷。

数据分析和解释

- 第259~261页的表12.7~表12.10,列出了不同人群向后过头药球投掷测试的标准值。

- 梅休等人(Mayhew et al., 2005)在为期8周的调整期体能训练后,对40名大学橄榄球运动员进行了向后过头药球投掷测试。这些大学橄榄球运动员的平均投掷距离为10.41±1.45米,范围为8.17~13.85米。这项研究的另一个重要发现是,大部分(55%)大学橄榄球运动员都

在第3次尝试中达到了最佳投掷距离,这表明该测试存在学习效应。组内相关系数为0.86。由于存在学习效应,如果此测试动作不属于标准训练体系的一部分,梅休等人认为使用此测试作为全身爆发力评估指标未必合适。

▪ 斯托克布鲁格和翰尼尔（Stockbrugger & Haennel, 2003）研究了跳跃运动员（男子排球运动员）和非跳跃运动员（男子摔跤运动员）的向后过头药球投掷测试成绩的影响因素。与非跳跃运动员（14.2±1.8米，范围为12.2~18.8米）相比，跳跃运动员的投掷距离（15.4±1.1米，范围为13.4~17.4米）更远。两组运动员的向后过头药球投掷测试成绩与其爆发力指数之间高度相关（跳跃运动员$r=0.817$，非跳跃运动员$r=0.917$）。向后过头药球投掷测试成绩也与下蹲垂直跳高度相关（跳跃运动员$r=0.899$，非跳跃运动员$r=0.945$）。

统计信息

▪ 斯托克布鲁格和翰尼尔（Stockbrugger & Haennel, 2003）评估了20名排球竞赛运动员在向后过头药球投掷测试中的表现水平。他们还评估了运动员在有助于确定每个运动员爆发力指数的下蹲垂直跳中的表现水平。经过测试，向后过头药球投掷测试成绩，与爆发力指数之间高度相关（$r=0.906$，$P<0.01$）。作者还确定了药球投掷的测试与重测信度（$r=0.996$，$P<0.01$）。这些研究结果表明，向后过头药球投掷测试是一种高信度的测试，可用于评估全身处于运动模式下的爆发力水平。

▪ 邓肯和奥纳科博（Duncan & Al-Nakeeb, 2005）认为，可能需要进行5次或6次向后过头药球投掷测试，才能将个体内差异降低至可接受水平。

侧推药球投掷测试

▶ **目的：** 确定上肢力量和爆发力。

▶ **器材：** 距离标记或卷尺、药球（各种尺寸和重量）。

测试步骤

1. 在简短的热身运动后，测试者让受试者双手紧握药球。

2. 让受试者反向运动，向与投掷方向相反的方向旋转躯干。

3. 让受试者向投掷方向旋转躯干，尝试尽可能远地投掷药球。

4. 将投掷距离作为分数并记录。

数据分析和解释

第257页的表12.4列出了侧推药球投掷距离的标准值。

统计信息

池田等人（Ikeda et al., 2007）发现，侧推药球投掷与等长躯干旋转力矩存在显著的相关性（r 为 0.596~0.739，$P < 0.05$），与1RM卧推得分也存在显著的相关性（r 为 0.683~0.725，$P < 0.01$）。

坐式胸前传球测试

▶ **目的：**确定上肢力量和爆发力。

▶ **器材：**重量为400克的室内铅球、卷尺。

测试步骤（Cronin & Owen, 2004）

1. 测试者让受试者坐在地面上，腰部、肩部和头靠在墙上。

2. 让受试者伸直膝关节。

3. 指导受试者双手握住铅球，并尽力向远处投掷，腰部、肩部和头不能离开墙面。

4. 让受试者进行几组热身练习和测试练习。

5. 练习完成后给受试者1分钟的休息时间。

6. 让受试者投掷4次，每次投掷之间让受试者至少休息30~45秒。

7. 记录4次投掷的距离。

数据分析和解释

将4次投掷的平均距离作为分数。

统计信息

这一测试无信度和效度数据。

坐姿推铅球测试

▶ **目的：** 确定上肢力量和爆发力。

▶ **器材：** 重量为4.5千克的室内铅球、卷尺。

测试步骤（Mayhew et al., 1997）

1. 测试者让受试者坐在地上，背部靠墙。

2. 让受试者以近似直角的角度屈曲膝关节，双脚应施加向后的力，以使背部紧靠在墙上。

3. 指导受试者双手握住铅球，用力将其从胸部中心向前推出。

4. 让受试者进行几组热身练习和测试练习。

5. 让受试者进行3次测试。

6. 让受试者在每次投掷之间至少休息30~45秒。

7. 将3次投掷的平均距离作为分数。

数据分析和解释

■ 第261页的表12.11和第262页的表12.12，列出了不同研究中的坐姿推铅球测试成绩，以及坐姿推铅球测试成绩和选定变量的相关性。

统计信息

■ 大学年龄阶段的男性进行该测试的信度为0.84（Johnson & Nelson, 1979）。梅休等人（Mayhew et al., 1995）发现，使用重量为8磅的铅球，组内相关系数为0.98；而使用重量为10磅的铅球，组内相关系数为0.95。

■ 梅休等人（Mayhew et al., 1991）发现，坐姿推铅球测试成绩与30%卧推爆发力（$r=0.67$）和60%卧推爆发力显著相关（$r=0.75$）。他们认为，坐姿推铅球测试成绩与绝对爆发力显著相关（$r=0.51$），与相对卧推爆发力输出显著相关（$r=0.66$），但当消除体重差异的影响后，相关性大幅降低（绝对爆发力$r=0.17$，相对卧推爆发力$r=0.29$）。由此他们得出一个结论：坐姿推铅球测试成绩似乎与大学橄榄球运动员的绝对爆发力和相对卧推爆发力输出中度相关，并且可能受到体型和肌肉的极大影响。大学橄榄球运动员的坐姿推铅球测试成绩见第261页的表12.11。

■ 梅休等人（Mayhew et al., 1994）确定了坐姿推铅球测试在女性运动员中的特异性程度。在对60名女性大学生运动员进行评估后，他们发现身高、体重与坐姿推铅球测试成绩高度相关。他们也发现了Margaria-Kalamen测试和坐姿推铅球测试高度相关。

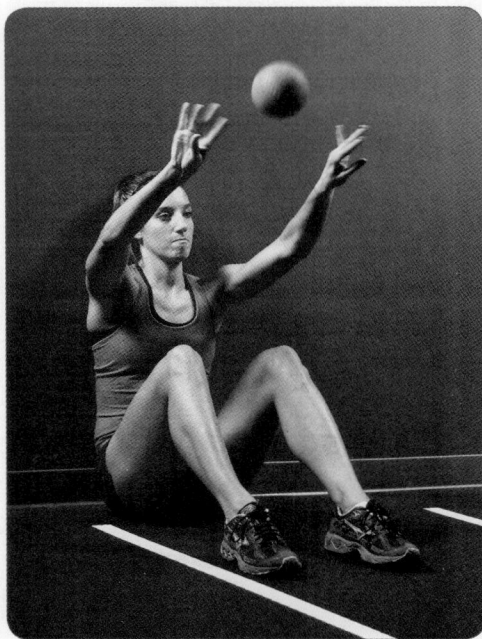

▨ 在评估高中阶段运动员的力量和爆发力时，梅休等人（Mayhew et al., 1995）发现，男孩和女孩使用8磅重的铅球的投掷距离，远大于使用10磅重的铅球的投掷距离。他们还推断，坐姿推铅球测试成绩与男孩的卧推爆发力测试成绩显著相关，而在女孩中未发现此相关性。此外，坐姿推铅球测试中两种不同重量铅球的测试成绩均与男孩的体重和瘦体重显著相关，而在女孩中也无此现象。这些情况可能是因为坐姿推铅球测试需要通过神经肌肉控制技能、肌肉量、神经激活和肌纤维类型分布等因素的综合作用。

注意事项

有些测试者在使用该测试时，会通过限制掷球点来控制球的抛物线。掷球角度可以通过橄榄球门柱方管构成的支架来加以控制。其余测试内容与前面描述的内容类似。测试者让受试者将臀部靠在椅背上，并将其下肢绑在椅腿上，以防止其在测试过程中使用下半身的力量。受试者在胸前中心处双手握住铅球，两侧前臂与地面保持平行。测试者使用卷尺测量肘部尖端到地面的距离，调整横杆高度与肘部高度一致。受试者使用双手，从胸前中心处尽可能远地投掷铅球。铅球必须穿过门柱才计分。测试者测量从横过椅子前沿的直线到铅球落地标记处的距离，并精确到1厘米。在控制或不控制掷球角度的情况下都可以进行测试。吉莱斯皮和基努姆（Gillespie & Keenum, 1987）发现，在控制掷球角度的情况下，测试与重测信度分别为0.96和0.97；而在不控制掷球角度的情况下，测试与重测信度分别为0.95和0.96。

闭链上肢测试

▶ **目的：** 闭链上肢测试是由戴维斯和迪克夫－霍夫曼（Davies & Dickoff-Hoffman, 1993）以标准俯卧撑测试为原型，设计的一个修订版本。该测试测量上肢的力量、耐力和闭链稳定性。

▶ **器材：** 彩色胶带、秒表。

测试步骤（Davies & Dickoff-Hoffman, 1993; Goldbeck & Davies, 2000; Ellenbecker & Davies, 2001）

1. 测试者将两条胶带贴在地面上，间隔3英尺。
2. 指导受试者在两条胶带之间，利用双手的力量使身体呈标准的俯卧撑姿势。
3. 指导受试者尽可能快地将手从一条胶带处移动到另一条胶带处，以"雨刮器"的方式交替触碰两条胶带。
4. 使用秒表计时15秒，记录受试者触碰胶带的次数。
5. 测试者可以在第280页的闭链上肢测试表中记录测试情况。

数据分析和解释

■ 可以用触碰胶带次数除以受试者身高，以将男女受试者的数据标准化。

■ 为了按身高对数据进行标准化，也可以使这两条胶带间的距离等于受试者身高的指定百分比。但这样做可能使测试效率降低，因为两条胶带间的距离会随着每个被测试者的身高而改变。

■ 罗斯克等人（Rousch et al., 2008）对77名未受伤的大学阶段男性棒球运动员进行了评估，以确定闭链上肢测试的参考标准值。他们发现不同的运动员的闭链上肢测试标准值没有差异。该测试的标准值见第262页的表12.13。

■ 可以通过受试者体重（以磅为单位）和触碰胶带的次数来确定其爆发力：爆发力＝[体重（磅）× 68%×触碰胶带的次数]÷15（秒）。

统计信息

测试与重测信度为0.927（Goldbeck & Davies, 2000）。

功能性投掷运动表现指数

▶ **目的：** 确定投掷的精确度。

▶ **器材：** 彩色胶带、一堵墙和一个21英寸的橡胶球。

测试步骤

1. 测试者在离墙15英尺处贴一条胶带，在距离地面4英尺的墙上，用胶带贴出一个1英尺×1英尺的正方形。
2. 让受试者进行4次最大强度的热身投掷。
3. 给受试者30秒的时间，让其尽可能将球准确投掷到正方形内。

数据分析和解释

大多数情况下需要进行4组测试。测试准确度＝投球总数÷准确投球数量×100%。

统计信息

组内相关系数大于0.90（Davies & Dickoff-Hoffman, 1993）。戴维斯和迪克夫－霍夫曼（Davies & Dickoff-Hoffman, 1993）得出的标准值为：男性为15次投掷，7次投掷准确，功能性投掷运动表现指数为47%（范围为33%~60%）；女性为13次投掷，4次投掷准确，功能性投掷运动表现指数为29%（范围为17%~41%）。

注意事项

通常情况下，很难评估特定的投掷参数，尤其是在没有视频分析的情况下。这需要经验丰富的测试者密切监控受试者在测试过程中出现的特定功能障碍。第281页的上肢投掷分析表为测试者评估受试者提供了一些指导原则。建议测试者监控受试者在各种姿势下的投掷过程，若条件允许，最好通过视频分析来辩证地评估受试者的投掷技术。

表12.1

男孩曲臂悬垂测试成绩（单位为秒）的百分比等级

百分位数	年龄/岁											
	6	7	8	9	10	11	12	13	14	15	16	17+
100	55	95	63	101	120	101	111	127	117	130	125	116
95	23	60	34	40	48	52	47	48	68	79	71	64
90	16	23	28	28	38	37	36	37	61	62	61	56
85	14	20	23	24	31	31	30	33	47	58	51	49
80	12	17	18	20	25	26	25	29	40	49	46	45
75	10	15	17	18	22	22	21	25	35	44	42	41
70	9	13	15	16	20	19	19	22	31	40	39	39
65	9	11	14	14	17	17	16	20	28	37	36	37
60	8	10	12	12	15	15	15	18	25	35	33	35
55	7	9	11	11	14	13	13	16	22	33	30	33
50	6	8	10	10	12	11	12	14	20	30	28	30
45	5	7	9	8	10	10	10	12	17	28	25	29
40	5	6	8	8	8	9	9	10	15	25	22	26
35	4	5	6	7	7	7	8	9	13	22	20	23
30	3	4	5	5	6	6	6	8	11	20	18	20
25	2	4	4	5	5	5	6	10	18	15	17
20	2	3	3	3	3	4	4	5	8	14	12	15
15	1	2	2	3	2	3	2	4	5	10	10	11
10	1	1	1	2	1	1	1	2	3	8	7	8
5	0	0	0	0	0	0	0	0	1	3	3	5
0	0	0	0	0	0	0	0	0	0	0	0	0

百分比等级是基于年龄和测试得分（以秒为单位）得出的。

（源自：The President's Challenge Physical Activity and Fitness Awards Program，a program of the President's Council on Physical Fitness and Sports，U.S. Department of Health and Human Services.）

表12.2

女孩曲臂悬垂测试成绩（单位为秒）的百分比等级

百分位数	年龄/岁											
	6	7	8	9	10	11	12	13	14	15	16	17+
100	55	72	97	78	152	150	99	68	100	125	131	127
95	22	29	26	35	38	33	37	35	38	41	40	37
90	15	21	21	23	29	25	27	28	31	34	30	29
85	13	17	17	20	22	20	21	21	25	28	24	24
80	11	14	15	16	19	16	16	19	21	23	21	20
75	10	12	13	14	16	14	14	16	18	18	18	18
70	9	11	11	12	14	13	13	14	16	15	16	15
65	8	9	10	11	12	11	11	12	13	12	13	12
60	6	8	10	10	11	9	10	10	11	10	10	11
55	6	7	9	9	9	8	8	9	10	9	9	10
50	5	6	8	8	8	7	7	8	9	7	7	7
45	5	5	7	7	7	6	6	6	7	6	6	6
40	4	5	6	6	6	5	5	5	6	5	5	5
35	3	5	5	5	5	4	4	5	4	4	4	5
30	3	4	4	4	4	4	3	4	4	4	3	4
25	2	3	3	3	3	3	3	3	3	3	2	2
20	1	2	3	2	2	2	1	1	2	2	2	2
15	1	1	1	1	1	1	1	1	1	1	1	1

百分比等级是基于年龄和测试得分（以秒为单位）得出的。

（源自：The President's Challenge Physical Activity and Fitness Awards Program，a program of the President's Council on Physical Fitness and Sports，U.S. Department of Health and Human Services.）

表12.3

俯卧撑测试成绩（1分钟内完成的个数）的等级

	优秀	良好	平均水平	待改善
女性				
成年人	>44	34~44	27~36	<24
青少年	>42	34~42	20~34	<20
男性				
成年人	>49	40~49	30~40	<30
青少年	>52	49~52	35~49	<35

18岁以上为成年，18岁及以下为青少年。

[源自：P. Roetert and T. Ellenbecker, 1998, *Complete conditioning for tennis* (Champaign, IL: Human Kinetics), 16.]

表12.4

侧推药球投掷测试的成绩（单位为米）

重量和左右侧	男性（*n*=16），平均值 ± 标准差	女性（*n*=10），平均值 ± 标准差	百分差异
2千克，右侧	15.4±2.1	11.0±1.0	29
2千克，左侧	15.2±2.2	10.7±0.9	30
4千克，右侧	11.0±1.8	8.0±0.7	27
4千克，左侧	11.2±2.0	8.0±0.7	29
6千克，右侧	9.0±1.4	6.4±0.5	29
6千克，左侧	8.9±1.7	6.2±0.4	30

（源自：Y. Ikeda et al., 2007, Relationship between side medicine-ball throw performance and physical ability for male and female athletes, *European Journal of Applied Physiology* 99: 47-55.）

表12.5

男性和女性侧推药球投掷测试成绩与选定变量的相关性

变量	男性（*n*=16）			女性（*n*=10）		
	2千克	4千克	6千克	2千克	4千克	6千克
身高	0.648	0.651	0.697	0.581	0.187	0.430
体重	0.289	0.274	0.358	0.796	0.489	0.697
等长最大躯干力矩（右）	0.470	0.596	0.739	0.196	−0.001	0.072
等长最大躯干力矩（左）	0.611	0.636	0.661	0.478	0.429	0.239
1RM卧推	0.586	0.658	0.682	0.774	0.855	0.848
1RM半蹲	0.683	0.717	0.725	0.279	0.324	0.476
卧推峰值功率	0.642	0.693	0.729	0.860	0.723	0.845
静态蹲跳峰值功率	0.553	0.461	0.496	0.394	0.236	0.605
垂直双腿跳	0.161	0.246	0.207	0.249	0.349	0.329

（源自：Y. Ikeda et al., 2007. Relationship between side medicine-ball throw performance and physical ability for male and female athletes, *European Journal of Applied Physiology*; 99: 47-55.）

表12.6

等速躯干旋转力量和功能性药球投掷之间的皮尔逊相关系数

参数	正手	反手
正手峰值力矩60	0.836	0.814
正手峰值力矩120	0.830	0.820
正手功60	0.815	0.785
正手功120	0.815	0.797
正手总功120	0.831	0.813
正手耐力	0.877	0.788
反手峰值力矩60	0.827	0.787
反手峰值力矩120	0.825	0.792
反手功60	0.820	0.779
反手功120	0.834	0.798
反手总功120	0.855	0.813
反手耐力	0.018（不显著）	0.030（不显著）

注：正手即向左旋转，反手即向右旋转。

所有达到0.01级别的相关性都为显著，除非那些被指出为不显著的值。

（源自：T.S. Ellenbecker and E.P. Roetert, 2004, An isokinetic profile of trunk rotation strength in elite tennis players, *Medicine and Science in Sports and Exercise*, 36: 1959-1963.）

表12.7

各类网球运动员的药球投掷测试成绩（单位为英尺）的等级

	优秀	良好	平均水平	待改善
正手				
成年女性	>30.5	25~30.5	19.5~25	<19.5
青少年女性	>32	26~32	20~26	<20
成年男性	>39	32~39	25~32	<25
青少年男性	>42	35~42	28~35	<28
反手				
成年女性	>30	24~30	17.5~23.5	<17.5
青少年女性	>31	25~31	18~25	<18
成年男性	>37.5	30.5~37.5	23.5~30.5	<23.5
青少年男性	>42	34~42	26~34	<26
向前过头投掷				
成年女性	>22.5	18.5~22.5	14.5~18.5	<14.5
青少年女性	>23	19~23	15~19	<15
成年男性	>30.5	25.5~30.5	20~26.5	<20
青少年男性	>34	29~34	23~29	<23
向后过头投掷				
成年女性	>32.5	26.5~32.5	20.5~26.5	<20.5
青少年女性	>34	27~34	20~27	<20
成年男性	>43.5	35~43.5	27~35	<27
青少年男性	>46	38~46	31~38	<31

18岁以上为成年，18岁及以下为青少年。

（源自：T.S. Ellenbecker and E.P. Roetert, 2004, An isokinetic profile of trunk rotation strength in elite tennis players, *Medicine and Science in Sports and Exercise*, 36: 1959–1963.）

表12.8

各年龄、级别和投掷类型的女子体操运动员的平均投掷距离（单位为厘米）

	5~6级			7~8级		
	向前过头投掷	向后过头投掷	胸前推球	向前过头投掷	向后过头投掷	胸前推球
10岁	164.75	135.13	131.00	126.25	108.13	124.13
	168.25	166.75	107.75	146.13	105.25	145.25
	112.25	119.13	150.75	139.25	135.38	138.25
	150.63	107.25	149.38	159.38	128.25	128.88
	141.63	151.88	137.88	147.75	192.13	140.75
11岁	153.63	185.38	122.13	160.25	136.38	125.38
	127.75	145.63	131.13	148.75	159.38	159.63
	179.50	179.38	125.13	237.25	137.75	168.88
	133.50	160.13	149.88	152.13	125.63	128.88
	135.50	137.00	122.13	158.13	139.75	147.75

级别指的是体操运动员的能力和等级。级别1是最低的级别，级别5是体操运动员可以开始参加比赛的级别，级别10是州级、国家级和奥运级。

[源自：M.A. Salonia et al., 2004, Upper body power as measured by medicine ball throw distance and its relationship to class level among 10- and 11-year-old female participants in club gymnastics, *Journal of Strength and Conditioning Research* 18(4): 695-702.]

表12.9

优秀举重运动员向后过头药球投掷测试的标准值（单位为米）

测试	体重/千克									
	52	56	60	67.5	75	82.5	90	100	110	+110
向后过头药球投掷（成年7.5千克，青少年5.0千克）	11	12	13	14.5	14.5	14.5	14.5	15	15	14.5

18岁以上为成年，18岁及以下为青少年。

（源自：Ajan & Baroga, 1988.）

表12.10

向后过头药球投掷测试的标准值（单位为米）（美国大学生体育协会一级和二级联盟运动员，*n*=42）

测试	女性			男性		
	平均水平	良好	优秀	平均水平	良好	优秀
向后过头药球投掷	6.7~ 9.1	9.2~ 12.2	12.2~ 15.2	11.6~ 12.8	12.8~ 16.4	16.4~ 19.8

（源自：Field，1989 & Field，1991.）

表12.11

不同研究中的坐姿推铅球测试的标准值（单位为米）

参考文献	平均值	标准差	范围
Mayhew et al.，1991 举重运动员（*n*=46）	4.09	0.63	17.0~24.0
Mayhew et al.，1993 大学橄榄球运动员（*n*=40）	4.7	0.5	3.7~5.9
Mayhew et al.，1994 大学女性运动员（*n*=64）	2.88	0.34	2.27~3.61
Mayhew et al.，1995 高中运动员 男性（*n*=36） 　8磅的铅球 　10磅的铅球 女性（*n*=23） 　8磅的铅球 　10磅的铅球	 4.07 3.72 2.98 2.64	 0.81 0.68 0.32 0.32	 未显示 未显示 未显示 未显示

（源自：Y. Ikeda et al., 2007, Relationship between side medicine-ball throw performance and physical ability for male and female athletes, *European Journal of Applied Physiology*; 99: 47-55.）

表12.12

坐姿推铅球测试的相关性

研究和参数		相关性（标准差）		
梅休等人（Mayhew et al.）不同年份的相关测试	1991年	1994年（8磅）	1995年（男孩8磅和10磅，女孩8磅和10磅）	
身体参数				
身高/厘米		0.48	0.62，0.72	0.33，0.45
体重/千克		0.61	0.670，0.73	0.29，0.49
瘦体重/千克		0.66	0.24，0.29	0.34，0.49
体脂率/%		0.18	0.24，0.29	0.05，0.36
其他爆发力测试				
Margaria-Kalamen测试		0.65±0.37		
垂直双腿跳		0.26±0.49		
卧推爆发力		0.38±0.41		
卧推/千克	0.73			
卧推爆发力（30%）	0.67			
卧推爆发力（60%）	0.75			

表12.13

闭链上肢测试的标准值（单位为分）

参考文献	样本数量/人	男性	女性
Goldbeck & Davies，2000	24	27.8±1.77	无
Ellenbecker et al.，2000	无	18.5	20.5
Roush et al.，2008	77	30.41±3.87	无

第 13 章

下肢无氧功率测试

本书前文将功率解释为所做的功除以做功所需时间。在真正的爆发式运动（垂直双腿跳、水平跳和第9章中列出的其他测试）中，通常调用的能量系统是磷酸原系统。本章列出的测试通常指功率测试，但常会涉及无氧能量系统。无氧功率是指个体进行高强度运动并持续几分之一秒到几分钟的能力（Hoffman, 2006）。因此，这些测试的持续时间通常比第9章列出的许多测试更长，本章和第9章中的一些测试可以在任意一章中进行讨论。我们再次鼓励测试者仔细审视受试者对成功完成特定任务的需求，并确定最合适的测试或测试组合。

300码往返跑测试

▶ **目的：** 评估受试者跑动固定距离时的下肢无氧功率。

▶ **器材：** 秒表、25码跑道（两端有胶带或锥桶标记；如果一次测试两个人，则需要两条跑道）。

测试步骤（Gilliam, 1983; Harman et al., 2000）

1. 测试者让受试者站立在起始线的正后方。

2. 让受试者冲刺至25码线，用脚触线，然后冲刺回到起始线并触线，总共进行6次往返冲刺（即25码×12＝300码）。

3. 记录时间，并将其精确到0.1秒。

4. 让受试者休息5分钟，然后重复此测试。

5. 记录两次测试的平均值，将其作为受试者最终的测试成绩。

数据分析和解释

■ 两次测试成绩应比较接近，以证明受试者有良好的恢复能力和速度耐力。如果两次测试成绩不接近，测试的信度会受到质疑（Gilliam, 1983）。

■ 第271页的表13.1列出了美国大学生体育协会一级联盟的运动员300码往返跑测试成绩的百分比等级。

统计信息

这一测试无信度和效度数据。

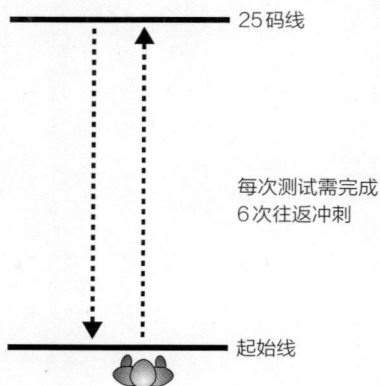

25码线

每次测试需完成6次往返冲刺

起始线

无氧冲刺测试

▶ **目的：** 评估受试者跑动固定距离时的下肢无氧功率。

▶ **器材：** 秒表、35米跑道（两端有胶带或锥桶标记；如果一次测试两个人，则需要两条跑道）。

测试步骤

1. 测试者让受试者站立在起始线的正后方。

2. 让受试者用尽全力完成非连续的6次35米冲刺。

3. 允许受试者在每两次冲刺间休息10秒。

4. 在受试者开始冲刺时，用秒表计时。

5. 每当受试者跑完35米时，暂停秒表10秒，让受试者休息，再重新开始。

数据分析和解释

■ 输出功率＝受试者体重（千克）×距离（米）^{2}÷时间（秒）^{3}。

■ 疲惫指数＝（最大功率−最小功率）÷6次冲刺总时间（秒）。

统计信息

测试与重测信度为0.90（Balciunas et al., 2006）。

下肢功能性测试

▶ **目的：** 下肢功能性测试是一项综合性的计时测试，包含8种多方向运动技能，受试者需要连续完成标准的16个步骤。该测试整合了向前和倒退跑、侧滑步、交叉步、数字8跑、45度和90度急停变向及90度交叉急停变向。

▶ **器材：** 一片足够大的场地（足以标记出一个长30英尺、宽10英尺的十字形），彩色胶带（标记出4个标准的三角形目标，即边界）、秒表。

测试步骤（Davies & Zillmer, 2000）

1. 测试者让受试者站在起始线的正后方（A点）。

2. 让受试者按照以下16个步骤在场地上跑。

   ▥ 向前冲刺（A—C—A）

   ▥ 倒退冲刺（A—C—A）

   ▥ 向右侧滑步，面朝内（A—D—C—B—A）

   ▥ 向左侧滑步，面朝内（A—B—C—D—A）

   ▥ 向右交叉步，面朝内（A—D—C—B—A）

   ▥ 向左交叉步，面朝内（A—B—C—D—A）

   ▥ 向右数字8跑（A—D—C—B—A）

   ▥ 向左数字8跑（A—B—C—D—A）

   ▥ 向右45度急停变向，外侧脚着地急停（A—D—C—B—A）

   ▥ 向左45度急停变向，外侧脚着地急停（A—B—C—D—A）

   ▥ 向右90度急停变向，外侧脚着地急停（A—D—B—A）

   ▥ 向左90度急停变向，外侧脚着地急停（A—B—D—A）

   ▥ 向右交叉90度急停变向，内侧脚着地急停（A—D—B—A）

   ▥ 向左交叉90度急停变向，内侧脚着地急停（A—B—D—A）

   ▥ 向前冲刺（A—C—A）

   ▥ 倒退冲刺（A—C—A）

3. 尽管此测试为计时测试，但测试者也应观察受试者是否出现不适感或代偿。

4. 记录时间，并将其精确到秒。

数据分析和解释

▥ 下肢功能性测试是一个计时测试，受试者用时变短，则反映其功能性表现水平得到提升。

▥ 第271页的表13.2列出了该测试的标准值。

统计信息

　　泰伯等人（Tabor et al., 2002）在两个不同大学进行的研究的组内相关系数分别为0.95和0.97。

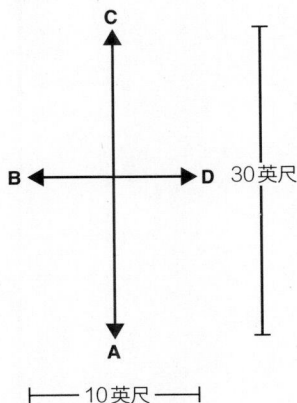

Wingate无氧功率测试

▶ **目的：** 评估受试者的峰值功率、平均功率和疲劳指数。

▶ **器材：** 功率自行车、自行车测力计。

测试步骤（Bar-Or et al., 1997; Bar-Or, 1987）

1. 测试者让受试者坐在功率自行车上，调整功率自行车以确保受试者呈最优骑车姿势。

2. 让受试者进行约5分钟的热身运动，其中进行2~4次持续5秒的冲刺运动。

3. 调整飞轮张力，以便在测试开始时受试者能感受到其张力。

4. 鼓励受试者在阻力施加之前尽可能快地蹬踏板。

5. 施加阻力（如在Monark功率自行车上测试，受试者每千克体重对应0.075千克的阻力）。

6. 在施加阻力后，让受试者用最快的速度蹬踏板30秒。在施加阻力后计时30秒。

数据分析和解释

第272~273页的表13.3和表13.4列出了不同群体Wingate无氧功率测试成绩的百分比等级和Wingate无氧功率测试的描述性数据。

统计信息

测试与重测信度为0.89~0.99（Inbar et al., 1996）。

Bosco 测试

▶ **目的：** 评估下肢无氧功率。

▶ **器材：** 较大的方形一维测力平台。

测试步骤

1. 测试者指导受试者尽可能快地进行不间断的双腿跳运动，持续60秒。

2. 指导受试者在两次双腿跳之间降低身体，将膝关节屈曲90度。

3. 在整个测试过程中，让受试者将双手放在髋关节上，使上身对测试的影响最小（Sands et al., 2004）。

4. 让受试者努力做到落地姿势与起始姿势相同，尽量减少水平或侧向位移量。

数据分析和解释

■ 该测试使用放在测力平台中的数字计时器来测量实际腾空时间。在受试者双脚离开平台时，计时器开始计时；在受试者双脚落地时，计时器停止计时。

■ 测试者记录受试者在规定的测试时间内可以完成的双腿跳次数。根据这些数据，测试者可以计算出受试者的下肢无氧功率。

■ 第274页的表13.5列出了该测试的平均值和峰值。

统计信息

Bosco 测试的信度为0.87~0.97（Bosco et al., 1983；Sands, 2000）。

蹲跳测试

▶ **目的：** 评估受试者在跳跃运动中的下肢无氧功率。

▶ **器材：** Vertec（或在没有Vertec的情况下，使用粉笔、直尺、高墙）。

测试步骤（Young, 1995; Maulder & Cronin, 2005）

1. 测试者让受试者站立。

2. 让受试者下蹲至膝关节屈曲约120度的位置（姿势1）。

3. 指导受试者在数到4的时候尽可能高地向上跳起，伸手触碰Vertec，或用粉笔在墙上标记一个点（姿势2）。

4. 受试者起跳前身体未下沉即算作一次成功的跳跃。

数据分析和解释

毛德和克罗宁（Maulder & Cronin, 2005）使用了一个接触垫，记录了受试者在蹲跳测试期间确切的腾空时间。他们评估了18名身体健康的男性受试者的身体素质。

统计信息

第274页的表13.6~表13.8列出了该测试的相关数据。

姿势1

姿势2

快速伸缩复合式跳跃测试

▶ **目的：** 评估下肢无氧功率。

▶ **器材：** 卷尺。

测试步骤

1. 在简短的热身后，测试者让受试者从站立姿势开始，以双脚交替冲刺的方式进行3次连续的跳跃。
2. 让受试者在完成最后一次跳跃后双脚落地。
3. 让受试者落地时注意屈曲膝关节，以降低受伤风险。
4. 记录受试者跳跃的总距离，并将其精确到厘米。

数据分析和解释

无标准数据。

统计信息

辛尼特等人（Sinnett et al., 2001）研究了不同无氧功率测试之间的关系，包括快速伸缩复合式跳跃测试和1万米长跑测试。在对36名专业跑步运动员（20名男性和16名女性）进行测试后，他们确定了这些受试者的平均跳跃距离为5.5米（标准差为0.72米）。其中，男性运动员的平均跳跃距离为5.9米（标准差为0.57米），而女性运动员的平均跳跃距离为4.9米（标准差为0.31米）。整个群体的快速伸缩复合式跳跃距离与1万米长跑时间显著相关（r=-0.86）。无论是男性运动员还是女性运动员，其快速伸缩复合式跳跃距离与1万米长跑时间均显著相关（r分别为-0.778和-0.725）。辛尼特等人通过多元回归分析，进一步论证了通过快速伸缩复合式跳跃距离及300米冲刺跑时间可以非常准确地预测受试者在1万米长跑测试中的表现，这种预测的准确性达到了78%。

注意事项

请注意，这项测试与田径运动中的三级跳几乎相同；但区别在于，这个测试从站立姿势开始，而不是从跑步姿势开始。

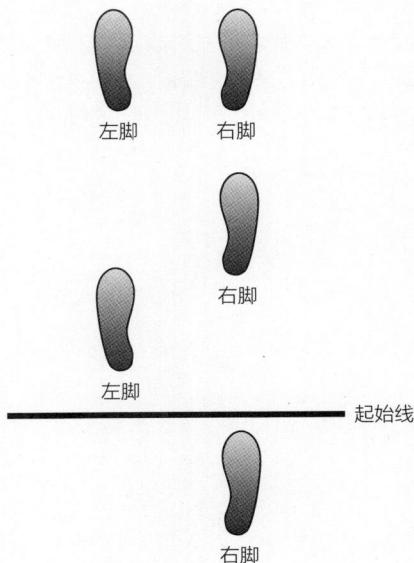

300米冲刺跑测试

▶ **目的：** 评估下肢无氧功率。

▶ **器材：** 秒表。

测试步骤

1. 让受试者站立在起始线的正后方。

2. 让受试者尽全力跑完300米。

3. 使用秒表记录总时间，将其精确到0.01秒。

数据分析和解释

无可用标准数据。

统计信息

辛尼特等人（Sinnett et al., 2001）研究了不同无氧功率测试之间的关系，其中包括300米冲刺跑测试和1万米长跑测试。在对36名专业跑步运动员（20名男性和16名女性）的测试中，他们发现，这些受试者完成300米冲刺跑测试的平均时间为56.5秒（标准差为6.96秒）；男性运动员完成300米冲刺跑测试的平均时间为53.6秒（标准差为7.12秒），而女性运动员完成300米冲刺跑测试的平均时间为60.1秒（标准差为4.83秒）。整个群体完成300米冲刺跑测试的平均时间与完成1万米长跑测试的平均时间显著相关（$r=0.79$）。无论是男性运动员还是女性运动员，其300米冲刺跑平均时间与1万米长跑平均时间显著相关（r分别为0.719和0.731）。辛尼特等人通过多元回归分析，进一步论证了通过快速伸缩复合式跳跃距离和300米冲刺跑时间可以非常准确地预测受试者在1万米长跑测试中的表现，这种预测的准确性达到了78%。

表13.1

美国大学生体育协会一级联盟的运动员300码往返跑测试成绩（单位为秒）的百分比等级

	百分位数									平均值	样本数量
	10	20	30	40	50	60	70	80	90		
女子篮球运动员	68.9	68.1	66.8	65.9	65.2	64.7	63.6	61.8	58.4	64.7	82
男子篮球运动员	60.2	58.9	58.1	57.2	56.7	56.3	55.6	55.1	54.1	57.1	125
垒球	78.0	74.6	72.4	71.3	69.2	67.9	66.5	65.1	63.3	70.0	114
棒球	67.7	65.3	63.9	63.2	62.0	61.3	59.9	58.9	56.7	62.2	107

（源自：G. McKenzie Gilliam, 1983, 300 yard shuttle run, NSCA Journal 5: 46. ）

表13.2

下肢功能性测试的标准值

男性	女性 <25岁	女性 ≥25岁
90秒：良好	100秒：良好	120秒：良好
100秒：平均水平	120秒：平均水平	150秒：平均水平
125秒：低于平均水平	140秒：低于平均水平	180秒：低于平均水平

（源自：Davies & Zillmer, 2000. ）

表13.3

身体活跃的大学阶段男性和女性Wingate无氧功率测试成绩的百分比等级

百分位数	男性		女性	
	瓦	瓦/千克	瓦	瓦/千克
90	662	8.2	470	7.3
80	618	8.0	419	7.0
70	600	7.9	410	6.8
60	577	7.6	391	6.6
50	565	7.4	381	6.4
40	548	7.1	367	6.1
30	530	7.0	353	6.0
20	496	6.6	337	5.7
10	471	6.0	306	5.3

在Monark功率自行车上进行Wingate无氧功率测试,按每千克体重对应0.075千克阻力的标准施加阻力。男性和女性受试者的年龄为18~28岁。共60名男性、69名女性。

(源自:*Research Quarterly for Exercise and Sport*, Vol. 60. No.2. 144–151. The American Alliance for Health, Physical Education, Recreation and Dance, 1900 Association Drive, Reston, VA 20191.)

表13.4

运动员群体Wingate无氧功率测试的描述性数据

人群	性别	峰值功率		平均功率		偏差和阻力	参考文献
		瓦	瓦/千克	瓦	瓦/千克		
篮球运动员							
美国大学生体育协会一级联盟运动员	女	663±98	9.5±1.4	498±51	7.2±0.7	Bodyguard	LaMonte et al., 1999
后卫		629±79	10.2±1.2	477±45	7.7±0.7		
前锋		693±106	9.4±1.3	516±49	7.1±0.8		
中锋		668±78	8.3±1.2	502±58	6.3±0.7		
以色列国家运动员	男		14.4±1.7		9.1±1.2	Fleish(0.052千克·千克体重)	Hoffman et al., 1999
雪橇运动员							
美国国家运动员	男	1005±90	10.8±0.5	796±60	8.6±0.9	Bodyguard	Osbeck, Maiorca, & Rundell, 1996

续表

人群	性别	峰值功率		平均功率		偏差和阻力	参考文献
		瓦	瓦/千克	瓦	瓦/千克		
美式橄榄球运动员							
美国大学生体育协会一级联盟运动员	男	1189±130	12.2±1.7	874±102	9.1±1.5	Monark（0.083千克·千克体重）	Seiler et al.，1990
后卫		1130±126	13.2±1.1	836±91	10.0±0.9		
线卫		1298±83	12.6±0.9	928±102	9.4±1.1		
内锋		1223±123	10.4±1.5	879±103	7.5±1.3		
美国大学生体育协会三级联盟运动员	男	1894±140		1296±66		Lode Excalibur（1.1牛·米·千克体重）	Hoffman et al.，2004
曲棍球运动员							
美国曲棍球	女	785		729			数据未发表
跆拳道运动员							
优秀运动员	男	1360	18.8	761	10.5	Monark	Zabukovec & Tiidus，1995
中距离跑运动员							
法国竞赛运动员	男	842±123	13±2.0	578±64	9.0±1.0	Monark	Granier et al.，1995
英式足球运动员							
青少年运动员	男					Monark（0.075千克·千克体重）	Vanderford et al.，2004
U14			9.3±0.2		8.0±0.2		
U15			10.0±0.3		8.1±0.2		
U16			10.5±0.2		8.7±0.2		
美国国家运动员	男				8.1±0.9	Monark（0.075千克·千克体重）	Mangine et al.，1990
垒球运动员							
资深运动员	女	406±56					Terbizan et al.，1996
速度滑冰运动员							
加拿大优秀运动员	男 女		12.3±0.5 16.6±0.9		9.7±0.2 12.7±0.5	Monark（0.092+0.112千克·千克体重）	Smith & Roberts，1991
短跑（比赛）运动员							
比利时运动员	男	1021±139	14.2±1.4			Monark	Crielaard & Pirnay，1981
法国运动员	男	924±105	14±1.0	662±61	10±1.0	Monark	Granier et al.，1995
网球运动员							
美国大学生体育协会运动员	女	699±130				Monark（0.075千克·千克体重）	Kraemer et al.，2003

[源自：J. Hoffman, 2006, *Norms for fitness, performance, and health* (Champaign，IL, Human Kinetics), 55.]

表13.5

Bosco测试的平均值和峰值

	女性平均值	男性平均值	女性峰值	男性峰值
瓦/千克	12.19	17.81	19.21	23.65
标准差	2.39	2.73	6.87	3.08
瓦	922.53	1383.99	1531.76	1845.71
标准差	339.42	172.45	10001.73	249.09

（源自：Sands et al., 2004.）

表13.6

蹲跳测试的统计学分析（10名受试者）

变量		平均值	变异系数	组内相关系数
高度	惯用侧腿	0.157±0.040米	3.3	0.86（0.000）
	非惯用侧腿	0.158±0.033米	4.4	0.82（0.001）

（源自：Maulder & Cronin，2005.）

表13.7

蹲跳测试的平均值、对称指数与相关系数

惯用侧腿平均值	非惯用侧腿平均值	对称指数	P
1.596±0.139英尺	1.617±0.136英尺	101%±4%	0.211

（源自：Maulder & Cronin，2005.）

表13.8

蹲跳测试和其他测试的组内相关系数

测试	组内相关系数
水平方向反向运动双腿跳	0.71
水平方向蹲跳	0.66
水平方向重复双腿跳	0.76
垂直方向反向运动双腿跳	0.90

（源自：Maulder & Cronin，2005.）

测试用表

附录中的表单将有助于为受试者进行特定的测试。

功能动作筛查得分表

姓名：_____ 日期：_____

测试	初步评分	最终得分	评价
深蹲			
跨栏架步（左腿）			
跨栏架步（右腿）			
直线弓箭步（左腿）			
直线弓箭步（右腿）			
肩关节灵活性（左肩）			
肩关节灵活性（右肩）			
主动直腿抬高（左腿）			
主动直腿抬高（右腿）			
躯干稳定性俯卧撑			
躯干伸展筛查			
旋转稳定性（左侧）			
旋转稳定性（右侧）			
躯干屈曲筛查			
合计			

[源自：Human Kinetics, Inc. M.P. Reiman and R.C. Manske, 2009, *Functional Testing in Human Performance* (Champaign, IL: Human Kinetics).]

Tinetti平衡性评估表

姓名: _____ 日期: _____

地址: _____ 测试者: _____

开始时让受试者坐在一把坚硬的、没有扶手的椅子上，然后进行以下测试。

任务	平衡性描述	可能性	得分
1.坐姿平衡	在椅子上倾斜或下滑 稳定、安全地坐在椅子上	= 0 = 1	
2.起身	在无帮助的情况下不能起身 在使用双臂的情况下能够起身 在不使用双臂的情况下能够起身	= 0 = 1 = 2	
3.尝试起身	在无帮助的情况下不能起身 需要尝试一次以上才能起身 尝试一次便可起身	= 0 = 1 = 2	
4.起身后的平衡状态（起身后5秒内）	身体不稳定（左右摇摆、移动双脚，躯干晃动） 身体稳定，但需要助行工具或其他支撑 身体稳定，不需要助行工具或其他支撑	= 0 = 1 = 2	
5.站立平衡状态	身体不稳定 身体稳定，但双脚需要分开较大距离（两侧脚后跟内侧分开距离大于4英寸），并且需要使用支撑物来支撑身体 身体稳定，双脚不需要分开较大距离，并且不需要使用支撑物来支撑身体	= 0 = 1 = 2	
6.轻推（受试者双脚尽可能靠近，测试者用手掌轻推受试者胸骨3次）	被轻推后跌倒 被轻推后左右摇摆、抓其他物体或测试者的身体 被轻推后保持稳定	= 0 = 1 = 2	
7.双眼紧闭（受试者双脚尽可能靠近）	身体不稳定 身体稳定	= 0 = 1	
8.转身360度	不连续跨步 连续跨步 身体不稳定（抓其他物体、左右摇摆） 身体稳定	= 0 = 1 = 0 = 1	
9.坐下	不能安全地坐下（对距离判断错误、跌落至座椅上） 需要使用双臂辅助或动作不流畅 能安全地坐下，动作流畅	= 0 = 1 = 2	
		平衡能力得分	

[源自: Human Kinetics, Inc. M.P. Reiman and R.C. Manske, 2009, *Functional Testing in Huma. Performance* (Champaign, IL: Human Kinetics). M.E. Tinetti, 1986, Performance oriented assessment of mobility problems in elderly patients, *Journal of Applied Geriatrics Society* 34: 119-126. Reprinted with permission, Mary E. Tinetti, MD, 2006.]

Tinetti 步态评估表

姓名：_____ 日期：_____

地址：_____ 测试者：_____

开始时受试者和测试者站在一起，首先让受试者以正常的速度沿着走廊直走或穿过房间，然后快速返回，但这个速度必须在安全范围内（使用常用的助行器）。

任务	步态描述	可能性	得分
1. 步行开始（在听到"开始"指令的时刻）	犹豫或多次尝试 无任何犹豫	= 0 = 1	
2. 跨步长度和高度	摆动的右脚在跨步的时候没有超过站立的左脚 右脚超过站立的左脚 右脚在跨步的时候没有完全离开地面 右脚完全离开地面 摆动的左脚在跨步的时候没有超过站立的右脚 左脚超过站立的右脚 左脚在跨步的时候没有完全离开地面 左脚完全离开地面	= 0 = 1 = 0 = 1 = 0 = 1 = 0 = 1	
3. 跨步对称性	左右跨步长度不相等（估算） 左右跨步长度大致相等	= 0 = 1	
4. 跨步连续性	跨步间停止或不连续 呈连续性跨步	= 0 = 1	
5. 路径（此估算可根据直径为12英寸的地板砖线，在10英尺的路径上观察1英尺的偏移量）	偏差明显 轻度或中度偏差或使用助行器 走直线且无须助行器	= 0 = 1 = 2	
6. 躯干	躯干明显摇摆或使用助行器 躯干没有摇摆，但是膝关节或背部屈曲，或手臂外展 躯干没有摇摆，没有代偿性屈曲，手臂未外展，不使用助行器	= 0 = 1 = 2	
7. 行走时脚间距	行走时脚后跟分开 行走时脚后跟几乎触碰	= 0 = 1	
步态得分			
平衡能力和步态综合得分			

[源自：Human Kinetics, Inc. M.P. Reiman and R.C. Manske, 2009, *Functional Testing in Huma. Performance* (Champaign, IL: Human Kinetics). M.E. Tinetti, 1986, Performance oriented assessment of mobility problems in elderly patients, *Journal of Applied Geriatrics Society* 34: 119–126. Reprinted with permission, Mary E. Tinetti, MD, 2006.]

Chester台阶测试图形数据表和标准值

姓名：_____　年龄：_____　最大心率：_____次/分　最大心率的80%：_____次/分

心率（次/分）																			
210																			
200																			
190																			
180																			
170																			
160																			
150																			
140																			
130																			
120																			
110																			
100																			
90																			
80																			
70																			
60																			

毫升/（千克·分）　14　17　20　23　26　29　32　35　38　41　44　47　50　53　56　59　62　65　68　71

测试日期			
有氧能力[毫升/（千克·分）]			
健康等级			

有氧能力标准值[毫升/（千克·分）]									
男性年龄组					**女性年龄组**				
年龄组	15~19	20~29	30~39	40~49	≥50	15~19	20~29	30~39	40~49	≥50
优秀	≥60	≥55	≥50	≥46	≥44	≥55	≥50	≥46	≥43	≥41
良好	48~59	44~54	39~49	37~45	35~43	44~54	39~49	35~45	34~42	33~40
平均水平	39~47	35~43	32~38	30~38	27~34	36~43	32~38	29~34	27~33	26~32
低于平均水平	30~38	28~34	22~31	24~29	22~26	25~35	27~31	24~28	22~26	20~25
不合格	<30	<28	<26	<24	<22	<29	<27	<24	<22	<20

[源自：Physiotherapy，Vol 90(4), K. Sykes and A. Roberts, The Chester step test-a simple yet effective tool for the prediction of aerobic capacity, 183-188, 2004, Elsevier.]

闭链上肢测试表

受试者姓名：_____ 出生日期：_____

测试者姓名：_____ 受伤/手术日期：_____

诊断：_____ 身高：____英寸 体重：____磅

测试步骤

1. 受试者呈俯卧撑姿势（男）或变式俯卧撑姿势（女）。

2. 受试者两侧手必须在15秒内尽可能多地在两条彩色胶带之间来回移动，两条胶带间距3英尺。

3. 记录手触碰胶带的次数。

4. 开始前做一次非最大强度的热身练习，然后重复测试3次，并取平均值。

5. 通过以下公式将得分标准化。

- $$得分 = \frac{触碰胶带的平均次数}{身高（英寸）}$$

  使用以下公式确定爆发力（体重的68%约为躯干、头部和双臂的重量之和）。

- $$爆发力 = \frac{体重（磅）\times 68\% \times 触碰胶带的平均次数}{15（秒）}$$

数据收集区

测试日期			
尝试	1	2	3	平均值
触碰胶带的次数				
得分				
爆发力				

标准数据

	男性	女性
触碰胶带的平均次数	21	23

[源自：Human Kinetics, Inc. M.P. Reiman and R.C. Manske, 2009, *Functional Testing in Human Performance* (Champaign, IL: Human Kinetics). Gundersen Lutheran Sports Medicine, Onalaska, WI. Dr. George Davies.]

上肢投掷分析表

I. 侧面观察

a. 准备阶段	是	否	姿势

1. 当膝关节抬起到最大高度时，患者的身体是否保持平衡？ ＿＿＿ ＿＿＿ ＿＿＿
2. 头部是否在身体的正上方（观察姿势）？ ＿＿＿ ＿＿＿ ＿＿＿
3. 是否从大腿抬起且脚位于膝关节下方？ ＿＿＿ ＿＿＿ ＿＿＿
4. 髋关节旋转是否为闭链模式，身体一侧是否朝着击球员？ ＿＿＿ ＿＿＿ ＿＿＿
5. 重心是否向前移动（当膝关节开始向前下方移动时，身体重心是否向侧面移动）？ ＿＿＿ ＿＿＿ ＿＿＿
6. 重心是否能迅速转移？ ＿＿＿ ＿＿＿ ＿＿＿
7. 在向前推进之前，推进腿是否保持位置不变并且没有下沉？ ＿＿＿ ＿＿＿ ＿＿＿

b. 跨步阶段			

1. 跨步的步幅是否小于投手的身高（身高的82%~94%）？ ＿＿＿ ＿＿＿ ＿＿＿
2. 在投球时，投手的头和肩关节是否在跨步腿的上方？ ＿＿＿ ＿＿＿ ＿＿＿
3. 跨步脚（不是脚后跟）落地时是否为中立位？ ＿＿＿ ＿＿＿ ＿＿＿
4. 在脚接触地面时，膝关节的屈曲角度是否为34~56度？ ＿＿＿ ＿＿＿ ＿＿＿
5. 脚着地后，髋关节先旋转，然后肩关节旋转？ ＿＿＿ ＿＿＿ ＿＿＿
6. 两侧髋关节、肩关节和双眼是否互相保持水平？ ＿＿＿ ＿＿＿ ＿＿＿
7. 在脚接触地面时，手臂姿势是否正确？ ＿＿＿ ＿＿＿ ＿＿＿
8. 肩关节外展角度是否为89~110度？ ＿＿＿ ＿＿＿ ＿＿＿
9. 肩关节外旋角度是否为40~92度？ ＿＿＿ ＿＿＿ ＿＿＿
10. 肘关节屈曲角度是否为76~113度？ ＿＿＿ ＿＿＿ ＿＿＿

[源自: Human Kinetics, Inc. M.P. Reiman and R.C. Manske, 2009, *Functional Testing in Human Performance* (Champaign, IL: Human Kinetics). Gundersen Lutheran Sports Medicine, Onalaska, WI. Dr. George Davies.]

续表

c. 抬手阶段	是	否	姿势

　1. 在抬手做投掷动作时，手的位置是否高且靠后？　＿＿＿　＿＿＿　＿＿＿

　2. 肩关节外旋角度是否为84~103度（躯干后伸呈弓状）？　＿＿＿　＿＿＿　＿＿＿

　3. 肘关节屈曲角度是否为76~113度？　＿＿＿　＿＿＿　＿＿＿

　4. 肩关节水平内收角度是否为7~22度？　＿＿＿　＿＿＿　＿＿＿

d. 掷球出手阶段

　1. 掷球出手时，躯干是否向前倾？　＿＿＿　＿＿＿　＿＿＿

　2. 前腿膝关节角度是否与脚接触地面时的膝关节角度相同（15~52度）？　＿＿＿　＿＿＿　＿＿＿

e. 随球阶段

　在将球抛出后，前腿膝关节是否伸直？　＿＿＿　＿＿＿　＿＿＿

II. 正面观察

a. 准备阶段

　1. 头部和双眼的位置是否合适？　＿＿＿　＿＿＿　＿＿＿

　2. 跨步脚关节力线是否适当？　＿＿＿　＿＿＿　＿＿＿

　3. 前肩关节和前髋关节力线是否正确？　＿＿＿　＿＿＿　＿＿＿

　4. 在将球抛出时，躯干前倾角度是否为47~59度？　＿＿＿　＿＿＿　＿＿＿

　5. 主导手臂的动作是否正确？　＿＿＿　＿＿＿　＿＿＿

　6. 在将球抛出时，以下姿势正确吗——

　　手和肘关节角度是否为12~26度之间？　＿＿＿　＿＿＿　＿＿＿

　　肩关节外展角度是否为89~116度之间？　＿＿＿　＿＿＿　＿＿＿

　　手套是否戴好了？　＿＿＿　＿＿＿　＿＿＿

[源自：Human Kinetics, Inc. M.P. Reiman and R.C. Manske, 2009, *Functional Testing in Human Performance* (Champaign, IL: Human Kinetics). Gundersen Lutheran Sports Medicine, Onalaska, WI. Dr. George Davies.]

续表

b. 随球阶段	是	否	姿势
1. 在减速期间，投掷侧肩关节是否在前脚的上方？	____	____	____
2. 躯干是否水平？	____	____	____
3. 投掷侧肩关节的背面是否能被看到？	____	____	____
4. 投手是否最终处于良好的防守位置？	____	____	____

III. 总结

_____

_____

_____

_____

_____

_____

_____

IV. 建议

_____

_____

_____

_____

_____

_____

_____

[源自：Human Kinetics, Inc. M.P. Reiman and R.C. Manske, 2009, *Functional Testing in Human Performance* (Champaign, IL: Human Kinetics). Gundersen Lutheran Sports Medicine, Onalaska, WI. Dr. George Davies.]

参考文献

第1章

American Physical Therapy Association. Guide to physical thera-pist practice, 2nd ed. *Phys Ther* 2001;81:9-746.

Austin GP. Functional testing and return to activity. In: Magee DJ, Zachazewski JA, Quillen WS (eds.), *Scientific Foundations and Principles of Practice in Musculoskeletal Rehabilitation*. St. Louis: Saunders, 2007.

Davies GJ, Zillmer DA. In: Ellenbecker TS (ed.), *Knee Ligament Rehabilitation*. New York: Churchill Livingston, 2000.

Domholdt E. *Physical Therapy Research*. 2nd ed. Phila-delphia: Saunders, 2000.

Ebel RL. Estimates of the reliability of ratings. *Psychometrika* 1951;16:407.

Fleiss JL. *The Design and Analysis of Clinical Experiments*. New York: Wiley, 1986.

Fritz JM, Wainner RS. Examining diagnostic tests: An evidence-based perspective. *Phys Ther* 2001; 81:1546-1564.

Huijbregts PA. Spinal motion palpation: A review of reliability studies. *J Man Manipul Ther* 2002; 10:24-39.

Jaeschke RZ, Meade MO, Guyatt GH, et al. How to use diagnostic test articles in the intensive care unit: Diagnosing weanabil- ity using f/Vt. *Crit Care Med* 1997;25:1514-1521.

Laslett M, Williams M. The reliability of selected pain provocation tests for sacroiliac joint pathology. *Spine* 1994;19:1243-1249.

McGinn T, Guyatt G, Wyer P, et al. Users' guides to the medical literature XXII: How to use articles about clinical decision rules. *JAMA* 2000; 284: 79-84.

Portney L, Watkins MP. *Foundations of Clinical Research: Applica- tions to Practice*. Norwalk, CT: Appleton and Lange, 1993.

Portney LG, Watkins MP. *Foundations of Clinical Research. Applications to Practice*. 2nd ed. Upper Saddle River, NJ: Prentice Hall, 2000.

Rothstein JM, Echternach JL. *Primer on Measurement: An Introductory Guide to Measurement Issues*. Alexandria, VA: American Physical Therapy Association, 1999.

Sackett DL. A primer on the precision and accuracy of the clinical examination. *JAMA* 1992;267:2638-2644.

Sackett DL, Haynes RN, Guyatt GH, Tugwell P. *Clinical Epidemiology: A Basic Science for Clinical Medicine*. 2nd ed. Boston: Little, Brown, 1992.

Sackett DL, Rosenberg WM, Gray JA, et al. Evidence based medicine: What it is and what it isn't. *BMJ* 1996;312:71-72.

Sackett DL, Straws SE, Richardson WS, Rosenberg W, Haynes RB. *Evidence-Based Medicine: How to Practice and Teach EBM*. 2nd ed. London: Harcourt, 2000.

Task Force on Standards for Measurement in Physical Therapy. Standards for tests and measures in physical therapy practice. *Phys Ther* 1991; 71: 589-622.

Verbrugge LM, Jette AM. The disablement process. *Soc Sci Med* 1994;38(1):1-14.

第2章

Abnernethy PJ. Influence of acute endurance activity on isokinetic strength. *J Strength Cond Res* 1993;7:141-146.

American College of Sports Medicine. *ACSM's Guidelines for Exercise Testing and Prescription*. 7th ed. Philadelphia: Lippincott Williams & Wilkins, 2006.

Anderson B, Burke ER. Scientific, medical, and practical aspects of stretching. *Clin Sports Med* 1991;10:63-86.

Austin GP. Functional testing and return to activity. In: Magee DJ, Zachazewski JE, Quillen WS (eds.), *Scientific Foundations and Principles of Practice in Musculoskeletal Rehabilitation*. St. Louis: Saunders, 2007.

Bracko MR. Can stretching prior to exercise and sports improve performance and prevent injury? *ACSM's Health Fitness J* 2002;6(5):17-22.

Chiu LZF, Barnes JL. The fitness-fatigue model revisited: Implications for planning short-and long-term training. *Strength Cond J.* 2003; 25(6):42-51.

Church JB, Wiggins MS, Moode FM, Crist R. Effect of warm-up and flexibility treatments on vertical jump performance. *J Strength Cond Res* 2001; 15(3):332-336.

Etnyre BR, Abraham LD. H-reflex changes during static stretching and two variations of proprioceptive neuromuscular facilitation techniques. *Electroenceph Clin Neurophysiol* 1986; 63: 174-179.

Fleck SJ, Kraemer WJ. *Designing Resistance Training Programs*. 3rd ed. Champaign, IL: Human Kinetics, 2004.

Fletcher IM, Jones B. The effects of different warm-up stretch protocols on 20 meter sprint performance in trained rugby union players. *J Strength Cond Res* 2004;18(4):885-888.

Fowles JR, Sale DG, MacDougall JD. Reduced strength after passive stretch of the human plantarflexors. *J Appl Physiol*. 2000;89(3):1179-1188.

Gray SC, Devito G, Nimmo MA. Effect of active warm-up on metabolism prior to and during intense dynamic exercise. *Med Sci Sports Exerc* 2002; 34(12):2091-2096.

Gullich A, Schmidtbleicher D. MVC-induced short-term potentiation of explosive force. *New Stud Athletics* 1996;11:67-81.

Häkkinen K. Neuromuscular fatigue and recovery in male and female athletes during heavy resistance exercise. *Int J Sports Med* 1993; 14: 53-59.

Harman E. The biomechanics of resistance exercise. In: Baechle TR (ed.), *Essentials of Strength Training and Conditioning*. Champaign, IL: Human Kinetics, 1994.

Heyward VH. *Advanced Fitness and Exercise Prescription*. 5th ed. Champaign, IL: Human Kinetics, 2006.

Hoffman J. *Norms for Fitness, Performance, and Health*. Champaign, IL: Human Kinetics, 2006.

Holt LE, Travis TM, Okita T. Comparative study of three stretching techniques. *Percep Motor Skills* 1970; 31:611-616.

Hopkins WG, Schabort EJ, Hawley JA. Reliability of power in physical performance tests. *Sports Med* 2001;31:211-234.

Houston ME, Green HJ, Stull JT. Myosin light chain phosphorylation and isometric twitch potentiation in intact human muscle. *Pflugers Arch* 1985; 403:348-352.

Jackson AS, Atkinson G, Hopkins WG. Reliability: A crucial issue for clinicians and researchers. *Med Sci Sports Exerc* 2001;33:S173.

Knudson DV, Magnusson P, McHugh M. Current issues in flex- ibility fitness. *Phys Fit Sports Res Digest* 2000;3:1-8.

Koch AJ, O'Bryant HS, Stone ME, et al. Effect of warm-up of the standing broad jump in trained and untrained men and women. *J Strength Cond Res* 2003;17(4):710-714.

Kubo K, Kanehisa H, Kawakami Y, Fukunga T. Influence of static stretching on viscoelastic properties of human tendon structures in vivo. *J Appl Physiol* 2001;90:520-527.

Leveritt M, Abernethy PJ. Acute effects of high-intensity endurance exercises on subsequent resistance activity. *J Strength Cond Res* 1999; 13: 47-51.

Leveritt M, MacLaughlin H, Abernethy PJ. Changes in leg strength 8 and 32 hours after endurance exercise. *J Sport Sci* 2000;18:865-871.

Manske RC, Smith BS, Wyatt FB, et al. Test-retest reliability of lower extremity functional tests after a closed kinetic chain exercise bout. *J Sport Rehabil* 2003;12:119-132.

Pandorf CE, Nindle BC, Montain SJ, Castellani JW, Frykman PN, Leone CD, et al. Reliability assessment of two military relevant occupational physical performance tests. *Can J Appl Physiol* 2003;28:27-37.

Pope RP, Herbert RD, Kirwan JD, Graham BJ. A randomized trial of preexercise stretching for prevention of lower limb injury. *Med Sci Sports Exerc* 2000;32:271-277.

Reiman MP. Training for strength, power, and endurance. In: Manske RC (ed.), *Postoperative Orthopedic Sports Medicine: The Knee and Shoulder*. Philadelphia: Elsevier Science, 2006.

Shrier I. Stretching before exercise: An evidenced based approach. *Br J Sports Med* 2000;34:324-325.

Shrier I. Stretching before exercise does not reduce the risk of local muscle injury: A critical review of the clinical and basic science literature. *Clin J Sports Med* 1999;9:221-227.

Shrier I, Gossal K. Myths and truths of stretching: Individual- ized recommendations for healthy muscles. *Phys Sportsmed* 2000;28:57-63.

Smith JC, Fry AC, Weiss LW, Li Y, Kinzey SJ. The effects of high-intensity exercise on a 10-second sprint cycle test. *J Strength Cond Res* 2001; 15: 344-348.

Taylor DC, Dalton JD, Seaber AV, Garrett WE. Visco-elastic properties of muscle-tendon units. The biomechanics of stretching. *Am J Sports*

Med 1990; 18:300-309.

Thacker SB, Gilchrist J, Stroup DF, Kimsey CD. The impact of stretching on sports injury risk: A systematic review of the literature. *Med Sci Sports Exerc* 2004;36:371-378.

Wallin D, Ekblom B, Grahn R, Nordenborg T. Improvement of muscle flexibility. A comparison between two techniques. *Am J Sports Med* 1985; 13:263-268.

Weldon SM, Hill RH. The efficacy of stretching for prevention of exercise-related injury: A systematic review of the literature. *Man Ther* 2003;8:141-150.

Young WB, Behm DG. Effects of running, static stretching and practice jumps on explosive force production and jumping performance. *J Sports Med Phys Fitness* 2003;43:21-27.

Young WB, Jenner A, Griffiths K. Acute enhancement of power performance from heavy load squats. *J Strength Cond Res* 1998;12:82-84.

第3章

Ageberg E, Zatterstrom R, Friden T, Moritz U. Individual factors affecting stabilometry and one-leg hop tests in 75 healthy subjects, aged 15-44 years. *Scand J Med Sci Sports* 2001; 11: 47-53.

Ashby BM, Heegaard JH. Role of arm motion in the standing long jump. *J Biomech* 2002; 35: 1631-1637.

Barber SD, Noyes FR, Mangine RE, McCloskey JW, Hartman W. Quantitative assessment of functional limitations in normal and anterior cruciate ligament-deficient knees. *Clin Orthop* 1990; 204-219.

Cook G, Burton L, Fields K, Kiesel K. *The Functional Movement Screen.* Self-published training manual. Danville, VA, 1998.

Davies GJ, Zillmer DA. Functional progression of a patient through a rehabilitation program. *Orthop Phys Ther Clin N Am* 2000;9(2):103-118.

Flanagan SP, Kulig K. Assessing musculoskeletal performance of the back extensors following a single-level microdiscectomy. *J Orthop Sports Phys Ther* 2007;37:356-363.

Fritz JM, George SZ, Delitto A. The role of fear-avoidance beliefs in acute low back pain: Relationships with current and future disability and work status. *Pain* 2001;94:7-15.

Gribble PA, Hertel J. Considerations for normali-

zation of measures of the Star Excursion Balance Test. *Meas Phys Educ Sci* 2003;7:89-100.

Hertel J, Braham RA, Hale SA, Olmsted-Kramer LC. Simplifying the star excursion balance test: Analyses of subjects with and without chronic ankle instability. *J Orthop Sports Phys Ther* 2006; 36:131-137.

Hertel J, Miller SJ, Denegar CR. Intratester and intertester reliability during the star excursion balance test. *J Sport Rehabil* 2000;9:104-116.

Kinzey SJ, Armstrong CW. The reliability of the star excursion test in assessing dynamic balance. *J Orthop Sports Phys Ther* 1998;27:356-360.

Manske RC, (ed). *Postsurgical Orthopedic Sports Rehabilitation: Knee and Shoulder.* St. Louis: Elsevier, 2006.

Manske RC, Andersen J. Test-retest reliability of the lower extremity functional reach test. *J Orthop Sports Phys Ther (Abstract)* 2004;34(1):A52-53.

McGill SM, Childs A, Liebenson C. Endurance times for stabilization exercises: Clinical targets for testing and training from a normal database. *Arch Phys Med Rehabil* 1999;80:941-944.

Noyes FR, Barber SD, Mangine RE. Abnormal lower limb symmetry determined by functional hop tests after anterior cruciate ligament rupture. *Am J Sports Med* 1991;19:513-518.

Olmsted LC, Carcia CR, Hertel J, Shultz SJ. Efficacy of the Star Excursion Balance Tests in detecting reach deficits in subjects with chronic ankle instability. *J Athl Train* 2002;37:501-506.

Plisky PJ, Rauh MJ, Kaminski TW, Underwood FB. Star Excursion Balance Test as a predictor of lower extremity injury in high school basketball players. *J Orthop Sports Phys Ther* 2006; 36: 911-919.

Reiman MP. Training for strength, power, and endurance. In: Manske RC (ed.), *Postsurgical Orthopedic Sports Rehabilitation: Knee and Shoulder.* St. Louis: Mosby, 2006.

van der Harst JJ, Gokeler A, Hof AL. Leg kinematics and kinetics in landing from single-leg hop for distance. A comparison between dominant and non-dominant leg. *Clin Biomech* 2007;22:674-680.

van Trijffel E, Anderegg Q, Bossuyt PMM, Lucas C. Inter-examiner reliability of passive assessment of intervertebral motion in the cervical and lumbar spine: A systematic review. *Man Ther* 2005; 10: 256-269.

第4章

Albert WJ, Bonneau J, Stevenson JM, Gledhill N. Back fitness and back health assessment considerations for the Canadian physical activity, fitness and lifestyle appraisal. *Can J Appl Physiol* 2001; 26:291-317.

Bray GA, Gray DS. Obesity part I—pathogenesis. *West J Med* 1988;149:432-441.

Forthomme B, Croisier JL, Ciccarone G, Crielaard JM, Cloes M. Factors correlated with volleyball spike velocity. *Am J Sports Med* 2005;33:1513-1519.

Foss ML, Keteyian SJ. Exercise, body composition, and weight control. In: Foss ML, Keteyian SJ (eds.), *Fox's Physiological Basis for Exercise and Sport*. 6th ed. Boston: McGraw-Hill, 1998.

Gross MT, Credle JK, Hopkins LA, Kollins TM. Validity of knee flexion and extension peak torque prediction models. *Phys Ther* 1990; 70: 3-10.

Gross MT, Dailey ES, Dalton MD, et al. Relationship between lifting capacity and anthropometric measures. *J Orthop Sports Phys Ther* 2000; 30: 237-247.

Gross MT, McGrain P, Demilio N, Plyler L. Relationship between multiple predictor variables and normal knee torque production. *Phys Ther* 1989; 69:54-62.

Heyward VH. *Advanced Fitness and Exercise Prescription*. 5th ed.Champaign, IL: Human Kinetics, 2006.

Malina RM. Anthropometry. In: Maud PJ, Foster C (eds.), *Physiological Assessment of Human Fitness*. Champaign, IL: Human Kinetics, 1995.

Norgan NG. Population differences in body composition in relation to the body mass index. *Eur J Clin Nutr* 1994;48(suppl):S10-S25.

Payne N, Gledhill N, Katzmarzyk PT, Jamnik VK, Keir PJ. Canadian musculoskeletal fitness norms. *Can J Appl Physiol* 2000;25:430-442.

Rudolf MC, Walker J, Cole TJ. What is the best way to measure waist circumference? *Int J Pediatr Obes* 2007;2:58-61.

Smalley KJ, Knerr AN, Kendrick ZV, Colliver JA, Owen OE. Reassessment of body mass indices. *Am J Clin Nutr* 1990;52:405-408.

Smith SC Jr, Haslam D. Abdominal obesity, waist circumference and cardiometabolic risk: Awareness among primary care physicians, the general population and patients at risk—the Shape of the Nations survey. *Curr Med Res Opin* 2007; 23:29-47.

第5章

Bandy WD, Irion JM. The effect of time on static stretch on the flexibility of the hamstring muscles. *Phys Ther* 1994;74:54-61.

Bandy WD, Irion JM, Briggler M. The effect of time and frequency of static stretching on flexibility of the hamstring muscles. *Phys Ther* 1997; 77:1090-1096.

Borstad JD. Resting position variables at the shoulder: Evidence to support a posture-improvement association. *Phys Ther* 2006;86:549-557.

Bullock-Saxton J, Bullock M. Repeatability of muscle length measures around the hip. *Physiother Can* 1994;46:105-109.

Corkery M, Briscoe H, Ciccone N, et al. Establishing normal values for lower extremity muscle length in college-age students. *Phys Ther Sport* 2007; 8:66-74.

Fishman L, Dombi G, Michaelson C, et al. Piriformis syndrome: Diagnosis, treatment, and outcome—a 10 year study. *Arch Phys Med Rehabil* 2002; 83:295-301.

Flynn TW, Whitman J, Magel J. *Orthopedic Manual Physical Therapy Management of the Cervical-Thoracic Spine & Ribcage*. CD-ROM. Manipulations, Inc., 2000.

Gajdosik R, Lusin G. Hamstring muscle tightness: Reliability of an active-knee extension test. *Phys Ther* 1983;63:1085-1088.

Gajdosik R, Rieck MA, Sullivan DK, et al. Comparison of four clinical tests for assessing hamstring muscle length. *J Orthop Sports Phys Ther* 1993;18:614-618.

Gajdosik RL, Sandler MM, Marr HL. Influence of knee positions and gender on the Ober test for length of the iliotibial band. *Clin Biomech* 2003; 18:77-79.

Goldspink DF, Cox VM, Smith SK, et al. Muscle growth in response to mechanical stimuli. *Am J Physiol* 1995;268:E288-E297.

Greenman PE. *Principles of Manual Medicine*. 2nd ed. Baltimore: Lippincott Williams & Wilkins, 1996.

Hanton W, Chandler S. Effects of myofascial release leg pull and sagittal plane isometric contract-relax techniques on passive straight leg raise angle. *J Orthop Sports Phys Ther* 1994;20:138-144.

Hartig DE, Henderson JM. Increasing hamstring

flexibility decreases lower extremity overuse injuries in military basic trainees. *Am J Sports Med* 1999;27(2):173-176.

Harvey D, Mansfield C. Measuring flexibility for performance and injury prevention. In: Gore CJ (ed.), *Physiological Tests for Elite Athletes.* Champaign, IL: Human Kinetics, 2000.

Heyward VH. *Advanced Fitness and Exercise Prescription.* 5th ed. Champaign, IL: Human Kinetics, 2006.

Hsieh CY, Walker JM, Gillis K. Straight-leg raising test: Comparison of three instruments. *Phys Ther* 1983;63:1439-1433.

Janda V. *Muscle Function Testing.* London: Butterworth, 1983.

Janda V. Muscles and motor control in cervicogenic disorders: Assessment and management. In: Grant R (ed.), *Physical Therapy of the Cervical and Thoracic Spine.* New York: Churchill Livingstone, 1994.

Kendall F, McCreary EK, Provance PG, Rodgers MM, Romani WA. *Muscles: Testing and Function with Posture and Pain.* 5th ed. Baltimore: Lippincott Williams & Wilkins, 2005.

Kroon P, Kruchowsky T. *The Manual Therapy Institute Manual Therapy Program Manual.* San Marcos, Texas, 2006.

Lederman E. *Fundamentals of Manual Therapy: Physiology, Neurology and Psychology.* London: Churchill Livingstone, 1997.

Lee D. *The Pelvic Girdle: An Approach to the Examination and Treatment of the Lumbopelvic-Hip Region.* 3rd ed. London: Churchill Livingstone, 2004.

Leivseth G, Torstensson J, Reikeras O. The effect of passive muscle stretching in osteoarthritis of the hip. *Clin Sci* 1989;76:113-117.

Manske RC, Jones SM, Bryan TL, et al. Interrater and intrarater reliability of upper extremity muscle length testing, and a comparison of upper extremity muscle length in normal males and college baseball pitchers. *J Orthop Sports Phys Ther* 2006;36(1):A83.

Melchione WE, Sullivan MS. Reliability of measurements obtained by use of an instrument designed to indirectly measure iliotibial band length. *J Orthop Sports Phys Ther* 1993;18:511-515.

Reese NB, Bandy WD (eds.). *Joint Range of Motion and Muscle Length Testing.* Philadelphia: Saunders, 2002.

Reese NB, Bandy WD. Use of an inclinometer to measure flexibility of the iliotibial band using the Ober test and the modified Ober test: Differences in magnitude and reliability of measurements. *J Orthop Sports Phys Ther* 2003; 33:326-330.

Rose MJ. The statistical analysis of the intra-observer repeatability of four clinical measurement techniques. *Physiotherapy* 1991;77:89-91.

Sahrmann S. *Diagnosis and Treatment of Movement Impairment Syndromes.* St. Louis: Mosby, 2002.

Sapega A, Quedenfeld T, Moyer R, Butler R. Biophysical factors in range-of-motion exercise. *Phys Sportsmed* 1981;9:57-65.

Sullivan MK, Dejulia JJ, Worrell TW. Effect of pelvic position and stretching method on hamstring muscle flexibility. *Med Sci Sports Exerc* 1992;24:1383-1389.

Wang SS, Whitney SL, Burdett RC, et al. Lower extremity muscular flexibility in long distance runners. *J Orthop Sports Phys Ther* 1993; 17: 102-107.

Webright W, Randolph BJ, Perrin D. Comparison of nonballistic active knee extension in neural slump position and static stretch techniques of hamstring flexibility. *J Orthop Sports Phys Ther* 1997;26:7-13.

Weldon SM, Hill RH. The efficacy of stretching for prevention of exercise-related injury: A systematic review of the literature. *Man Ther* 2003; 8:141-150.

Wessling KC, DeVane DA, Hylton CR. Effects of static stretch versus static stretch and ultrasound combined on triceps surae muscle extensibility in healthy women. *Phys Ther* 1987;67(5):674-679.

Worrell TW, Smith TL, Winegardner J. Effect of hamstring stretching on hamstring muscle performance. *J Orthop Sports Phys Ther* 1994;20: 154-159.

Yang S, Alnaqeeb M, Simpson H, Goldspink G. Changes in muscle fibre type, muscle mass and IGF-1 gene expression in rabbit skeletal muscle subjected to stretch. *J Anat* 1997;190:613-622.

Youdas JW, Krause DA, Harmsen WS, Laskowski E. The influence of gender and age on hamstring muscle length in healthy adults. *J Orthop Sports Phys Ther* 2005;35:246-252.

第6章

Alaranta H, Hurri H, Heliovaara M, Soukka A, Harju R. Non-dynamometric trunk performance tests: Reliability and normative data. *Scand J*

Rehabil Med 1994;26:211-215.

Clark MA. *Integrated Training for the New Millennium.* Thousand Oaks, CA: National Academy of Sports Medicine, 2001.

Cook G, Burton L, Fields K, Kiesel K. *The Functional Movement Screen.* Self-published training manual. Danville, VA, 1998.

Jull GA, Janda V. Muscle and motor control in low back pain.In: Twomey LT, Taylor JR (eds.), *Physical Therapy of the Low Back: Clinics in Physical Therapy.* New York: Churchill Livingstone, 1987.

Kiesel K. The functional movement screen: Predicting injury. Paper presented at the Team Concept Conference, Las Vegas, 2006.

Minick K, Burton L, Kiesel K. A reliability study of the functional movement screen. Paper presented at the National Strength and Conditioning Conference, Atlanta, 2007.

Portney LG, Watkins MP. *Foundation of Clinical Research: Applications to Practice.* 2nd ed. Upper Saddle River, NJ: Prentice Hall, 2000.

Sim J, Wright CC. The kappa statistic in reliability studies: Use, interpretation, and sample size requirements. *Phys Ther* 2005;85(3):257-268.

第7章

Ageberg E, Zatterstrom R, Moritz U. Stabilometry and one-leg hop test have high test-retest reliability. *Scand J Med Sci Sports* 1998;8(4):198-202.

Anderson MK, Hall SJ, Martin M. *Sports Injury Management.* 2nd ed. Philadelphia: Lippincott Williams & Wilkins, 2000.

Atwater SW, Crowe TK, Deitz JC, Richardson PK. Interrater and test-retest reliability of two pediatric tests. *Phys Ther* 1990;70(2):79-87.

Austin GP, Scibek JS. Intrarater and interrater relia-bility during the anterior balance and reach test. *J Orthop Sports Phys Ther* 2002; 32(1):A47.

Bohannon R. Standing balance, lower extremity muscle strength, and walking performance of patients referred for physical therapy. *Percept Mot Skills* 1995;80:379-385.

Dite W, Temple VA. A clinical test of stepping and change of direction to identify multiple falling older adults. *Arch Phys Med Rehabil* 2002; 83: 1566-1571.

Eechaute C, Vaes P, Duquet W. Functional performance deficits in patients with CAI: Validity of the multiple hop test. *Clin J Sport Med* 2008; 18: 124-129.

Fredericks CM. Basic sensory mechanisms and the somatosensory system: Touch and proprioception. In: Fredericks CM, Saladin LK (eds.), *Patho-physiology of the Motor Systems,* pp. 96-101. Phila-delphia: Davis, 1996.

Fujisawa H, Takeda R. A new clinical test of dynamic standing balance in the frontal plane: The side-step test. *Clin Rehabil* 2006;20:340-346.

Gillquist J. Knee ligaments and proprioception. *Acta Orthop Scand* 1996;67:533-535.

Gribble PA, Hertel J. Considerations for normalization of measures of the Star Excursion Balance Test. *Meas Phys Educ Sci* 2003;7:89-100.

Guskiewicz KM, Ross SE, Marshall SW. Postural stabilities and neuropsychological deficits after concussion in collegiate athletes. *J Athl Train* 2001;36:263-273.

Hertel J, Braham RA, Hale SA, Olmsted-Kramer LC. Simplifying the star excursion balance test: Analyses of subjects with and without chronic ankle instability. *J Orthop Sports Phys Ther* 2006; 36:131-137.

Hertel J, Miller SJ, Denegar CR. Intratester and intertester reliability during the star excursion balance test. *J Sport Rehabil* 2000;9:104-116.

Johnson BL, Nelson JK. *Practical Measurements for Evaluation in Physical Education.* 5th ed. New York: Macmillan, 1986.

Johnsson E, Henriksson M, Hirschfeld H. Does the functional reach test reflect stability limits in elderly people? *J Rehabil Med* 2002;35:26-30.

Kinzey SJ, Armstrong CW. The reliability of the star excursion test in assessing dynamic balance. *J Orthop Sports Phys Ther* 1998;27:356-360.

Loudon JK, Wiesner D, Goist-Foley HL, et al. Intrarater reliability of functional performance tests for subjects with patellofemoral pain syndrome. *J Athl Train* 2002;37(3):256-261.

Madey SM, Cole JK, Brand RA. The sensory role of the anterior ligament. In: DW Jackson (ed.), *The Anterior Cruciate Ligament: Current and Future Concepts,* pp.23-33. New York: Raven Press, 1993.

Manske RC, Andersen J. Test-retest reliability of the lower extremity functional reach test. *J Orthop Sports Phys Ther (Abstract)* 2004; 34(1): A52-53.

Olmsted LC, Carcia CR, Hertel J, Shultz SJ. Efficacy of the Star Excursion Balance Tests in detecting reach deficits in subjects with chronic ankle instability. *J Athl Train* 2002;37:501-506.

Onate JA, Beck BC, Van Lunen BL. On-field testing

environment and balance error scoring system performance during a preseason screening of healthy collegiate baseball players. *J Athl Train* 2007;42:446-451.

Plisky PJ, Rauh MJ, Kaminski TW, Underwood FB. Star Excursion Balance Test as a predictor of lower extremity injury in high school basketball players. *J Orthop Sports Phys Ther* 2006;36: 911-919.

Riemann BL, Caggiano NA, Lephart SM. Examination of a clinical method of assessing postural control during a functional performance task. *J Sport Rehabil* 1999;8:171-183.

Riemann BL, Guskiewicz KM. Effects of mild head injury on postural stability as measured through clinical balance testing. *J Athl Train* 2000;35:19-25.

Robinson RH, Gribble PA. Support for a reduction in the number of trials needed for the star excursion balance test. *Arch Phys Med Rehabil* 2008;89:364-370.

Sherrington CS. *The Integrative Action of the Nervous System.* New Haven, CT: Yale University Press, 1906.

Starkey C, Ryan J. *Evaluation of Orthopedic and Athletic Injuries.* 2nd ed. Philadelphia: Davis, 2003.

Tinetti ME. Performance oriented assessment of mobility problems in elderly patients. *JAGS* 1986; 34:119-126.

Valovich McLeod TC, Perrin DH, Guskiewicz KM, Shultz SJ, Diamond R, Gansneder BM. Serial administration of clinical concussion assessment and learning effects in healthy young athletes. *Clin J Sports Med* 2004;14:287-295.

Whitney SL, Marchetti GF, Morris LO, Sparto PJ. The reliability and validity of the four square step test for people with balance deficits secondary to a vestibular disorder. *Arch Phys Med Rehabil* 2007;88:99-104.

第8章

American College of Sports Medicine. *Guidelines for Exercise Testing and Prescription.* Philadelphia: Lippincott Williams & Wilkins, 1995.

American Heart Association. Exercise standards: A statement for health professionals from the American Heart Association. *Circulation* 1990; 82:2286-2322.

Brewer J, Ramsbottom R, Williams C. *Multistage Fitness Test.* Belconnen, Australian Capital Territory: Australian Coaching Council, 1988.

D'Alonzo K, Marbach K, Vincent L. A comparison of field measures to assess cardiorespiratory fitness among neophyte exercisers. *Biol Res Nurs* 2006; 8:7-14.

Harman E, Garhammar J, Pandorf C. Administration, scoring, and interpretation of selected tests. In: Baechle TR, Earle RW (eds.), *Essentials of Strength Training and Conditioning.* 2nd ed. Champaign, IL: Human Kinetics, 2000.

Hoffman J. *Norms for Fitness, Performance, and Health.* Champaign, IL: Human Kinetics, 2006.

Hoffman RJ, Collingwood TR. *Fit for Duty.* 2nd ed. Champaign, IL: Human Kinetics, 2005.

Kline CJ, Porcari R, Hintermeister P, et al. Estimation of VO_2max from a one-mile track walk, gender, age and body weight. *Med Sci Sports Exerc* 1987;19:253-259.

Latin RW, Berg K, Baechle T. Physical and performance characteristics of NCAA Division I male basketball players. *J Strength Cond Res* 1994; 8:214-218.

Leger L, Gadoury C. Validity of the 20m shuttle run test with 1 minute stages to predict VO_2 max in adults. *Can J Sport Sci* 1989;14:21-26.

Leger LA, Lambert J. A maximal multistage 20m shuttle run test to predict VO_2max. *Eur J Appl Phys* 1982;49:1-5.

Leger LA, Mercier D, Gadoury C, Lambert J. The multistage 20 metre shuttle run test for aerobic fitness. *J Sports Sci* 1988;6:93-101.

McArdle WD, Katch FI, Katch VL, (eds). *Exercise Physiology. Energy, Nutrition, and Human Performance.* 5th ed. Lippincott Williams and Wilkins, 2001.

McArdle WD, Katch FI, Katch VL. *Exercise Physiology. Energy, Nutrition, and Human Performance,* p. 126. Baltimore: Williams & Wilkins, 1994.

Morrow JR, Jackson A, Disch J, Mood D. *Measurement and Evaluation in Human Performance.* 3rd ed. Champaign, IL: Human Kinetics, 2005.

Physical Fitness Specialist Manual, The. Dallas: Cooper Institute for Aerobics Research, 2005.

Ramsbottom R, Brewer J, Williams C. A progressive shuttle run test to estimate maximal oxygen uptake. *Br J Sports Med* 1988;22:141-145.

Shvartz E, Reibold RC. Aerobic fitness norms for males and females aged 6-75: A review. *Av Space Environ Med* 1990;61:3-11.

Sykes K. Capacity assessment in the workplace: A new step test *J Occup Health* 1995;1:20-22.

Sykes K, Roberts A. The Chester step test—a simple

yet effective tool for the prediction of aerobic capacity. *Physiotherapy* 2004;90:183-188.

第9章

Ageberg E, Zatterstrom R, Moritz U. Stabilometry and one-leg hop test have high test-retest reliability. *Scand J Med Sci Sports* 1998;8(4):198-202.

Ajan T, Baroga L. *Weightlifting: Fitness for All Sports.* Budapest: International Weightlifting Federation, Medicina, 1988.

Alkjaer T, Simonsen EB, Magnusson SP, Aagaard H, Dyhre-Poulsen P. Differences in the movement pattern of a forward lunge in two types of anterior cruciate ligament deficient patients: Copers and non-copers. *Clin Biomech (Bristol, Avon)* 2002; 17:586-593.

Andersen M, Foreman T. Return to competition: Functional rehabilitation. In: Zachazewski J, Magee D, Quillen W (eds.), *Athletic Injuries and Rehabilitation,* pp. 229-261. Philadelphia: Saunders, 1996.

Anderson AF. Rating scale. In: Fu FH, Harner CD, Vince KG (eds.), *Knee Surgery,* pp. 275-296. Baltimore: Williams & Wilkins, 1994.

Augustsson J, Thomee R, Karlsson J. Ability of a new hop test to determine functional deficits after anterior cruciate ligament reconstruction. *Knee Surg Sports Traumatol Arthrosc* 2004; 12: 350-356.

Baechle TR, Earle RW. *Weight Training: A Text Written for the College Student.* Omaha: Creighton University Press, 1989.

Baker D, Nance S, Moore M. The load that maximizes the average mechanical power output during jump squats in power trained athletes. *J Strength Cond Res* 2001;15:92-97.

Bandy WD, Rusche KR, Tekulve FY. Reliability and limb symmetry for five unilateral functional tests of the lower extremities. *Isokin Exerc Sci* 1994;4:108-111.

Barber SD, Noyes FR, Mangine RE, McCloskey JW, Hartman W. Quantitative assessment of functional limitations in normal and anterior cruciate ligament deficient knees. *Clin Orthop* 1990;255:204-214.

Bolgla LA, Keskula DR. Reliability of lower extremity functional performance tests. *J Orthop Sports Phys Ther* 1997;3:138-142.

Booher LD, Hench KM, Worrell TW, Stikeleather J. Reliability of three single-leg hop tests. *J Sport Rehabil* 1993;2:165-170.

Bremander AB, Dahl LL, Roos EM. Validity and reliability of functional performance tests in meniscectomized patients with or without knee osteoarthritis. *Scand J Med Sci Sports* 2007; 17:120-127.

Brosky JA, Nitz AJ, Malone TR, Caborn DNM, Rayens MK. Intrarater reliability of selected clinical outcome measures following anterior cruciate ligament reconstruction. *J Orthop Sports Phys Ther* 1999;29(1):39-48.

Brzycki M. Strength testing: Predicting a one-rep max from reps-to-fatigue. *JOHPERD* 1993; 64:88-90.

Callan SD, Brunner DM, Devolve KL, et al. Physiological profiles of elite freestyle wrestlers. *J Strength Cond Res* 2000;14:162-169.

Chapman PP, Whitehead JR, Binkert RH. The 225-lb reps-to-fatigue test as a submaximal estimate of 1RM bench press performance in college foot-ball players. *J Strength Cond Res* 1998;12:258-261.

Chu DA. *Explosive Power and Strength.* Champaign, IL: Human Kinetics, 1996.

Clark MA. *Integrated Kinetic Chain Assessment.* Thousand Oaks, CA: National Academy of Sports Medicine, 2000.

Clark NC, Gumbrell CJ, Rana S, Traole CM, Morrissey MC. Intratester reliability and measurement error of the adapted crossover hop for distance. *Phys Ther Sport* 2002;3:143-151.

Colby SM, Hintermeister RA, Torry MR, Steadman RJ. Lower limb stability with ACL impairment. *J Orthop Sports Phys Ther* 1999;29(8):444-454.

Considine WJ, Sullivan WJ. Relationship of selected tests of leg strength and leg power in college men. *Res Q* 1973;44:404-416.

Crill MT, Kolba C, Chleboun GS. Using lunge measurements for baseline fitness testing. *J Sport Rehabil* 2004;13:44-53.

Daniel D, Andersen AF. Evaluation of treatment results. In: Finerman GAM, Noyes FR (eds.), *Biology and Biomechanics of the Traumatized Synovial Joint: The Knee as a Model,* pp. 573-584. Rosemont, IL: American Academy of Ortho-paedic Surgeons, 1991.

Daniel D, Malcolm L, Stone ML, Perth H, Morgan J, Riehl B. Quantification of knee stability and function. *Contemp Orthop* 1982;5:83-91.

Daniel DM, Stone ML, Riehl B, Moore MR. A measurement of lower limb function. The one leg hop-for-distance. *Am J Knee Surg* 1988;1:

212-214.

DeCarlo MS, Sell KE. Normative data for range of motion and single-leg hop in high school athletes. *J Sports Rehabil*. 1997;6:246-255.

Delitto A, Irrgang JJ, Harner CD, Fu FH. Relationship of isokinetic quadriceps peak torque and work to one legged hop and vertical jump in ACL reconstructed subjects [abstract]. *Phys Ther* 1993; 73(6):S85.

Dugan SA, Frontera WR. Muscle fatigue and muscle injury. *Phys Med Rehabil Clin N Am* 2000; 11:385-403.

Elliot J. Assessing muscle strength isokinetically. *JAMA* 1978;240:2408-2412.

Engstrom B, Gornitzka J, Johansson C, Wredmark T. Knee function after anterior cruciate ligament ruptures treated conservatively. *International Orthop* 1993;17:208-213.

Epley B. *Boyd Epley Workout*. Lincoln: University of Nebraska, 1985.

Feagin JA, Lambert KL, Cunningham RR, et al. Consideration of the anterior cruciate ligament injury in skiing. *Clin Orthop* 1987;216:13-18.

Foran B. *High-Performance Sports Conditioning*. Champaign, IL: Human Kinetics, 2000.

Fox EL, Mathews D. *Interval Training: Conditioning for Sports and General Fitness*. Philadelphia: Saunders, 1974.

Friermood HT. Volleyball Skills Contest for Olympic Development. In: United States Volleyball Association, *Annual Official Volleyball Rules and Reference Guide of the U.S. Volleyball Association. 2004.* Colorado Springs, CO.

Fry AC, Kraemer WJ, Weseman CA, et al. The effects of an off-season strength and conditioning program on starters and non-starters in women's intercollegiate volleyball. *J Appl Sport Sci Res* 1991;5:174-181.

Fry AC, Schilling BK, Staron RS, et al. Muscle fiber characteristics and performance correlates of male Olympic style weightlifters. *J Strength Cond Res* 2003;17:746-754.

Garstecki MA, Latin RW, Cuppertt MM. Comparison of selected physical fitness and performance variables between NCAA Division I and II football players. *J Strength Cond Res* 2004; 18: 292-297.

Gauffin H, Pettersson G, Tegner Y, Tropp H. Function testing in patients with old rupture of the anterior cruciate ligament. *Int J Sports Med* 1990;11:73-77.

Gauffin H, Tropp H. Altered movement and muscular-activation patterns during the one-legged jump in patients with an old anterior cruciate ligament rupture. *Am J Sports Med* 1992; 20: 182-192.

Gaunt BW, Curd DT. Anthropometric and demographic factors affecting distance hopped and limb symmetry index for the crossover hop-for-distance test in high school athletes. *J Orthop Sports Phys Ther* 2001;31:145-151.

Giorgi A, Wilson GJ, Weatherby RP, Murphy AJ. Functional isometric weight training: Its effects on the development of muscular function and the endocrine system over an 8-week training period. *J Strength Cond Res* 1998;12:18-25.

Glencross DJ. The nature of the vertical jump test and the stand- ing broad jump. *Res Q* 1966;37: 353-359.

Goh S, Boyle J. Self evaluation and functional testing two to four years post ACL reconstruction. *Aust Physiol* 1997;43(4):255-262.

Gray G. *Total Body Functional Profile*. Adrian, MI: Wynn Marketing, 2001.

Greenberger HB, Paterno MV. Relationship of knee extensor strength and hopping test performance in the assessment of lower extremity function. *J Orthop Sports Phys Ther* 1995;22(5):202-206.

Greenberger HB, Paterno MV. The test-retest reliability of a one-legged hop for distance in health young adults [abstract]. *J Orthop Sports Phys Ther* 1994;1:62.

Häkkinen KP, Komi V, Alen M. Effective use of explosive type strength training on isometric force and relaxation time, electromyography and muscle fibre characteristics of leg extensor muscles. *Acta Physiol Scand* 1985;125:587-600.

Harman E, Garhammer J, Pandorf C. Administration, scoring, and interpretation of selected tests. In: Baechle TR, Earle RW (eds.), *Essentials of Strength Training and Conditioning*. Champaign, IL: Human Kinetics, 2000.

Harman E, Rosenstein MT, Frykman PN, Rosenstein RM. The effects of arms and countermovement on vertical jumping. *Med Sci Sports Exerc* 1990;22: 825-833.

Heyward VH. *Advanced Fitness Assessment and Exercise Prescription*. 5th ed. Champaign, IL: Human Kinetics, 2005.

Hickson RC, Hidaka K, Foster C, Falduto MT, Chatterton RT. Successive time courses of strength development and steroid hormone responses to heavy-resistance training. *J Appl Physiol* 1994;76:663-670.

Hoeger WWK, Barette SL, Hale DF, Hopkins DR.

Relationship between repetitions and selected percentages of one repetition maximum. *J Appl Sport Sci Res* 1987;1:11-13.

Hoeger WWK, Hopkins DR, Barette SL, Hale DF. Relationship between repetitions and selected percentages of one repetition maximum: A comparison between untrained and trained males and females. *J Appl Sport Sci Res* 1990; 4:47-54.

Hoff J, Almasbakk B. The effects of maximum strength training on throwing velocity and muscle strength in female team-handball players. *J Strength Cond Res* 1995;9:255-258.

Hoffman J. *Norms for Fitness, Performance, and Health.* Champaign, IL: Human Kinetics, 2006.

Hoffman JR, Fry AC, Howard R, Maresh CM, Kraemer WJ. Strength, speed, and endurance changes during the course of a division I basketball season. *J Appl Sport Sci Res* 1991;5:144-149.

Hoffman JR, Tennenbaum G, Maresh CM, Kraemer WJ. Relationship between athletic performance tests and playing time in elite college basketball players. *J Strength Cond Res* 1996;10:67-71.

Hu HS, Whitney SL, Irrgang J, Janosky J. Test-retest reliability of the one-legged vertical jump test and the one-legged standing hop test [abstract]. *J Orthop Sports Phys Ther* 1992;15(1):51.

Itoh H, Ichihashi N, Sakamoto T. Functional test for the knee joint. *Bull Allied Med Sci Kobe* 1989; 5:75-81.

Itoh H, Kurosaka M, Yoshiya S, Ichihashi N, Mizuno K. Evaluation of functional deficits determined by four different hop tests in patients with anterior cruciate ligament deficiency. *Knee Surg Sports Traumatol Arthrosc* 1998;6:241-245.

Johnson B. *Practical Measurements for Evaluation in Physical Education.* Edina, MN: Burgess, 1986.

Johnson BL, Nelson JK. *Practical Measurements for Evaluation in Physical Education.* 4th ed. New York: Macmillan College, 1986.

Juris PM, Phillips EM, Dalpe C, Edwards C, Gotlin RS, Kane DJ. A dynamic test of lower extremity function following anterior cruciate ligament reconstruction and rehabilitation. *J Orthop Sports Phys Ther* 1997;26:184-191.

Keays SL, Bullock-Saxton J, Keays AC, Newcombe P. Muscle strength and function before and after anterior cruciate ligament reconstruction using semitendonosus and gracilis. *Knee* 2001;8: 229-234.

Kier PJ, Jamnik VK, Glendhill N. Technical-methodological report: A nomogram for peak leg power output in the vertical jump. *J Strength Cond Res* 2003;17:701-703.

Kirkendall DT. Physiology of soccer. In: Garrett WE, Kirkendall DT (eds.), *Exercise and Sport Science.* Philadelphia: Lippincott Williams & Wilkins, 2000.

Knuttgen HG, Kraemer WJ. Terminology and measurement in exercise performance. *J Appl Sport Sci Res* 1987;1:1-10.

Koch AJ, O'Bryant HS, Stone MS, et al. Effect of warm-up on the standing broad jump in trained and untrained men and women. *J Strength Cond Res* 2003;17:710-714.

Kraemer WJ, Fry AC. Strength testing: Development and evaluation of methodology. In: Maud PJ, Foster C (eds.), *Physiological Assessment of Human Fitness.* Champaign, IL: Human Kinetics, 1995.

Kraemer WJ, Gotshalk LA. Physiology of American football. In: Garrett WE, Kirkendall DT (eds.), *Exercise and Sport Science.* Philadelphia: Lippincott Williams & Wilkins, 2000.

Kraemer WJ, Ratamess N, Fry AC, et al. Influence of resistance training volume and periodization on physiological and performance adaptations in college women tennis players. *Am J Sport Med* 2000;28:626-633.

Kramer JF, Nusca D, Fowler P, Webster-Bogaert S. Test-retest reliability of the one-leg hop test following ACL reconstruction. *Clin J Sport Med* 1992;2(4):240-243.

Kuramoto AK, Payne VG. Predicting muscular strength in women: A preliminary study. *Res Q Exerc Sport* 1995;66:168-172.

LaMonte MJ, McKinney JT, Quinn SM, Bainbridge CN, Eisenman PA. Comparison of physical and physiological variables for female college basket-ball players. *J Strength Cond Res* 1999; 13:264-270.

Lander J. Maximum based on reps. *NSCA J* 1984;6: 60-61.

Latin RW, Berg K, Baechle T. Physical and performance characteristics of NCAA Division I male basketball players. *J Strength Cond Res* 1994;8: 214-218.

Lephart SM, Kocher MS, Harner CD, Fu FH. Quadriceps strength and functional capacity after anterior cruciate ligament reconstruction. Patellar tendon autograft versus allograft. *Am J Sports Med* 1993;21(5):738-743.

Lephart SM, Perrin DH, Fu FH, Gieck JH, McCue FC, Irrgang JJ. Relationship between selected physical characteristics and functional capacity in the anterior cruciate ligament-insufficient athlete. *J Orthop Sports Phys Ther* 1992;16(4):174-181.

Lephart SM, Perrin DH, Fu FH, Minger K. Functional performance tests for the anterior cruciate ligament insufficient athlete. *Athletic Train* 1991; 26:44-50.

Lephart SM, Perrin DH, Minger K, Fu F, Gieck GH. Sports specific functional performance tests for the ACL insufficient athlete [abstract]. *Athletic Train* 1988;24:119.

Luthanen P, Komi PV. Segmental contribution to forces in vertical jump. *Eur J Appl Physiol* 1978; 38:181-188.

Manske RC, Smith BS, Wyatt F. Test retest reliability of lower extremity functional tests after a closed kinetic chain isokinetic testing bout. *J Sport Rehabil* 2003;12:119-132.

Markovic G, Dizdar D, Jukic I, Cardinale M. Reliability and factorial validity of squat and counter-movement jump tests. *J Strength Cond Res* 2004; 18(3):551-555.

Mattacola CG, Jacobs CA, Rund MA, Johnson DL. Functional assessment using the step-up-and-over test and forward lunge following ACL reconstruction. *Orthopedics* 2004;27(6):602-608.

Mayhew JL, Ball TE, Arnold ME, Bowen JC. Relative muscular endurance performance as a predictor of bench press strength in college men and women. *J Appl Sport Sci Res* 1992;6:200-206.

McBride JM, Triplett-McBride T, Davie A, Newton RU. The effect of heavyvs. light-load jump squats on the development of strength, power, and speed. *J Strength Cond Res* 2002;16:75-82.

McCurdy K, Langford G. Comparison of unilateral squat strength between the dominant and non-dominant leg in men and women. *J Sports Sci Med* 2005;4:153-159.

McCurdy K, Langford G, Cline A, Doscheer M, Hoff R. The reliability of 1- and 3 RM tests of unilateral strength in trained and untrained men and women. *J Sports Sci Med* 2004;3:190-196.

McNair PJ, Marshall RN. Landing characteristics in subjects with normal and anterior cruciate ligament deficient knee joints. *Arch Phys Med Rehabil* 1994;75:584-589.

Meir R, Newton R, Curtis E, et al. Physical fitness qualities of professional rugby league football players: Determination of positional differences. *J Strength Cond Res* 2001;15:450-458.

Morales J, Sobonya S. Use of submaximal repetition tests for predicting 1-RM strength in class

athletes. *J Strength Cond Res* 1996;10:186-189.

Munich H, Cipriani D, Hall C, Nelson D, Falkel J. The test-retest reliability of an inclined squat strength test protocol. *J Orthop Sports Phys Ther* 1997;26(4):209-213.

Negrete R, Brophy J. The relationship between isokinetic open and closed chain lower extremity strength and functional performance. *J Sport Rehabil* 2003;12:119-132.

Noyes FR, Barber SD, Mangine RE. Abnormal lower limb symmetry determined by function hop tests after anterior cruciate ligament rupture. *Am J Sports Med* 1991;19:513-518.

Ortiz A, Olson S, Roddey TS, Morales J. Reliability of selected physical performance tests in young adult women. *J Strength Cond Res* 2005;19: 39-44.

Ostenberg A, Roos H. Injury risk factors in female European football. A prospective study of 123 players during one season. *Scand J Med Sci Sports* 2000;10:279-285.

Pauole K, Madole K, Garhammer J, Lacourse M, Rozenek R. Reliability and validity of the T-test as a measure of agility, leg power, and leg speed in college-aged men and women. *J Strength Cond Res* 2000;14:443-450.

Payne N, Gledhill N, Katzmarzyk PT, Jamnik VK, Keir PJ. Canadian musculoskeletal fitness norms. *Can J Appl Physiol* 2000;25:430-442.

Petschnig R, Baron R, Albrecht M. The relationship between isokinetic quadriceps strength test and hop tests for distance and one-legged vertical jump test following anterior cruciate ligament reconstruction. *J Orthop Sports Phys Ther* 1998; 28(1):23-31.

Pfeifer K, Banzer W. Motor performance in different dynamic tests in knee rehabilitation. *Scand J Med Sci Sports* 1999;9:19-27.

Physical Fitness Specialist Certification Manual, The. Dallas: Cooper Institute for Aerobics Research, rev. 1997.

Reid A, Birmingham TB, Stratford PW, Alcock GK, Giffin JR. Hop testing provides a reliable and valid outcome measure during rehabilitation after anterior cruciate ligament reconstruction. *Phys Ther* 2007;87:337-349.

Rhea MR, Ball SD, Phillips WT, Burkett LN. A comparison of linear and daily undulating periodized programs with equated volume and intensity for strength. *J Strength Cond Res* 2002;16:250-255.

Riseberg MA, Ekeland A. Assessment of functional tests after anterior cruciate ligament surgery. *J*

Orthop Sports Phys Ther 1994;19(4):212-217.

Robertson DG, Fleming D. Kinetics of standing broad and vertical jumping. *Can J Sports Sci* 1987; 12:19-23.

Roos EM, Ostenberg A, Roos H, Ekdahl C, Lohmander LS. Longterm outcome of meniscectomy: Symptoms, function, and performance tests in patients with or without radiographic osteoarthritis compared to matched controls. *Osteoarthritis Cart* 2001;9:316-324.

Ross MD, Langford B, Whelan PJ. Test-retest reliability of 4 single-leg horizontal hop tests. *J Strength Cond Res* 2002;16(4):617-622.

Sanborn K, Boros R, Hruby J, et al. Short-term performance effects of weight training with multiple sets not to failure vs a single set to failure in women. *J Strength Cond Res* 2000; 14:328-331.

Sekiya I, Muneta T, Ogiuchi T, Yagishita K, Yamamoto H. Significance of the single-legged hop test to the anterior cruciate ligament-recon-structed knee in relation to muscle strength and anterior laxity. *Am J Sports Med* 1998; 26:384-388.

Seminick DM. Testing protocols and procedures. In: Baechle TR (ed.), *Essentials of Strength Training and Conditioning.* Champaign, IL: Human Kinetics, 1994.

Sernert N, Kartus J, Kohler K, Stener S, Larsson J, Eriksson BI, Karlsson J. Analysis of subjective, objective and functional examination tests after anterior cruciate ligament reconstruction. A follow-up of 527 patients. *Knee Surg Sports Traumatol Arthrosc* 1999;7:160-165.

Sewell LP, Lander JE. The effects of rest on maximal efforts in the squat and bench press. *J Appl Sport Sci Res* 1991;5:96-99.

Shetty AB, Etnyre BR. Contribution of arm movement to the force components of a maximum vertical jump. *J Orthop Sports Phys Ther* 1989;11:198-201.

Smith HK, Thomas SG. Physiological characteristics of elite female basketball players. *Can J Sport Sci* 1991;16:289-295.

Soares J, Mendes OC, Neto CB, Matsudo VKR. Physical fitness characteristics of Brazilian national basketball team as related to game functions. In: Day JAP (ed.), *Perspectives in Kinanthropometry.* Champaign, IL: Human Kinetics, 1986.

Stockbrugger BA, Haennel RG. Contributing factors to performance of a medicine ball explosive power test: A comparison between jump and nonjump athletes. *J Strength Cond Res* 2003; 17: 768-774.

Stone MH, O'Bryant HS. *Weight Training: A Scientific Approach.* Edina, MN. Burgess International Group, 1987.

Stone MH, O'Bryant HS, McCoy L, Coglianese R, Lehmkuhl M, Schilling B. Power and maximum strength relationships during performance of dynamic and static weighted jumps. *J Strength Cond Res* 2003;17:140-147.

Swarup M, Irrgang JJ, Lephart S. Relationship of isokinetic quadriceps peak torque and work to one legged hop and vertical jump [abstract]. *Phys Ther* 1992;72(6):S88.

Tegner Y, Lysholm J, Lysholm M, Gillquist J. A performance test to monitor rehabilitation and evaluate anterior cruciate liga- ment injuries. *Am J Sports Med* 1986;14:156-159.

Toji H, Suei K, Kaneko M. Effects of combining training loads on relations among force, velocity, and power development. *Can J Appl Physiol* 1997;22:328-336.

Unger CL, Wooden MMJ. Effect of foot intrinsic muscle strength training on jump performance. *J Strength Cond Res* 2000;14(4):373-378.

Wathen D. In: Baechle TR (ed.), *Essentials of Strength Training and Conditioning.* Champaign, IL: Human Kinetics, 1994.

Wiklander J, Lysholm J. Simple tests for surveying muscle strength and muscle stiffness in sportsmen. *Int J Sports Med* 1987;8(1):50-54.

Wilk KE, Romaniello WT, Soscia SM, Arrigo CA, Andrews JR. The relationship between subjective knee scores, isokinetic testing, and functional tesing in the ACL reconstructed knee. *J Orthop Sports Phys Ther* 1994;20(2):60-73.

Wisloff U, Castagna C, Helgerud J, Jones R, Hoff J. Strong correlation of maximal squat strength with sprint performance and vertical jump height in elite soccer players. *Br J Sports Med* 2004; 38: 285-288.

Wisloff U, Helgerud J, Hoff J. Strength and endurance of elite soccer players. *Med Sci Sports Exerc* 1998;30:462-467.

Woolstenhulme MT, Kerbs Bailey B, Allsen P. Vertical jump, anaerobic power, and shooting accuracy are not altered 6 hours after strength training in collegiate women basketball players. *J Strength Cond Res* 2004;18:422-425.

Young WB, MacDonald C, Flowers MA. Validity of double- and single-leg vertical jumps as tests of leg extensor muscle function. *J Strength Cond Res* 2001;15:6-11.

第10章

Alricsson M, Harms-Ringdahl K, Werner S. Reliability of sports related functional tests with emphasis on speed and agility in young athletes. *Scand J Sci Sports* 2001;11:229-232.

Baechle TR, Earle RW (eds.). *Essentials of Strength Training and Conditioning*. Champaign, IL: Human Kinetics, 2000.

Buckeridge A, Farrow D, Gastin P, McGrath M, Morrow P, Quinn A, et al. Protocols for the physiological assessment of high-performance tennis players. In: Gore CJ (ed.), *Physiological Tests for Elite Athletes*. Champaign, IL: Human Kinetics, 2000.

Ellis L, Gastin P, Lawrence S, Savage B, Buckeridge A, Stapff A, et al. Protocols for the physiological assessment of team sport players. In: Gore CJ (ed.), *Physiological Tests for Elite Athletes*. Champaign, IL: Human Kinetics, 2000.

Fry AC, Kraemer WJ, Weseman CA, et al. The effects of an off- season strength and conditioning program on starters and nonstarters in women's intercollegiate volleyball. *J Appl Sport Sci Res* 1991;5:174-181.

Harman E, Garhammer J, Pandorf C. Administration, scoring, and interpretation of selected tests. In: Baechle TR, Earle RW (eds.), *Essentials of Strength Training and Conditioning*. Champaign, IL: Human Kinetics, 2000.

Hoffman J. *Norms for Fitness, Performance, and Health*. Champaign, IL: Human Kinetics, 2006.

Latin RW, Berg K, Baechle T. Physical and performance characteristics of NCAA Division I male basketball players. *J Strength Cond Res* 1994; 8:214-218.

McGee KJ, Burkett LN. The National Football League combine: A reliable predictor of draft status? *J Strength Cond Res* 2003;17:6-11.

Ortiz A, Olson SL, Roddey TS, Morales J. Reliability of selected physical performance tests in young adult women. *J Strength Cond Res* 2005;19: 39-44.

Pauole K, Madole K, Garhammer J, Lacourse M, Rozenek R. Reliability and validity of the T-test as a measure of agility, leg power, and leg speed in college-aged men and women. *J Strength Cond Res* 2000;14:443-450.

Sawyer DT, Ostarello JZ, Suess EA, Dempsey M. Relationship between football playing ability and selected performance measures. *J Strength Cond Res* 2002;16:611-616.

Semenick DM. Testing protocols and procedures. In: Baechle TR, Earle RW (eds.), *Essentials of Strength Training and Conditioning*. Champaign, IL: Human Kinetics, 2000.

Seminick D. Tests and measurements: The T-test. *NSCA J* 1990;12:36-37.

Stuempfle KJ, Katch FI, Petrie DF. Body composition relates poorly to performance tests in NCAA Division III football players. *J Strength Cond Res* 2003;17:238-244.

Vanderford ML, Meyers MC, Skelly WA, et al. Physiological and sport-specific skill response of Olympic youth soccer athletes. *J Strength Cond Res* 2004;18:334-342.

Wroble RR, Moxley DP. The effect of winter sports participation on high school football players: Strength, power, agility, and body composition. *J Strength Cond Res* 2001;15:132-135.

第11章

Alaranta H, Hurri H, Heliovaara M, Soukka A, Harju R. Nondynamometric trunk performance tests: Reliability and normative data. *Scand J Rehabil Med* 1994;26:211-215.

Alaranta H, Luoto S, Heliovaara M, Hurri H. Static back endurance and the risk of low back pain. *Clin Biomech* 1995;10:323-324.

Andersson EA, Ma Z, Thorstensson A. Relative EMG levels in training exercises for abdominal and hip flexor muscles. *Scand J Rehabil Med* 1998;30:175-183.

Ashmen KJ, Swanik CB, Lephart SM. Strength and flexibility characteristics of athletes with chronic low-back pain. *J Sport Rehabil* 1996;5: 275-286.

Bankoff AD, Furlani J. Electromyographic study of the rectus abdominis and external oblique muscles during exercises. *Electromyogr Clin Neurophysiol* 1984;24:501-510.

Beckman SM, Buchanan TS. Ankle inversion injury and hypermobility: Effect on hip and ankle muscle electromyography onset latency. *Arch Phys Med Rehabil* 1995;76:1138-1143.

Biering-Sorensen F. Physical measurements as risk indicators for low back trouble over a one-year period. *Spine* 1984;9:106-119.

Biering-Sorenson F. Physical measurements as risk indicators for low-back trouble over a 1-year period. *Spine* 1989;14:123-125.

Bullock-Saxton JE. Local sensation changes and altered hip muscle function following severe ankle sprain. *Phys Ther* 1994;74:17-28.

Chan RH. Endurance times of trunk muscles in male intercollegiate rowers in Hong Kong. *Arch Phys Med Rehabil* 2005;86:2009-2012.

Chen L-W, Bih L-I, Ho C-C, et al. Endurance times for trunk-stabilization exercises in healthy women: Comparing 3 kinds of trunk-flexor exercises. *J Sport Rehabil* 2003;12:199-207.

Cleland JA, Childs JD, Fritz JM, Whitman JM. Interrater reliability of the history and physical examination in patients with mechanical neck pain. *Arch Phys Med Rehabil* 2006;87:1388-1395.

Cote P, Cassidy JD, Carrol L. The Saskatchewan health and back pain survey: The prevalence of neck pain and related disability in Saskatchewan adults. *Spine* 1998;23:1689-1698.

Cutter NC, Kevorkian CG. *Handbook of Manual Muscle Testing*. New York: McGraw-Hill, 1999.

Ellis L, Gastin P, Lawrence S, Savage B, Buckeridge A, Stapff A, et al. Protocols for the physiological assessment of team sport players. In: Gore CJ (ed.), *Physiological Tests for Elite Athletes*. Champaign, IL: Human Kinetics, 2000.

Falla D, Campbell C, Fagan A, Thompson D, Jull G. An investigation of the relationship between upper cervical flexion range of motion and pressure change during the cranio-cervical flexion test. *Man Ther* 2003;8:92-96.

Faulkner RA, Sprigings EJ, McQuarrie A, Bell RD. A partial curl-up protocol for adults based on an analysis of two procedures. *Can J Sport Sci* 1989;14:135-141.

Flint MM. An electromyographic comparison of the function of the iliacus and the rectus abdominis muscles. *J Amer Phys Ther Assoc* 1965;45:248-253.

Gilleard WL, Brown JM. An electromyographic validation of an abdominal muscle test. *Arch Phys Med Rehabil* 1994;75:1002-1007.

Gouttebarge V, Wind H, Kuijer PP, Sluiter JK, Frings-Dresen MH. Reliability and agreement of 5 Ergo-Kit functional capacity evaluation lifting tests in subjects with low back pain. *Arch Phys Med Rehabil* 2006;87:1365-1370.

Gracovetsky S, Farfan H. The optimum spine. *Spine* 1986;11:543-572.

Greene WB, KeHaven KE, Johnson TR, et al. (eds.). *Essentials of Musculoskeletal Care*. 2nd ed. Rosemont, IL: American Academy of Orthopedic Surgeons, 2002.

Grimmer K. Measuring the endurance capacity of the cervical short flexor muscle group. *Aust J Physiother* 1994;40:251-254.

Gross DP, Battié MC. Reliability of safe maximum lifting deter-minations of a functional capacity evaluation. *Phys Ther* 2002;82:364-371.

Gross DP, Battié MC, Cassidy JD. The prognostic value of functional capacity evaluation in patients with chronic low back pain: Part 1: Timely return to work. *Spine* 2004;29:914-919.

Guimaraes AC, Vaz MA, De Compos MI, Marantes R. The contribution of the rectus abdominis and rectus femoris in twelve selected abdominal exercises. An electromyographic study. *J Sports Med Phys Fitness* 1991;31:222-230.

Harman E, Garhammar J, Pandorf C. Administration, scoring, and interpretation of selected tests. In: Baechle TR, Earle RW (eds.), *Essentials of Strength Training and Conditioning*. 2nd ed. Champaign, IL: Human Kinetics, 2000.

Harris KD, Heer DM, Roy TC, Santos DM, Whitman JM, Wainner RS. Reliability of a measurement of neck flexor muscle endurance. *Phys Ther* 2005; 85:1349-1355.

Hodges PW, Richardson CA. Contraction of the abdominal muscle associated with movement of the lower limb. *Phys Ther* 1997;77:132-144.

Holmstrom EB, Lindell J, Moritz U. Low back and neck/shoulder pain in construction workers: Occupational workload and psychological risk factors: Part 2 relationship to neck and shoulder pain. *Spine* 1992;17:672-677.

Jager M, Seller K, Raab, Krauspe R, Wild A. Clinical outcome in monosegmental fusion of degenerative lumbar instabilities: Instrumented versus non-instrumented. *Med Sci Mon* 2003;9:CR324-327.

Janda V. *Muscle Function Testing*. London: Butterworth, 1983. Jull GA. Deep cervical neck flexor dysfunction in whiplash. *J Musculoskel Pain* 2000;8:143-154.

Jull G, Barrett C, Magee R, Ho P. Further characterisation of muscle dysfunction in cervical headache. *Cephalalgia* 1999;19:179-185.

Jull G, Kristjansson E, Dall Alba P. Impairment in the cervical flexors: A comparison of whiplash and insidious onset neck pain patients. *Man Ther* 2004;9:89-94.

Keely G. Posture, body mechanics, and spinal stabilization. In: Bandy WD, Sanders B (eds.), *Therapeutic Exercise: Techniques for Intervention*. Baltimore: Lippincott Williams & Wilkins, 2001.

Kendall FP. *Muscles: Testing and Function*. 4th ed.

Baltimore: Williams & Wilkins, 1993.

Knapik JJ, Gerber J. The influence of physical fitness training on the manual material-handling capability and road-marching performance of female soldiers. *US Army Research Laboratory Technical Report ARL-TR-1064.* Aberdeen Proving Ground, MD, 1996.

Krause DA, Youdas JW, Hollman JH, Smith J. Abdominal muscle performance as measured by the double leg-lowering test. *Arch Phys Med Rehabil* 2005;86:1345-1348.

Ladeira CE, Hess LW, Galin BM, Fradera S, Harkness MA. Validation of an abdominal muscle strength test with dynamometry. *J Strength Cond Res* 2005;19:925-930.

Lanning CL, Uhl TL, Ingram CL, Mattacola CG, English T, Newsom S. Baseline values of trunk endurance and hip strength in collegiate athletes. *J Athl Train* 2006;41:427-434.

Leetun DT, Ireland ML, Willson JD, Ballantyne BT, Davis IM. Core stability measures as risk factors for lower extremity injury in athletes. Med Sci Sports Exerc. 2004;36:926-934.

MacDonald DA, Moseley GL, Hodges PW. The lumbar multifidus: Does the evidence support clinical beliefs? *Man Ther* 2006;11:254-263.

Mayoux-Benhamou MA, Revel M, Vallee C. Selective electromyography of dorsal neck muscles in humans. *Exp Brain Res* 1997; 113: 353-360.

Mayoux-Benhamou MA, Revel M, Vallee C, et al. Longus colli has a postural function on cervical curvature. *Surg Radiol Anat* 1994;16:367-371.

McGill SM. Low back exercises: Prescription for the healthy back and when recovering from injury. In: *Resources Manual for Guidelines for Exercise Testing and Prescription.* 3rd ed. Indianapolis: American College of Sports Medicine; Baltimore: Williams & Wilkins, 1998.

McGill SM, Childs A, Liebenson C. Endurance times for stabilization exercises: Clinical targets for testing and training from a normal database. *Arch Phys Med Rehabil* 1999;80:941-944.

McGill SM, Grenier S, Bavcic N, Cholewicki J. Coordination of muscle activity to assure stability of the lumbar spine. *J Electromyogr Kinesiol* 2003; 13:353-359.

Moreland J, Finch E, Stratford P, Balsor B, Gill C. Interrater reliability of six tests of trunk muscle function and endurance. *J Orthop Sports Phys Ther* 1997;26:200-208.

Murray KJ. Hypermobility disorders in children

and adolescents. *Best Pract Res Clin Rheumatol* 2006;20:329-351.

Nadler SF, Malanga GA, DePrince M, Stitik TP, Feinberg JH. The relationship between lower extremity injury, low back pain, and hip muscle strength in male and female collegiate athletes. *Clin J Sport Med* 2000;10:89-97.

Novy DM, Simmonds MJ, Lee CE. Physical performance tasks: What are the underlying constructs? *Arch Phys Med Rehabil* 2002;83:44-47.

Pandorf CE, Nindle BC, Montain SJ, Castellani JW, Frykman PN, Leone CD, et al. Reliability assessment of two military relevant occupational physical performance tests. *Can J Appl Physiol* 2003;28:27-37.

Placzek JD, Pagett BT, Roubal PJ, et al. The influence of the cervical spine on chronic headache in women: A pilot study. *J Man Manipul Ther* 1999; 7:33-39.

Reese NB. *Muscle and Sensory Testing.* Philadelphia: Saunders, 1999.

Reiman MP, Krier AD, Nelson JA, Rogers MA, Stuke ZO, Smith BS. Reliability of trunk endurance testing modifications. *J Strength Cond Res,* 2009.

Reiman MP, Nelson J, Rogers M, Stuke Z, Zachgo A. Endurance times of trunk muscles in high school weightlifting participants [abstract]. *J Man Manipul Ther* 2006;14:179-180.

Renkawitz T, Boluki D, Grifka J. The association of low back pain, neuromuscular imbalance and trunk extension strength in athletes. *Spine J* 2006; 6:673-683.

Richardson C, Jull G, Hodges P, Hides J. *Therapeutic Exercise for Spinal Segmental Stabilization in Low Back Pain: Scientific Basis and Clinical Approach.* New York: Churchill Livingstone, 1999.

Rissanen A, Alaranta H, Sainio P, Harkonen H. Isokinetic and non-dynamometric tests in low back pain patients related to pain and disability index. *Spine* 1994;17:1963-1967.

Schellenberg KL, Lang JM, Chan KM, Burnham RS. A clinical tool for office assessment of lumbar spine stabilization endurance. *Am J Phys Med Rehabil* 2007;86:1-7.

Schmidt GL, Blanpied PR. Analysis of strength tests and resistive exercises commonly used for low-back disorders. *Spine* 1987;12:1025-1034.

Schmidt GL, Blanpied PR, Anderson MA, White RW. Comparison of clinical and objective methods of assessing trunk muscle strength—an experimental approach. *Spine* 1987;12:1020-1024.

Sharp MA, Harman EA, Boutilier BE, Bovee MW, Kraemer WJ. Progressive resistance training program for improving manual materials handling performance. *Work* 1993;3:62-68.

Shields RK, Heiss DG. An electromyographic comparison of abdominal muscle synergies during curl and double straight leg lowering exercises with control of the pelvic position. *Spine* 1997; 22:1873-1879.

Smeets R, Hijdra H, Kester A, Hitters M, Knottnerus J. The usability of six physical performance tasks in a rehabilitation population with chronic low back pain. *Clin Rehabil* 2006;20:989-998.

Smith EB, Rasmussen AA, Lechner DE, Gossman MR, Quintana JB, Grubbs BL. The effects of lumbosacral support belts and abdominal muscle strength on functional lifting ability in healthy women. *Spine* 1996;21:356-366.

Udermann BE, Mayer JM, Graves JE, Murray SR. Quantitative assessment of lumbar paraspinal muscle endurance. *J Athl Train* 2003;38:259-262.

Vernon HT, Aker P, Aramenko M, et al. Evaluation of neck muscle strength with a modified sphygmomanometer dynamometer: Reliability and validity. *J Manipul Physiol Ther* 1992;15:343-349.

Visuri T, Ulaska J, Eskelin M, Pulkkinen P. Narrowing of lumbar spinal canal predicts chronic low back pain more accurately than intervertebral disc degeneration: A magnetic resonance imaging study in young Finnish male conscripts. *Mil Med* 2005;170:926-930.

Vitti M, Fujiwara M, Basmanjian JM, Iida M. The integrated roles of the longus colli and sternocleidomastoid muscles: An electromyographic study. *Anat Rec* 1973;177:471-484.

Watson DH, Trott PH. Cervical headache: An investigation of natural head posture and upper cervical flexor muscle performance. *Cephalalgia* 1993;13:272-284.

Wickenden S, Bates S, Maxwell L. An electromyographic evaluation of upper and lower rectus abdominis during various forms of abdominal exercises. *New Zealand J Physiother* 1992;17-21.

Zannotti CM, Bohannon R, Tiberio D, Dewberry MJ, Murray R. Kinematics of the double-leg-lowering test for abdominal muscle strength. *J Orthop Sports Phys Ther* 2002;32:432-436.

第12章

Ajan T, Baroga L. *Weightlifting: Fitness for All Sports.* Budapest: International Weightlifting Federation, Medicina, 1988.

Aussprung DJ, Aussprung J, Gehri D. *Strength Training Design and New Concepts in Clinical Applications.* Duxbury, MA: Strength and Performance Consul-tants, 1995.

Collins DR, Hedges PB. *A Comprehensive Guide to Sports Skills Tests and Measurement,* pp. 330-333. Springfield, IL: Charles C Thomas, 1978.

Cronin JB, Owen GJ. Upper-body strength and power assessment in women using a chest pass. *J Strength Cond Res* 2004;18(3):401-404.

Davies GJ, Dickoff-Hoffman S. Neuromuscular testing and rehabilitation of the shoulder complex. *J Orthop Sports Phys Ther* 1993;18(2):449-458.

Duncan MJ, Al-Nakeeb Y. Influence of familiarization on a backward, overhead medicine ball explosive power test. *Res Sports Med* 2005; 13:345-352.

Ellenbecker TS, Davies GJ. *Closed Kinetic Chain Exercise. A Comprehensive Guide to Multiple-Joint Exercises.* Champaign, IL: Human Kinetics, 2001.

Ellenbecker TS, Manske R, Davies GJ. Closed kinetic chain testing techniques of the upper extremities. *Orthop Phys Ther Clin N Am* 2000; 9:219-229.

Ellenbecker TS, Roetert EP. An isokinetic profile of trunk rotation strength in elite tennis players. *Med Sci Sports Exerc* 2004;36:1959-1963.

Field RW. Control tests for explosive events. *NSCA J* 1989;11:63-64.

Field RW. Explosive power test scores among male and female college athletes. *NSCA J* 1991;13:50.

Gillespie J, Keenum S. A validity and reliability analysis of the seated shot put as a test of power. *J Hum Mvmt Stud* 1987;13:97-105.

Goldbeck TG, Davies GJ. Test-retest reliability of the closed kinetic chain upper extremity stability test: A clinical field test. *J Sport Rehabil* 2000; 9:35-45.

Ikeda Y, Kijima K, Kawabata K, Fuchimoto T, Ito A. Relationship between side medicine-ball throw performance and physical ability for male and female athletes. *Eur J Appl Physiol* 2007;99: 47-55.

Johnson BL, Nelson JK (eds.). *Practical Measurements for Evaluation in Physical Education.* Minneapolis: Burgess, 1979.

Mayhew JL, Bird M, Cole ML, Kock AJ, Jacques JA, Ware JS, et al. Comparison of the backward overhead medicine ball throw to power production in college football players. *J Strength Cond Res* 2005;19(3):514-518.

Mayhew JL, Bemben MG, Piper FC, Ware JS, Rohrs DM, Bemben DA. Assessing bench press power in college football players: The seated shot put. *J Strength Cond Res* 1993;7(2):95-100.

Mayhew JL, Bemben MG, Rohrs DM, Bemben DA. Specificity among anaerobic power tests in college female athletes. *J Strength Cond Res* 1994; 8(1):43-47.

Mayhew JL, Bemben MG, Rohrs DM, Piper FC, Willman MK. Comparison of upper body power in adolescent wrestlers and basketball players. *Pediatric Exerc Sci* 1995;7:422-431.

Mayhew JL, Bemben MG, Rohrs DM, Ware J, Bemben DA. Seated shot put as a measure of upper body power in college males. *J Hum Mvmt Stud* 1991; 21:137-148.

Mayhew JL, Ware JS, Johns RA, Bemben MG. Changes in upper body power following heavy-resistance strength training in college men. *Int J Sports Med* 1997;18:516-520.

President's Challenge Physical Activity and Fitness Awards Program, a program of the President's Council on Physical Fitness and Sports, U.S. Department of Health and Human Services.

Roetert P, Ellenbecker T. *Complete Conditioning for Tennis,* pp.12-22. Champaign, IL: Human Kinetics, 1998.

Roush JR, Kitamura J, Waits MC. Reference values for the closed kinetic chain upper extremity stability test (CKCUEST) for collegiate baseball players. *N Am J Sports Phys Ther* 2008;2(3):159-163.

Salonia MA, Chu DA, Cheifetz PM, Freidhoff GC. Upper body power as measured by medicine ball throw distance and its relationship to class level among 10- and 11-year-old female participants in club gymnastics. *J Strength Cond Res* 2004; 18(4):695-702.

Stockbrugger BA, Haennel RG. Contributing factors to performance of medicine ball explosive power test: A comparison between jump and non-jump athletes. *J Strength Cond Res* 2003;17(4):768-774.

Stockbrugger BA, Haennel RG. Validity and reliability of a medicine ball explosive power test. *J Strength Cond Res* 2001;15(4):431-438.

第13章

American Alliance for Health, Physical Education, Recreation and Dance. *Res Q Exerc Sport* 1989; 60(2): 144-151.

Balciunas M, Stonkus S, Abrantes C, Sampaio J. Long term effects of different training modalities on power, speed, skill and anaerobic capacity in young male basketball players. *J Sport Sci Med* 2006;5:163-170.

Bar-Or O. The Wingate anaerobic test: An update on methodology, reliability, and validity. *Sports Med* 1987;4:381-394.

Bar-Or O, Dotan R, Inbar O. A 30 second all-out ergometer test—its reliability and validity for anaerobic capacity. *Israel J Med Sci* 1977;13: 126-130.

Bosco CP, Luhtanen P, Komi PV. A simple method for measurement of mechanical power in jumping. *Eur J Physiol* 1983;50:273-282.

Crielaard JM, Pirnay F. Anaerobic and aerobic power of top athletes. *Eur J Appl Physiol* 1981; 47:295-300.

Davies GJ, Zillmer DA. Functional progression of a patient through a rehabilitation program. *Orthop Phys Ther Clin N Am* 2000;9(2):103-118.

Gilliam GM. 300 yard shuttle. *NSCA J* 1983;5:46.

Granier P, Mercier B, Mercier J, Anselme F. Aerobic and anaerobic contribution to Wingate test performance in sprint and middle-distance runners. *Eur J Appl Physiol* 1995; 70: 58-65.

Harman E, Garhammar J, Pandorf C. Administration, scoring, and interpretation of selected tests. In: Baechle TR, Earle RW (eds.), *Essentials of Strength Training and Conditioning.* 2nd ed. Champaign, IL: Human Kinetics, 2000.

Hoffman J. *Norms for Fitness, Performance, and Health.* Champaign, IL: Human Kinetics, 2006.

Hoffman JR, Cooper J, Wendell M, Im J, Kang J. Forthcoming. Effects of b-hydroxy b-methylbutyrate on power performance and indices of muscle damage and stress during high intensity training. *J Strength Cond Res* 2004; 18: 747-752.

Hoffman JR, Epstein S, Einbinder M, Weinstein Y. The influence of aerobic capacity on anaerobic performance and recovery indices in basketball players. *J Strength Cond Res* 1999;13:407-411.

Inbar O, Bar-Or, O, Skinner JS. *The Wingate Anaerobic Test.* Champaign, IL: Human Kinetics, 1996.

Kraemer WJ, Häkkinen K, Triplett-McBride T, et al.

Physiological changes with periodized resistance training in women tennis players. *Med Sci Sports Exerc* 2003;35:157-168.

LaMonte MJ, McKinney JT, Quinn SM, Bainbridge CN, Eisenman PA. Comparison of physical and physiological variables for female college basketball players. *J Strength Cond Res* 1999; 13: 264-270.

Mangine RE, Noyes FR, Mullen MP, Baker SD. A physiological profile of elite soccer athletes. *J Orthop Sports Phys Ther* 1990;12:147-152.

Maulder P, Cronin J. Horizontal and vertical jump assessment: Reliability, symmetry, discriminative and predictive ability. *Phys Ther Sport* 2005; 6:74-82.

Osbeck JS, Maiorca SN, Rundell KW. Validity of field testing to bobsled start performance. *J Strength Cond Res* 1996;10:239-245.

Sands WA. Olympic preparation camps 2000 physical abilities testing. *Technique* 2000;20(10):6-19.

Sands WA, McNeal JR, Ochi MT, Urbanek TL, Jemni M, Stone MH. Comparison of the Wingate and Bosco anaerobic tests. *J Strength Cond Res* 2004;18(4):810-815.

Seiler S, Taylor M, Diana R, Layes J, Newton P, Brown B. Assessing anaerobic power in collegiate football players. *J Appl Sport Sci Res* 1990;4:9-15.

Sinnett AM, Berg K, Latin RW, Noble JM. The relationship between field tests of anaerobic power and 10-km run performance. *J Strength Cond Res* 2001;15(4):405-412.

Smith DJ, Roberts D. Aerobic, anaerobic and isokinetic measures of elite Canadian male and female speed skaters. *J Appl Sport Sci Res* 1991; 5:110-115.

Tabor MA, Davies GJ, Kernozek TW, Negrete RJ, Hudson V. A multicenter study of the test-retest reliability of the lower extremity functional test. *J Sport Rehabil* 2002;11:190-201.

Terbizan DJ, Walders M, Seljevold P, Schweigert DJ. Physiological characteristics of masters women fastpitch softball players. *J Strength Cond Res* 1996;10:157-160.

Vanderford ML, Meyers MC, Skelly WA, Stewart CC, Hamilton KL. Physiological and sport-specific skill response of Olympic youth soccer athletes. *J Strength Cond Res* 2004;18:334-342.

Young W. A simple method for evaluating the strength qualities of the leg extensor muscles and jumping abilities. *Strength Cond Coach* 1995; 2(4):5-8.

Zabukovec R, Tiidus PM. Physiological and anthropo-metric profile of elite kickboxers. *J Strength Cond Res* 1995;9:240-242.

作者简介

迈克尔·P. 雷曼（Michael P. Reiman），PT, DPT, MEd, OCS, ATC, CSCS

雷曼是威奇托州立大学的一名物理治疗学助理教授。作为一名获得功能动作筛查测试认证的临床医生，他在评估、治疗和训练不同能力水平的运动员和患者等方面，拥有超过18年的经验。2007年，他在麻省综合医院职业健康学院获得物理治疗学博士学位。他曾拥有并经营一家为运动员提供个人体能训练服务的商业机构。除了获得矫形外科物理治疗师、运动防护师及体能训练专家认证外，他还是美国举重一级教练和美国田径一级教练。

雷曼出版了两本关于力量、爆发力和耐力训练的书籍，还在*American Journal of Sports Medicine*、*Journal of Orthopaedic and Sports Physical Therapy*、*Journal of Sport Rehabilitation*等期刊上发表了多篇文章。他在国家、地区和地方会议上介绍了多种评估和治疗方式，并积极参与了多种运动表现测试的研究。他目前的研究兴趣集中在改善运动员和个人在职业环境中的运动表现、下腰背疼痛和躯干耐力上。他获得了美国矫形外科手法物理治疗师学会的手法治疗研究员资格，并继续在多种矫形外科伤病和运动损伤领域开展临床实践。目前，他担任*Journal of Sport Rehabilitation*的编委，以及*Journal of Orthopaedic and Sports Rehabilitation*和*Journal of Manual and Manipulative Therapy*的审稿人。

2007年，雷曼获得了威奇托州立大学卫生健康专业学院的罗登博格卓越教学奖。他也是美国物理治疗协会、美国国家运动防护师协会、美国国家体能协会、美国国家举重协会和美国国家田径协会的成员。

雷曼在业余时间喜欢与家人在一起，或者训练年轻运动员、观看大学橄榄球比赛及骑自行车。他定居在堪萨斯州的科尔威奇市。

罗伯特·C.曼斯克
（Robert C. Manske），
PT, DPT, MEd, GCS,
ATC, CSCS

曼斯克是威奇托州立大学的一名物理治疗学副教授。2006年，他在麻省综合医院职业健康学院获得物理治疗学博士学位。曼斯克还是一位运动物理治疗学学者，在乔治·J.戴维斯（George J. Davies）的指导下参加了第一批物理治疗住院医生实习项目。作为一名执业物理治疗师，曼斯克拥有超过14年的临床经验，目前他正在研究膝关节和肩关节的康复疗法及如何提高运动表现水平。

曼斯克出版了很多关于运动康复的图书，发表研究报告、文章，制作家庭学习课程，并在国际、国家和地区的康复继续教育项目中展示了他的研究成果。曼斯克是*Postsurgic al Orthopaedic Sports Rehabilitation: Knee and Shoulder*和美国物理治疗协会体育部专题著作*Patellofemoral Joint Revisited: Implications for the 21st Century*的编辑。他获得了运动物理治疗师、运动防护师、体能专家的认证。他还是美国物理治疗协会和美国国家运动防护师协会的成员。他担任膝关节兴趣组的主席和美国物理治疗协会体育部的委员会主席。曼斯克全年提供15~20节周末课程，讲述各种肩关节和膝关节的问题，并且每周他都会对多个矫形外科和运动员患者进行功能性测试，他还积极参与临床实践。

2007年，曼斯克获得了美国物理治疗协会颁发的体育部优秀教育奖。他还获得了堪萨斯州物理治疗协会颁发的堪萨斯州物理治疗教育家奖（2003年）和威奇托州立大学卫生健康专业学院的罗登博格卓越教学奖（2004年）。

曼斯克和他的妻子住在威奇托市。他喜欢和家人一起观看大学篮球比赛。

译者简介

沈兆喆

国家体育总局训练局体能教练，副研究员，硕士；曾在不同时期与多支国家队和多名运动员合作；美国国家体能协会认证体能训练师（CSCS）、私人教练（NSCA-CPT）；《身体功能训练动作手册》《功能性训练动作解剖图解》丛书主编；译有《美国国家体能协会速度训练指南》《美国国家运动医学学会私人教练认证指南》《腰肌解剖学》等。

雷宁

北京体育大学运动人体科学学士，香港中文大学运动医学和健康科学硕士，英国格拉斯哥卡里多尼亚大学物理治疗学硕士、英国注册物理治疗师，美国国家体能协会认证体能训练师（CSCS），澳大利亚运动医学协会认证高级运动防护师；曾参与香港理工大学关于肩关节、髌腱和跟腱物理治疗的相关研究；现担任中国体操队及U型场地技巧国家队物理治疗师。